Frauen in der deutschen
Literaturgeschichte

Women in German Literature

Peter D. G. Brown
General Editor

Vol. 4

PETER LANG
New York • Washington, D.C./Baltimore • Boston • Bern
Frankfurt am Main • Berlin • Brussels • Vienna • Oxford

Frauen in der deutschen Literaturgeschichte

Die ersten 800 Jahre
Ein Lesebuch

Ausgewählt, übersetzt und kommentiert von
Albrecht Classen

PETER LANG
New York • Washington, D.C./Baltimore • Boston • Bern
Frankfurt am Main • Berlin • Brussels • Vienna • Oxford

Library of Congress Cataloging-in-Publication Data

Frauen in der deutschen Literaturgeschichte: die ersten 800 Jahre. ein lesebuch /
Ausgewählt, übersetzt und kommentiert von Albrecht Classen.
    p. cm. — (Women in German literature; vol. 4)
    I. German literature—Women authors.
    I. Classen, Albrecht. II. Series.
PT1109.W6 F673   830.9'9287—dc21   98-038047
            ISBN 0-8204-4109-0
            ISSN 1094-6233

Die Deutsche Bibliothek-CIP-Einheitsaufnahme

Frauen in der deutschen Literaturgeschichte: die ersten 800 Jahre. ein lesebuch /
Ausgewählt, übersetzt und kommentiert von Albrecht Classen.
–New York; Washington, D.C./Baltimore; Boston; Bern;
Frankfurt am Main; Berlin; Brussels; Vienna; Oxford: Lang.
    (Women in German literature; Vol. 4)
    ISBN 0-8204-4109-0

Cover design: Linda Gluck and Peter D. G. Brown
Cover art: Argula von Grumbach

I dedicate this book
to my beloved wife

Carolyn Aiko Sugiyama–Classen

INHALTSVERZEICHNIS

Barockliteratur von Frauen

VERZEICHNIS DER ABBILDUNGEN

EINLEITUNG

Wer es sich heutzutage zur Aufgabe stellt, eingedenk der weitreichenden Konsequenzen des Feminismus einen Literaturkurs zu entwickeln bzw. anzubieten, in dem deutsche Dichterinnen und Autorinnen der Vormoderne, d.h. des Mittelalters, der Frühneuzeit und des Barocks, zu Worte kommen sollen, sieht sich sehr schnell dem schwerwiegenden Problem ausgesetzt, daß ein für dieses Thema entsprechendes Lehr- oder Textbuch gar nicht auf dem deutschen oder internationalen Buchmarkt existiert. Zwar hat die Mediävistik und Frühneuzeit–Forschung in den letzten zehn bis fünfzehn Jahren erstaunliche Fortschritte erlebt, sind viele wichtige Studien und Editionen im Druck erschienen, die sich auf Beiträge von Frauen beziehen, aber damit hat man bisher dem Bedürfnis von Studenten, Lehrkräften und nichtakademischen Interessierten keinerlei Genüge getan. Darüber hinaus sieht sich derjenige Leser, der nicht mit den älteren Sprachstufen des Deutschen, mithin nicht mit dem Mittelhochdeutschen, dem Frühneuhoch-deutschen und der Sprache des Barock vertraut ist, mit fast unüber-windlichen Schwierigkeiten konfrontiert und wird es somit schnell bleiben lassen, die Geschichte der deutschen Frauenliteratur vor 1800 anhand der Quellen direkt zu untersuchen und sich mit den wichtigsten Texten aus jener Zeit unmittelbar vertraut zu machen.

Verschiedentlich sind in den letzten Jahren englische Übersetzungen von weiblichen Dichtungen erschienen, so von den Werken Hrotsvithas von Gandersheim, Hildegards von Bingen und Mechthilds von Magdeburg, aber neuhochdeutsche liegen, sehen wir von volkstümlichen und somit oftmals nicht recht verläßlichen Textwiedergaben ab, fast gar nicht in gedruckter Fassung vor, offensichtlich weil die Verlage bisher davon ausgegangen sind, daß das Fachpublikum sowieso nur Interesse an den historisch–kritischen Ausgaben haben würde. Der angesehene Reclam–Verlag bietet zwar Übersetzungen vom *Nibelungenlied*, von Wolframs von Eschenbach *Parzival*, vom *Moriz von Craûn*, von Walthers von der Vogelweide Sangsprüche und Minnelieder, des Strickers Schwänke, Oswalds von Wolkensteins Gedichte, Heinrich Wittenwilers *Ring* usw., aber dafür fehlen

Frau Ava, Hildegard von Bingen, die spätmittelalterlichen Mystikerinnen, die Frauendichtung des Spätmittelalters und sogar diejenige des Barock und der Frühaufklärung. In anderen Verlagsprogrammen sieht es leider nicht viel anders aus, womit weiterhin die Frauenforschung nicht in die akademische und schulische Lehre getragen werden kann, es sei denn, man stellt ein Paket mit photokopierten Materialien zusammen, übersetzt selbst die wichtigsten Texte oder greift auf englische Fassungen zurück—eine höchst unglückliche Entscheidung bzw. Situation für einen deutschen Literaturkurs.

Das hier vorzulegende Textbuch will somit mehrere Desiderata ansprechen, d.h. schmerzliche Lücken ausfüllen und auf dringende Bedürfnisse der Forschung und Lehre eingehen. An erster Stelle ist freilich an den Studenten gedacht, der sich mit einer neuen Perspektive auf die deutsche Literatur der Vormoderne vertraut zu machen versucht. Dieses Textbuch soll dazu dienen, im akademischen Literaturunterricht bzw. auch in Leistungskursen Deutsch an Gymnasien eingesetzt zu werden und dort die kritische Beschäftigung mit den Dichtungen deutschsprachiger Frauen von ca. 1000 A.D. bis 1800 A.D., d.h. bis zum Beginn der Moderne, zu ermöglichen. Vor dem 10. Jahrhundert liegen uns, sehen wir vom lateinisch geschriebenen pädagogischen Traktat der karolingischen Adeligen Dhuoda, 841 für ihren Sohn Wilhelm verfaßt, ab, praktisch keine literarischen Dokumente vor, die von Frauen geschrieben wurden. Das heute noch vorhandene Material umfaßt allein anonym verfaßte Heldendichtung, die ursprünglich mündlich überliefert worden war, Fürstenpreislieder, pastorale Gebrauchsliteratur, Bibeldichtungen und heidnische Zauber- und Segenssprüche. Somit beginnt unsere Anthologie naturgemäß erst mit einigen Dichtungen der Hrotsvitha von Gandersheim (935–nach 973), die sich zwar der lateinischen Sprache bediente, dennoch unzweifelhaft zur Literaturgeschichte des deutschen Mittelalters gerechnet werden darf.

In den folgenden Jahrhunderten meldeten sich weitgehend nur mystisch inspirierte Frauen wie Hildegard von Bingen, Mechthild von Magdeburg, Gertrud die Große, Christine Ebner und Elsbeth Stagel u.a. zu Wort. Eine seltsame und bis heute unerklärliche Leerstelle tut sich auf, wenn man sich der höfischen Kultur des 12. und 13. Jahrhunderts zuwendet, als die adeligen Damen seitens der Minneritter höchste Verehrung erfuhren, ihnen aber offensichtlich nicht das Recht einräumte, selbst Minnelieder, d.h. weltliche Liebeslieder, zu komponieren. In der französischen Literaturgeschichte vernimmt man zwar, ebenso aus dieser Zeit, von den berühmten Trobairitz aus der Provence und von Marie de France, einer anglo-normannischen Dichterin. In Deutschland aber scheinen Frauen fast vollständig vom literarischen Prozeß ausgeschlossen gewesen zu sein, sieht man von ganz wenigen möglichen Ausnahmen ab, die hier im Ansatz berücksichtigt werden, ohne daß wir vollkommene Sicherheit besitzen, daß diese Texte aus weiblicher Feder stammen.

Weitgehend neues Territorium betritt man, wenn man sich dem Spätmittelalter zuwendet. Im 15. Jahrhundert waren einerseits zwei adelige Damen, Elisabeth von Nassau–Saarbrücken und Eleonore von Österreich, als Übersetzerinnen tätig und übertrugen französische Hofromane ins Deutsche. Zwar werden diese heute gattungsmäßig als "Volksromane" bezeichnet, doch besitzt dieser Begriff mittlerweile nur noch historische Bedeutung, verrät uns freilich, daß diese Texte im Laufe der Zeit große Popularität erwarben, d.h. unters breite Volk gerieten, auch wenn sie zunächst für das hocharistokratische Publikum bestimmt gewesen waren. Einer dieser Rome erscheint hier zum ersten Mal in moderner deutscher Übersetzung.

Andererseits kommt eine höchst bemerkenswerte Tagebuchschreiberin, Helene Kottannerin, zu Wort, die nicht nur einen ungewöhnlichen Bericht über politische Ereignisse am habsburgisch–ungarischen Hof lieferte, sondern mit diesem Text zugleich ihre literarische Begabung an den Tag legte. Für die Epoche der Reformation, die nicht nur eine religiöse Bewegung von und für Männer gewesen ist, sondern ebenso viele Frauen berührte, stehen hier Argula von Grumbach und eine sogenannte "Graserin" ein, die mit ihren poetischen Pamphleten bzw. Flugschriften aktiv in die öffentliche Debatte um die Kirche eingriffen und viel Aufsehen erregten. Andererseits zeigten sich viele Frauen auch an Liebeslyrik interessiert, wie das Liederbuch der Straßburgerin Ottilia Fenchlerin dokumentiert (1592), woraus hier zum ersten Mal seit dem Nachdruck von Anton Birlinger 1873 eine Auswahl vorgestellt wird.

Die deutsche Barockdichtung wird durch einige mehr oder weniger bekannte Frauen vertreten, die meistens stark religiöse Gedichte verfaßten, so Catharina Regina von Greiffenberg und Ludaemilia Elisabeth von Schwarzburg–Rudolstadt. Den Abschluß bildet Elisabeth Charlotte von der Pfalz, die sich einen großen Namen als Briefschreiberin machte und durch ihre wahrhaftig monumentale Korrespondenz ein literarisches Riesenwerk hinterließ, das zwar öfters aus kulturhistorischer Sicht betrachtet worden ist, das aber erst hier auch als literarisches Dokument Beachtung findet.

Generell bestand das Bemühen, durch die Textauswahl nicht bloß bekannten Frauen das Wort zu verleihen und eine seit langem notwendig gewordene Balance in der deutschen Literaturgeschichte wieder herzustellen, sondern zugleich die neueste Frauenforschung zu berücksichtigen und auch diejenigen Stimmen hervortreten zu lassen, die erst jüngst entdeckt worden sind und durch ihre Werke den "feministischen" Ansatz in vielerlei Hinsicht bestätigten und weiterentwickelten.

Ob Frauen anders schreiben als Männer, ob sie eine geschlechtsspezifische Grammatik benutzen oder eigenständige poetische Bilder einsetzten, wie man es manchmal in theoretischen Diskussionen vernimmt, läßt sich hier nicht entscheiden und mag von der zukünftigen Forschung entschieden werden. Nur der kritische Vergleich von gleichartigen Texten, die von Männern und Frauen verfaßt wurden, könnte da Licht in das Dunkel werfen. Darum geht es aber hier nicht. Statt dessen sollen einfach die Dichtungen und Schriften derjenigen Frauen in moderner deutscher Übersetzung zur Verfügung gestellt werden, die einen eigenständigen Beitrag zur deutschen Literaturgeschichte geleistet haben.

Frauen haben zu allen Zeiten vieles und Wichtiges zu sagen gehabt, obwohl ihnen meistens nicht die gleichen Möglichkeiten in der Öffentlichkeit zur Verfügung standen wie Männern, von einem Publikum angehört zu werden, ihre Texte auf Pergament aufzeichnen zu lassen oder ihre Werke in den Druck zu geben. Oftmals drückten sie sich in höchst individueller

Weise aus, die uns Heutigen manchmal fremd vorkommen wird, ja vielleicht in manchen Fällen sogar als unverständlich und bizarr erscheinen mag. Nichtsdestotrotz sind ihre Schriften und Gedichte als bedeutsam für die kulturhistorischen Leistungen von Frauen einzuschätzen. Um den ästhetischen und ideologischen Wert z.B. von mystischen Texten des 13. und 14. Jahrhunderts nachzuvollziehen, bedarf es umfangreicherer Vorbereitungen, auf daß der geistesgeschichtliche Kontext angemessen berücksichtigt und die religiöse Sprache und die inhaltliche Aussage begreiflich werden können, womit man letztlich die poetische Bedeutung und Qualität etwa von Mechthilds von Magdeburg Visionen zu erfassen vermag.

Die jeweiligen Einleitungen dienen dem Zweck, zumindest einige Grundlagen für den ersten Einstieg in die Texte zu schaffen, aber die weiterführende Lektüre der einschlägigen Forschung wird dennoch notwendig sein. Nachfolgend erscheint eine Auswahl der wichtigeren Publikationen auf dem Gebiet der deutschen Frauenliteratur, die keineswegs erschöpfend sein kann. Dafür läßt sich behaupten, daß diese Studien Schneisen in das Dickicht geschlagen haben und in vielerlei Hinsicht dem Leser wichtige Einsichten vermitteln werden.

Die jeweiligen Fragen zu den Texten können im Unterricht eingesetzt werden, um den Lesern bei der ersten Interpretation zu helfen, doch lassen sich viele andere Einstiegsmöglichkeiten bzw. Fragen denken, handelt es sich ja um literarische Werke, die stets höchst individuell angegangen werden können.

Die Idee zu diesem Lehrbuch entstand während eines Mittagessens im norddeutschen Stade mit meinem geschätzten Kollegen Prof. Peter D.G. Brown, Herausgeber der Buchreihe "Women in German Literature". Er hatte mich 1997 als Lehrkraft für das von ihm organisierte Sommerprogramm der State University of New York at New Paltz in Stade und Hamburg angeworben, und während der drei Wochen im sehr gastfreundlichen Stade entwickelten wir eine gute Freundschaft, die nun auch Publikationsfrüchte trägt. Ich möchte hier die Gelegenheit nützen,

Prof. Brown herzlich für seine Einladung, dieses neue Lehrbuch zu verfassen, für seine unerschöpflichen Bemühungen und für seine Betreuung des ganzen Projekts danken. Ohne seine Hilfe, die auch mehrfaches kritisches Lesen des Manuskripts einschloß, wäre dieses Buch nie in den Druck gelangt. Verschiedene Archive, Museen und Bibliotheken in Deutschland und Frankreich haben mir großzügig Illustrationsmaterial zur Verfügung gestellt, wofür ich mich hier nur insgesamt bedanken kann. Julia Sturm, studentische Hilfskraft und Austausch–Studentin aus Berlin an der University of Arizona, hat mehrfach das Manuskript sorgfältig durchgesehen, wofür ich ihr sehr dankbar bin, doch liegt die letzte Verantwortung natürlich bei mir. Frühe Fassungen des Manuskripts fanden bereits Einsatz in mehreren Seminaren an meiner Universität, und ich möchte besonders meinen Graduate Studenten Judith Abella, David Baum, Frank Congin, Claudia Galberg, Jun Liu, Ulrike Meyers, Nadia Moraglio, David Partikian, Karen Plummer und Laura Weber (German 502, Fall 1999) dafür danken, einen der ersten erfolgreichen Tests mit diesem Lesebuch durchgeführt zu haben. Es bleibt nur zu hoffen, daß diese Anthologie viele Leser finden und damit die Geschichte der deutschen Frauenliteratur auch im akademischen und schulischen Unterricht zugänglich werden wird.

Tucson, Arizona   Albrecht Classen
Januar 2000

Auswahlbibliographie

Abrams, *Gender Relations in German History. Power, Agency and Experience from the Sixteenth to the Twentieth Century.* Ed. Lynn Abrams, Elizabeth Harvey (London: UCL Press, 1996).

Becker–Cantarino, Barbara, *Der lange Weg zur Mündigkeit. Frau und Literatur (1500–1800)* (Stuttgart: Metzler, 1987).

Bennewitz, *Der frauwen buoch. Versuche zu einer feministischen Mediävistik.* Hg. von Ingrid Bennewitz. Göppinger Arbeiten zur Germanistik, 517 (Göppingen: Kümmerle, 1989).

Bock, Gisela and Margarete **Zimmermann**, eds. *Jahrbuch für Frauenforschung 1997. Die europäische Querelle des Femmes. Geschlechterdebatten seit dem 15. Jahrhundert.* Vol. 2 (Stuttgart–Weimar: Metzler, 1997)

Brinker–Gabler, *Deutsche Literatur von Frauen.* Erster Band: *Vom Mittelalter bis zum Ende des 18. Jahrhunderts.* Hg. von Gisela Brinker–Gabler (München: Beck, 1988).

Classen, Albrecht, *Women as Protagonists and Poets in the German Middle Ages. An Anthology of Feminist Approaches to Middle High German Literature*, ed. by Albrecht Classen. Göppinger Arbeiten zur Germanistik, 528 (Göppingen: Kümmerle, 1991).

Classen, Albrecht, "Elisabeth Charlotte von der Pfalz, Herzogin von Orléans," *Archiv für Kulturgeschichte* 77, 1 (1995): 33–54.

Classen, Albrecht, "Spätmittelalterliche Frauen als Schreiberinnen und Sammlerinnen von volkssprachlichen Liedern," *Daphnis* 27, 1 (1998): 31-58.

Classen, Albrecht, *Deutsche Frauenlieder des fünfzehnten und sechzehnten Jahrhunderts. Authentische Stimmen in der deutschen Frauenliteratur der Frühneuzeit oder Vertreter einer poetischen Gattung (das "Frauenlied")?.* Amsterdamer Publikationen zur Sprache und Literatur, 136 (Amsterdam–Atlanta: Editions Rodopi, 1999).

Fieze, Katharina, *Spiegel der Vernunft. Theorien zum Menschsein der Frau in der Anthropologie des 15. Jahrhunderts* (Paderborn–München–et al.: Schöningh, 1991).

Foley–Beining, Kathleen, *The Body and Eucharistic Devotion in Catharina Regina von Greiffenberg's "Meditations"*. Studies in German Literature, Linguistics, and Culture (Columbia, S.C.: Camden House, 1997).

Gnüg, Hiltrud, Renate **Möhrmann**, *Frauen, Literatur, Geschichte: schreibende Frauen vom Mittelalter bis zur Gegenwart* (Stuttgart: Metzler, 1985).

Joeres, Ruth Ellen B. and Mary Jo **Maynes**, eds., *German Women in the Eighteenth and Nineteenth Centuries: A Social and Literary History* (Bloomington: Indiana University Press, 1986).

Jones, Ann Rosalind, *The Currency of Eros. Women's Love Lyric in Europe, 1540–1620*. Women of Letters (Bloomington–Indianapolis: Indiana University Press, 1990).

Kasten, Ingrid, *Frauenlieder des Mittelalters*. Zweisprachig. Übersetzt und herausgegeben von Ingrid Kasten (Stuttgart: Reclam, 1990).

Lennox, Sara, "Feminist Scholarship and Germanistik." *The German Quarterly* 62.2 (1989): 158–170.

Marshall, Sherrin, *Women in Reformation and Counter–Reformation Europe. Private and Public Worlds*. Ed. by Sherrin Marshall (Bloomington–Indianapolis: Indiana University Press, 1989).

Mews, Constant J., *The Lost Love Letters of Heloise and Abelard. Perceptions of Dialogue in Twelfth-Century France*. With a translation by Neville Chiavaroli and Constant J. Mews. The New Middle Ages (New York: St. Martin's Press, 1999).

Osinski, Jutta, *Einführung in die 'feministische' Literaturwissenschaft* (Berlin: Schmidt, 1996).

Pataki, Sophie, *Lexikon deutscher Frauen der Feder*. ND der Ausg. 1898 (Zürich: Danowski, 1997).

Ruh, Kurt, *Geschichte der abendländischen Mystik*. Zweiter Band. *Frauenmystik und Franziskanische Mystik der Frühzeit* (München: Beck, 1993).

Schmidt, *Die Frau in der Renaissance*. Hg. von Paul Gerhard Schmidt. Wolfenbütteler Abhandlungen zur Renaissanceforschung, 14 (Wiesbaden: Harrassowitz, 1994).

Schmölders, Claudia, ed. *Briefe von Liselotte von der Pfalz bis Rosa Luxemburg* (Frankfurt a.M.: Insel, 1988).

Schneider–Böklen, Elisabeth, *Der Herr hat mir Großes angetan. Frauen im Gesangbuch* (Stuttgart: Quell, 1995).

Tebben, Karin, Hg., *Beruf: Schriftstellerin. Schreibende Frauen im 18. und 19. Jahrhundert*. Sammlung Vandenhoeck (Göttingen: Vandenhoeck & Ruprecht, 1998).

Thiébaux, *The Writings of Medieval Women. An Anthology*, trans. and introductions by Marcelle Thiébaux. Second Ed. The Garland Library of Medieval Literature, 100, Series B (New York–London: Garland, 1994).

Valerio, *Donna potere e profezia*, a cura di Adriana Valerio. La Dracma, 6 (Napoli: M. D'Auria Editore, 1995).

Woods, Jean M. and Maria **Fürstenwald**, *Schriftstellerinnen, Künstlerinnen und gelehrte Frauen des deutschen Barock. Ein Lexikon*. Repertorien zur deutschen Literaturgeschichte, 16 (Stuttgart: Metzler, 1984).

Wunder, Heide, *"Er ist die Sonn', sie ist der Mond". Frauen in der Frühen Neuzeit* (München: Beck, 1992).

1. Hrotsvitha von Gandersheim
(935–nach 973)

Im frühen Mittelalter entstand weitgehend nur Literatur in lateinischer Sprache, also einer Sprache, die überwiegend bloß Männern zur Verfügung stand. Denoch ist es möglich, einige der wichtigsten Beiträge von Frauen zur deutschen Literaturgeschichte bereits aus dieser Zeit zu entdecken. Bemerkenswerterweise hat das 10. Jahrhundert sogar eine Dramatikerin, Hrotsvitha von Gandersheim, hervorgebracht, die etwa 935 geboren wurde und nach 973 gestorben ist.[1] Während dieses Jahrhunderts war das Deutsche Reich in viele interne und externe Kämpfe verwickelt, aber Hrotsvitha berichtet praktisch nichts darüber. Wir wissen nicht viel über ihr Leben, und sie selbst macht in ihren verschiedenen Schriften keine autobiographischen Angaben. Trotzdem können wir davon ausgehen, daß sie wie alle ihre Ordensschwestern im reichsunmittelbaren Kanonissenstift Gandersheim, einer Gründung der sächsischen Kaiserfamilie, heute südlich von Hildesheim gelegen, aus einer adeligen Familie stammte. Sie genoß eine ausgezeichnete Ausbildung durch ihre Lehrerinnen Geberga II. und Rikkardis und übernahm später selbst die Stiftsschule. Sie verfaßte religiöse Legenden, Dramen und Geschichtswerke, die in der wichtigsten Handschrift M (Staatsbibliothek München, clm 14485, 1ᵛ–150ᵛ) vom Ende des 10. oder Anfang des 11. Jahrhunderts folgendermaßen angeordnet sind. Im ersten Buch erscheint zunächst eine Vorrede und Widmung, darauf folgen acht Legenden über Maria, Christi Auferstehung und dann vor allem die Heiligen bzw. Märtyrer Gongolf, Pelagius, Theophilus, Basilius, Dionysius und Agnes. Im zweiten Buch sind außer einer Vorrede und einem Brief sechs Dramen unter den Kurztiteln *Gallicanus, Dulcitius, Calimachus, Abraham, Pafnutius, Sapientia* und *Vision des Johannes* enthalten. Zuletzt erscheinen im dritten Buch nach einer Vorrede und zwei Widmungen an die Kaiser Otto I. und Otto II. die *Gesta Ottonis*, zwei historische Hexameterepen über die Taten von Kaiser Otto I. Erst 1922 entdeckte man eine neue Handschrift mit Hrotsvithas Werken, Hs. C (Köln, W 101), die keine direkte Abschrift von M sein dürfte und sogar einen viel reineren Text bietet. Wahrscheinlich handelt es sich um eine von der Dichterin erstellte Kopie der Dramen, die sie zur Begutachtung an hochgestellte Persönlichkeiten sandte. Ein historischer Bericht in leoninischen Hexametern über die Anfänge und Geschichte des Stiftes Gandersheim (*Primordia coenobii Gandeshemensis*) wurde in einer anderen Handschrift überliefert, die wir heute nicht mehr besitzen.[2]

Hrotsvitha erweist sich, wenn man ihre persönlichen Kommentare betrachtet, als erstaunlich selbstbewußt, und dies sowohl als Dichterin wie auch in ihrer historischen Rolle als Frau. So betonte sie stolz, daß sie ohne jegliche äußere Hilfe die *Gesta Ottonis* verfaßt habe, erwähnt aber zugleich, daß es ihr als Frau Widerwillen bereitet habe, die Schlachten Ottos zu schildern. Sie selber stellte sich als "Clamor Validus Gandeshemensis," d.h. als "die kräftige Stimme aus Gandersheim" vor, die mit ihren religiösen Texten geistlich Einfluß ausüben wollte, wie sie selbst erklärte:

> *Falls meine fromme Werke auf Zustimmung stoßen, freue ich mich darüber; wenn sie aber wegen meiner Unwürdigkeit oder wegen der rauhen und holprigen Sprache niemandem zusagen, so freue ich mich doch selbst darüber, was ich geschaffen habe.*[3]

Die Lesedramen waren dafür bestimmt, im Kloster die beliebte Lektüre des römischen Dichters Terenz (195 v.Chr.–159 v. Ch.) zurückzudrängen und die Nonnen zu geistlichen Stoffe hinzuführen. Ihre "Komödien"—der Begriff trifft im engen Sinne des Wortes nicht auf ihre Dramen zu—sollten einen Gegentyp zu den Werken von Terenz abgeben, indem nicht länger mehr weltliche Liebe das Thema abgab, sondern religiös bestimmte Keuschheit, Bekehrung, ja auch Märtyrium.[4] Trotzdem zeichnen sich Hrotsvithas Dramen durch die komische Charakterisierung vieler Figuren aus und schließen viele scherzhafte Szenen ein, die dem Geschmack des hochgebildeten weiblichen Publikums entgegenkamen. Die Komik mindert freilich nicht den religiösen Gehalt, vermittelt vielmehr die didaktische Aussage auf dem Wege des Lachens. Die Autorin gibt deutlich zu erkennen, daß sie sich sprachlich stark von der klassisch–antiken und spätantiken Literatur, die sie in der Stiftsbibliothek vorfand, beeinflussen ließ. Dazu gehören die Werke von Vergil, Ovid, Sedulius, Prudentius, Venantius Fortunatus, Aldhelm, Beda, Alcuin und Boethius. Im 19. Jahrhundert störte man sich noch entschieden an dem unterhaltsamen Ton von Hrotsvithas Komödien, über die Johann Scherr in der 4. Auflage seiner *Deutschen Kultur- und Sittengeschichte* 1879 so reflektierte: "Allein es will uns doch scheinen, daß wir ihrer Nonnenhaftigkeit kaum zu nahe treten, wenn wir vermuten, daß sie, bevor sie ihre Komödien schrieb, sich nicht nur im Terenz, sondern auch in der Liebe umgesehen haben muß."[5] Wie radikal sich aber inzwischen die Einstellung der Forschung zu den Werken Hrotsvithas geändert hat, reflektiert jetzt nur zu deutlich Helga Kraft, indem sie kommentiert: "Es geht darin um antiautoritäres Verhalten, Ermächtigung der Schwachen, Entschärfung der absoluten Waffe: der Todesdrohung. Und es geht um die Subjektivität von Frauen sowie um Sexualität."[6]

Der deutsche Humanist Conrad Celtis (1459–1508) entdeckte 1493 das damals völlig unbekannte Werk der Hrotsvitha in einer Münchener Handschrift aus dem St. Emmeram–Kloster in Regensburg und gab schließlich 1501 die Texte heraus, wodurch er der Dichterin große öffentliche Anerkennung verschaffte und sie zu einer der führenden weiblichen Autorinnen des frühen Mittelalters werden ließ. Diese Wertschätzung genießt Hrotsvitha bis heute, weswegen wir unsere Anthologie mit einer Auswahl aus ihrem Werk beginnen.[7] Obwohl sie lateinisch schrieb, sind wir zweifelsohne dazu berechtigt, Hrotsvitha an den Anfang der deutschen Frauen–Literaturgeschichte zu stellen.

HELENA A ROSSOW.VVLGO
HROSVIDASANCTIMONIALIS *in Gandersheim*

Hrotsvitha von Gandersheim

TEXTAUSWAHL[8]

I. **Vorwort zu den Legenden** (64f.)

Dieses Büchlein, das nur sehr wenig Schmuck besitzt, habe ich mit großer Sorgfalt geschrieben Es soll allen Gelehrten freundlichst überreicht werden, d.h. aber nur denjenigen, die nicht gerne andere der Fehler bezichtigen, sondern lieber Irrtümer berichtigen. Ich muß gestehen, daß ich mich oftmals geirrt habe, als ich die Silben zählte, Ausdrücke suchte und auch sonst häufig . . . Doch wer seine Irrtümer gesteht, dem wird leicht verziehen und dem hilft man auch, seine Fehler zu korrigieren. . . So begann ich heimlich und wie eine Diebin, bald zu dichten, vernichtete aber die mißlungenen Werke und mühte mich sehr angestrengt, einen Text, sei er auch nur von kleinstem Nutzen, zu verfassen. Ich benutzte Darstellungen aus der Handschriften–Sammlung, die ich im Dachboden unseres Gandersheimer Stiftes vorfand. Zuerst wurde ich von der äußerst klugen Meisterin und zutiefst gütigen Leiterin Rikkardis, meiner Lehrerin, und von anderen an ihrer Stelle unterricht, die mein Wissen erheblich vermehrt haben. Zuletzt lehrte mich Gerberg, meine hochwürdige Beschützerin, die Äbtissin aus königlicher Familie, der ich jetzt untertan bin, die zwar jünger ist als ich an Jahren, doch weit mehr an Gelehrsamkeit besitzt, wie es für die Nichte des Kaiser angemessen ist. Sie hat mir freundlicherweise einige Autoren erklärt, über die sie selbst vorher hochweise Männer belehrt hatten.

Wie schwierig nun auch die Dichtungkunst sein mag für uns schwache Frauen, so habe ich doch, einzig gestützt auf das Mitleid der himmlischen Gnade, nicht aber auf eigene Kraft und Kühnheit, Gedichte in diesem kleinen Werk zusammengestellt und für sie das daktylische Versmaß gewählt. . . Daher Leser, wer du auch sein magst, wenn du rechtgläubig und von Gott Weisheit erhalten hast, dann sei mit diesen Seiten, die sich nicht auf die Kraft irgendwelcher Autorität früherer Werke oder die Klugheit der Gelehrten stützen, gnädig und nachsichtig. Erkenne in dem, was dir gefällt, Gottes Kraft, und in allem, was fehlerhaft ist, meine eigene Nachlässigkeit, doch sprich nicht von Schuld, sondern übe Geduld, da der Angrif von jeglichem Tadel von vornherein gemildert wird, sobald ein demütiges Bekenntnis ausgesprochen ist.

FRAGEN ZUM TEXT

— *Welches Selbstbewußtsein drückt Hrotsvitha als Dichterin aus?*

— *Was erfahren wir über die Lerngemeinschaft im Kloster? War es nur eine Stiftsschule, in der Hrotsvitha ihre Bildung erfuhr, oder gab es engere Beziehungen zwischen Schülerin und Lehrerin?*

— *Was berichtet sie über ihre Quellen? Welche Bedeutung besaßen diese für Hrotsvitha?*

— *Worum bittet die Dichterin bei ihrem Publikum?*

II. Die Geschichte von der Geburt und dem lobeswürdigen Lebenswandels der unbefleckten Mutter Gottes, wie ich sie unter dem Namen des hl. Jakobus, Bruder des Herrn, aufgezeichnet fand (69)

Einzige Hoffnung der Welt, hochgelobte Herrscherin des Himmels,
du heilige Mutter des Königs, leuchtender Stern des Meeres,
die du als Gebärende das Leben der Welt erneuert hast,
das einst die erste Jungfrau zerstört hatte![9]
Steh deiner Dienerin Hrotsvitha gnädig zur Seite,   5
ich diene dir in Demut und mit weiblichem Eifer,
indem ich dir zu Ehren ein Lied in daktylischem Versmaß singe.
Wenn es mir nur gelänge, ein ganz klein wenig beizutragen
deinen Ruhm, o Jungfrau, zu verkünden,
deine herrliche Abkunft aus vornehmem Stamm   10
und zugleich deinen Sohn, unseren König, angemessen zu loben.
Doch ich weiß, daß die schwachen Kräfte nicht ausreichen,
dich, wie es dir zusteht, zu rühmen,
dich, die der ganze Erdkreis nicht würdig vermag zu besingen,
da du heller strahlst als Engel es verkünden können,   15
da du einstmals denjenigen im jungfräulichen Leibe
getragen hast, der als Herrscher das Weltall regiert.

FRAGEN ZUM TEXT

— *Welche Bedeutung besaß die Jungfrau Maria für das Frauenstift?*

— *Warum verfaßte Hrotsvitha ein Loblied auf die Mutter Gottes?*

— *Wie ist in theologischer Hinsicht die Beziehung zwischen Eva und Maria gestaltet?*

— *Wie beurteilt Hrotsvitha ihre eigene Begabung als Dichterin?*

— *Welcher Rang wird Maria in der Theologie Hrotsvithas zugewiesen?*

III. Auszug aus der **Legende vom Heiligen Gongolf**, der nach vielen Jahren frommen Lebens sich verehelicht. Seine Frau wird aber von einem Pfaffen geliebt, und beide begehen schließlich einen Mordanschlag, dem Gongolf erliegt. Der Pfaffe stirbt jedoch bald nach seiner Tat, und seine Geliebte wird von Gott gemäß ihrer Sünde bestraft:

Da ich des herrlichen Märtyrers Wunder und Taten
hier zusammenfassend zu schildern versuchte,
bleibt nur noch dieses: in einfacher Rede
über die elende Hure kurz zu berichten.
Wahrlich, die Teufelin wurde, so wie sie es verdiente,   5
durch ein peinliches Wunder an dem Körperteil bestraft, mit dem sie
        sich selbst schuldig gemacht hatte.
Einst als des Märtyrers Ruhm schon überallhin gedrungen war,
bis hinauf zu dem sternengeschmückten Himmelsgewölbe
und in die fernsten Winkel der festgegründeten Erde,
um dies herrliche Freudengeschenk aller Welt zu verkünden,   10
da geschah es, daß dankbar und freudig ein Frommer,
der von dem Grabe kam, wo er Zeuge vieler Wunder geworden war,
unerwartet der vorhin erwähnten Hure begegnete.
Fassungslos bleibt er stehen, erkennt sie und richtet
bittere Worte an sie, so wie sie es verdiente.   15
Voll scharfer Kritik wandte er sich an sie:

"Mögen dich höllische Flammen verzehren, schandhafte Prostituierte!
Reuen dich denn deine Listen nicht, die jämmerlichen Taten,
die du an dem heiligen Mann begangen hast,
völlig verführt von dem Rat deines lüsternen Geliebten? 20
Doch aus Mitleid verrate ich dir einen Weg zur Rettung,
folgst du sogleich dem vernünftigen Rat:
wandere noch heute, zur Buße bereit, zu dem heiligen Grabe,
wasche dich rein von den Makeln der Sünde mit reuigen Tränen.
Dort, wo die Reste des Heiligen ruhen, geschehen 25
täglich die herrlichsten Wunder und Zeichen.
Bist du zur Umkehr bereit und beweinst deine Sünden,
magst wohl auch du, so schwer deine Schuld ist, Verzeihung erlangen."

Doch die sündige Frau, die gänzlich den Sünden ergeben war,
lehnte es ab, den tugendhaften Pfad der Sittlichkeit zu wählen, 30
unablässig jagte sie einzig nach weltlichen Genüssen,
ohne den Sinn auf die ewigen Freuden zu richten.
Somit lehnte es die Böse ab, die die Schandtat angestiftet,
jenen Worten, die Rettung versprachen, zu glauben —
ja, zog es vor, sich weltlichen Freuden hinzugeben, 35
statt ihre Hoffnung auf ewige Werte zu setzen.
Nachdem sie die wahren Worte des Mannes vernommen hatte,
da verdrehte sie wütend die blutunterlaufenen Augen,
schüttelte trotzig den Kopf und voller Ungeduld,
schrie sie ihn an mit lästerndem Hohn: 40
"Leeres Geschwätz! Was sprichst du Heuchler von Wundern,
die sich um Gongolfs Verdienste willen ereignen sollen?
Was da geschwätzt wird, ist niemals die Wahrheit!
Wunder geschehen nicht anders am Grab dieses Toten,
als die herrlichen Wunder und Zeichen, 45
die ich mit meinem gemeinen Hinterteil hervorbringe!"
Sprach es und den Worten folgte sogleich ein wunderbares Zeichen,

hörbar dem unaussprechlichen Teil ihres Körpers entfahren.
Fortan mußte sie stets solch schamlosen Ton von sich geben,
wie meine Zunge sich sträubt, ihn beim richtigen Namen zu nennen.   50
Jedesmal, wenn sie begann, ein einziges Wort nur zu sagen,
entfuhr ihr sofort auch ein übelriechendes Windchen.
Damit wurde diese Frau, die kein Schamgefühl kannte,
allen zum Spott und überall ausgelacht,
bis ans Ende ihres Lebens sollte sie   55
dieses deutlich zu hörende Merkmal ihrer eigenen Schande tragen.

FRAGEN ZUM TEXT

— *Welche Funktion besitzt hier der Körper im göttlichen Heilsplan?*

— *Wieso scheut sich die Dichterin nicht davor, diese derbe Komik in einen Wunderbericht zu integrieren? Was sagt uns dies über die Kulturgeschichte des 10. Jahrhunderts aus?*

— *Was sagt der Text über die Prostitution aus? Was denkt Hrotsvitha darüber?*

IV. Hrotsvithas **Einleitung** zum Zweiten Buch mit ihren **Dramen** (176f.)

Viele rechtgläubige Christen gibt es—auch ich kann mich nicht völlig davon freisprechen, daß ich zu den Schuldigen gehöre—die aus Freude an der gebildeten Sprache die weltlichen eitlen Bücher der Heiden (Römer und

Griechen) dem Nutzen der Heiligen Schriften vorziehen. Daneben gibt es auch andere, die sich an die heilige Schrift halten, sogar alle anderen heidnischen Werke verachten, aber die Phantasiedichtungen des Terenz immer wieder lesen und, während sie sich an der Anmut seiner Sprache erfreuen, sich durch die Kenntnis des gottlosen Inhalts mit Sünde beschmutzen. Daher habe ich, die kraftvolle Stimme von Gandersheim, mich nicht davor gescheut, während andere ihn dadurch ehren, daß sie ihn lesen, ihn in seiner Darstellungsweise nachzuahmen, um in der gleichen sprachlichen Form, in der die verwerflichen Laster liederlicher Frauen geschildert werden, die hoch zu preisende Keuschheit heiliger Jungfrauen, soweit meine geringe geistige Kraft reicht, zu rühmen. Dies erregte nicht selten Scham in mir und ließ mich tief erröten, weil ich—durch diese Art der Darstellung gezwungen—den verabscheuungswürdigen Wahnwitz derer, die sich an unerlaubter Liebe erfreuen, und ihre schmeichlerischen Reden, die uns nicht einmal zu Gehör kommen dürfen, bei der Darstellung in meinem Geist erwogen und mit dem Griffel niedergeschrieben habe. Wenn ich es aus Scham unterlassen hätte, dann hätte ich weder an meinem Vorhaben festgehalten, noch das vollständige Loblied der unschuldigen Menschen gesungen, denn je verführerischer die Schmeichelreden der Verführten locken, desto größer ist die Herrlichkeit des himmlischen Helfers, und um so glorreicher erweist sich der Sieg der Triumphierenden, vor allem, wenn weibliche Schwachheit siegt und männliche Kraft jämmerlich versagt und unterliegt. . .

Falls meine fromme Werke auf Zustimmung stoßen sollten, freue ich mich darüber; wenn sie aber wegen meiner Unwürdigkeit oder wegen der rauhen und holprigen Sprache niemandem zusagen, so freue ich mich doch selbst darüber, was ich geschaffen habe, denn während ich bei der Abfassung meiner minderwertigen Arbeit in den anderen Werken, die ich in meiner Unwissenheit schuf, ein heroisches Versmaß zur Darstellung verwendete, wähle ich hier eine dramatische Fassung, wobei ich mich aber vor der gefährlichen unchristlichen Täuschkunst schütze und sie vermeide.

V. Aus: **Brief derselben an einige gelehrte Gönner dieses Buches** (178)

Ich weiß sehr wohl, daß Gott mir einen klugen Geist verliehen hat, doch ist er, seitdem der Eifer meiner Lehrerinnen aufhörte, untrainiert geblieben und durch meine eigene Trägheit und Untätigkeit erschlafft und vernachlässigt. So habe ich, um die Gottesgabe nicht durch meine Nachlässigkeit verkommen zu lassen,—wann ich nur immer einen Faden oder einige Flocken von einem Läppchen, aus dem Gewand der Philosophie gerissen, herausholen konnte, sie dem schon erwähnten kleinen Werk einzufügen versucht, damit der Unwert meiner eigenen Unwissenheit durch den Einschluß von edlerem Material in günstigerem Licht erscheine, und der Spender des in mir wirkenden Geistes um so viel höher gebührend gepriesen werde, als die weibliche Geisteskraft für beschränkter angesehen wird.

FRAGEN ZUM TEXT

— *Hrotsvitha verwendet bewußt einen Demutstopos. Was besagt dies hinsichtlich ihrer wahren Selbsteinschätzung und der Bedeutung ihrer Werke?*

— *Welche poetischen Bilder benutzt Hrotsvitha, um trotz aller Selbstbescheidenheit klar vor Augen zu führen, daß sie einen philosophischen Text verfaßt hat?*

VI. Dulcitius

Als Beispiel für die Dramen Hrothsvitas erscheint hier *Dulcitius*, eine theatralisch gelungene Gestaltung der Legende dreier jugendlicher Märtyrerinnen aus dem 3. bis 4. Jahrhundert. Die drei jungen Frauen gehörten zu einem Kreis Gläubiger um die hl. Anastasia, einer frommen und vornehmen Griechin, die in übermenschlicher Weise ihre Genossinnen vor heidnischen Verfolgungen zu schützen versuchte und am Ende 304 n.Chr. selbst mit dem Tod dafür bestraft wurde. Der Kern dieser Legende ist historisch belegt und stützt sich auf die unter dem römischen Kaiser Diokletian durchgeführten Verfolgungen der Christen. Hier macht sich besonders das Geschick der Dichterin bemerkbar, im religiösen Gewand komische Szenen auszugestalten, was in gewisser Weise an Shakespeares *A Midsummer–Night's Dream* (IV, 1) erinnert. Die Verwirrung des Dulcitius repräsentiert die Blindheit des Heiden, wobei er selber als eine Art Antichrist oder Teufel verstanden werden könnte. Die unglaublich bereitwillige Grausamkeit der Beamten, die die Märtyrerinnen hinrichten wollen und es doch nicht schaffen, dazu die religiös fundierte Überlegenheit der Frauen und das direkte Eingreifen Gottes in das Geschehen sind typische Merkmale für die frühchristliche Hagiographie.

Die Gandersheimer Stiftskirche. Innenansicht Richtung Osten

Die Leiden der hl. Jungfrauen Agape, Chionia und Irene (202–209)

die der Statthalter Dulcitius in der Stille der Nacht heimlich aufsuchte, um seine sexuellen Wünsche durch sie erfüllt zu bekommen. Doch kaum war er bei ihnen eingetreten, da verwirrte sich sein Sinn, und er umarmte und küßte statt der Jungfrauen Töpfe und Tiegel, bis sein Gesicht und Gewand mit abscheulichem Ruß geschwärzt waren. Darauf übergab er die Jungfrauen dem Grafen Sisinnius zur Folter–Bestrafung, der, gleichfalls auf wunderbare Weise in die Irre geführt, endlich Agape und Chionia zu verbrennen und Irene zu durchbohren befahl.

Personen:

Kaiser Diokletian, Dulcitius (Statthalter), Sisinnius, Agape, Chionia, Irene (drei Schwestern), Gemahlin des Dulcitius, Soldaten, Türhüter des kaiserlichen, Palastes

Im kaiserlichen Palast: Diokletian. Agape. Chionia. Irene.

Diokletian: Das große Ansehen eurer vornehmen Ahnen und eure außerordentliche Schönheit zwingen mich dazu, euch mit dem Höchstrangigen meines Hofes offiziell verheirate; was auf meinen Befehl hin sofort in die Wege geleitet werden wird, sobald ihr das Christentum zu verleugnen und unseren Göttern zu opfern bereit seid.
Agape: Diese Sorgen kannst du dir sparen, den Gedanken, unsere Vermählung vorzubereiten, laß fahren, da wir durch nichts dazu gezwungen werden können, Christi Namen nicht zu bekennen und unsere Keuschheit zu verletzen.
Diokletian: Was soll diese Dummheit! Sie kann euch überhaupt nicht nützen.
Agape: Was für eine Torheit hast du in uns entdeckt?

Diokletian: Offensichtlich eine große.

Agape: Worin besteht sie denn?

Diokletian: Vor allem habt ihr den alten Götterglauben aufgegeben und folgt nun dem neuen schlechten Aberglauben der Christen.

Agape: Du nimmst es dir ganz unverschämt heraus, die Macht des allmächtigen Gottes lächerlich zu machen! Das ist gefährlich.

Diokletian: Für wen?

Agape: Für dich und das Reich, über das du herrschst.

Diokletian: Sie ist wahnsinnig—hinaus mit ihr!

Chionia: Meine Schwester ist nicht wahnsinnig; mit Recht wirft sie dir deine Torheit vor.

Diokletian: Diese ist noch verrückter. Schafft sie mir aus den Augen! Bringt mir die dritte zum Verhör.

Irene: Auch die dritte wirst du störrisch finden und dir gegenüber unnachgiebig.

Diokletian: Irene, du bist jünger an Jahren, sei darum würdiger in deinem Verhalten.

Irene: Wie denn, sprich, ich bitte dich!

Diokletian: Beuge deinen Nacken vor den Göttern, sei deinen Schwestern ein Vorbild zur Umkehr und der Grund zu ihrer Befreiung.

Irene: Sollen sich die mit dem Götzendienst beflecken, die den Zorn des Herrschers im Himmel, der über die Donner Macht ausübt, auf sich ziehen. Ich werde mein mit dem königlichen Öl gesalbtes Haupt nicht schänden, indem ich es vor Götterbildern beuge.

Diokletian: Die Verehrung der Götter bringt nicht Unehre, sondern höchste Ehre mit sich.[10]

Irene: Welche Schande könnte schmählicher sein, welche Schmach größer, als daß ein Knecht oder ein Sklave wie ein Herr verehrt wird?

Diokletian: Ich fordere dich nicht dazu auf, Knechte zu verehren, sondern die Götter deiner Herren.

Irene: Ist der nicht ein Knecht, den man, weil er käuflich ist, von einem Künstler für Geld erwerben kann?

Diokletian: Diese geschwätzige Frechheit muß man ihr mit Strafen austreiben.

Irene: Das wünschen wir, danach sehnen wir uns, daß wir für unsere Liebe zu Christus mit Folterstrafen gepeinigt werden.

Diokletian: Legt diese Frechen, die sich unsern Befehlen widersetzen, in Ketten und schafft sie in den dunklen Kerker, bis der Statthalter Dulcitius sie ins Verhör nimmt.

II

Vor dem Kerker. Dulcitius, Soldaten

Dulcitius: Führt sie vor, Soldaten, bringt sie herbei, die ihr im Kerker bewacht!

Soldaten: Hier sind sie, wie befohlen.

Dulcitius: Himmel! Wie schön, wie lieblich und hübsch sind diese Jungfrauen!

Soldaten: Außerordentlich!

Dulcitius: Ihre Schönheit beeindruckt mich sehr!

Soldaten: Das läßt sich nicht anders vorstellen.

Dulcitius: Ich brenne darauf, sie zur Geliebten zu nehmen.

Soldaten: Das wird dir kaum gelingen.

Dulcitius: Warum nicht?

Soldaten: Sie besitzen einen festen Glauben.

Dulcitius: Wie, wenn ich sie mit Schmeicheleien verführe ?

Soldaten: Das werden sie gänzlich verachten.

Dulcitius: Wie, wenn ich sie mit Folterstrafen erschrecke?

Soldaten: Das nehmen sie gleichmütig hin.

Dulcitius: Was ist also zu tun?

Soldaten: Bedenk es zuvor.

Dulcitius: Haltet sie in Gewahrsam im Innenraum der Vorratskammer, wo die Köche ihr Geschirr aufbewahren.

Soldaten: Und warum dort?

Dulcitius: Damit ich sie leicht öfters aufsuchen kann.

Soldaten: Wie du befiehlst.

III

Nachts vor dem Gefängnis: Dulcitius, Soldaten

Dulcitius: Was machen die Gefangenen jetzt in der Nacht?

Soldaten: Sie singen fromme Hymnen.

Dulcitius: Gehen wir näher heran.

Soldaten: Den hellen Klang ihrer Stimmen hört man schon von fern.

Dulcitius: Haltet mit euern Lichtern vor dem Eingang Wache; ich gehe hinein und werde meine Lust in ihren Armen stillen.

Soldaten: Geh hinein; wir warten hier.

IV

Im Kerker: Agape. Chionia. Irene

Agape: Was ist das für Lärm vor der Tür?

Irene: Der elendigliche Dulcitius. Er kommt herein.

Chionia: Möge Gott uns behüten!

Agape: Amen.

Chionia: Was bedeutet dieser Lärm von Töpfen, Tiegeln und Pfannen?

Irene: Ich will nachsehen. Kommt her, ich bitte euch! Schaut durch die Ritzen!

Agape: Was passiert denn da?

Irene: Seht nur den Tor, ganz verwirrt im Kopf! Er bildet sich ein, uns in den Armen zu halten!

Agape: Was tut er denn?

Irene: Er hält die Töpfe in seinem Schoß, dann umarmt er die Pfannen und den Krug und drückt ihnen süße Küsse auf die Henkel.

Chionia: Lächerlich!

Irene: Gesicht, Hände und Gewand sind so befleckt und mit Ruß bedeckt, daß der schwarze Tor aussieht wie ein Afrikaner.[11]

Agape: Nur recht, daß er auch körperlich ein Abbild des Teufels ist, der seine Seele besitzt.

Irene: Jetzt wendet er sich zum Gehen. Laßt uns schauen, wie ihn die Soldaten empfangen werden, die vor der Tür als Wache stehen.

V

Vor dem Kerker: Dulcitius, Soldaten

Soldaten: Wer kommt da heraus? Ein Dämon, ganz gewiß! Oder gar der Teufel höchstpersönlich! Fliehen wir!

Dulcitius: Wohin Soldaten? Bleibt stehen! So wartet doch! Bis zum Schlafgemach leuchtet mir noch!

Soldaten: Das ist die Stimme unseres Herrn, die da spricht, aber er sieht aus wie der Teufel! Rette sich wer kann! Fort von hier! Das Schreckensgespenst will uns erschlagen.

Dulcitius: Na wartet nur, ich gehe zum Palast; dort will ich mich bei den Herren über die Beleidigung beklagen, die ich erlitten habe.

VI
Vor dem kaiserlichen Palast: Dulcitius. Türhüter

Dulcitius: Wachen, führt mich in den Palast; ich habe dem Kaiser eine geheime Mitteilung zu machen.

Türhüter: Was will das greuliche und abscheuliche Ungeheuer in den zerrissenen und schwarzen Lumpen? Mit Fäusten drauf los! Wir wollen es schlagen und von der Treppe jagen! Es soll sich hier nicht vorwagen.

Dulcitius: Weh, weh! Was ist geschehen? Ist mein Gewand nicht schön? Bin ich nicht prächtig anzusehen? Und dennoch—wie vor einem Ungeheuer erschrickt jeder, der mich erblickt! Ich eile zu meiner Frau; sie soll mir sagen, was sich mit mir zugetragen hat.

VII
Dulcitius und seine Ehefrau

Dulcitius: Ah, da kommt sie mit aufgelöstem Haar heraus und ihr folgt in Tränen das ganze Haus!

Frau: O weh, Dulcitius, mein Herr und Gemahl! Was ist geschehen? Du bist nicht bei Sinnen; die Christen haben ihren Spott mit dir getrieben.

Dulcitius: Jetzt endlich merke ich es. Sie haben mich mit ihren Zauberkünsten verhext.

Frau: Am meisten schäme ich mich, am schlimmsten bedrückt es mich, daß du nicht einmal gemerkt hast, was mit dir geschehen ist.

Dulcitius: Ich befehle, die dreisten Mädchen öffentlich zu entkleiden und nackt dem Volk vorzuführen; dann sollen sie ihrerseits die Macht unsrer Scherze spüren.

VIII

Auf einem öffentlichen Platz: Dulcitius sitzt schlafend auf dem Richterstuhl. Die Soldaten stehen ratlos vor den gefangenen Mädchen

Soldaten: Vergebens bemühen wir uns mit aller Kraft. Umsonst ist unser Fleiß! Seht nur, die Kleider haften fest wie Haut an den Leibern der Jungfrauen, und er, der es befohlen hatte, sie zu entblößen—der Statthalter—sitzt da und schnarcht und ist durch nichts aus dem Schlaf zu wecken. Laßt uns zum Kaiser gehen und ihm berichten, was hier geschehen ist.

IX

Im Palast: Diokletian. Hofleute

Diokletian: Es empört mich sehr, daß, wie ich höre, der Statthalter Dulcitius so verspottet, so erniedrigt, so beleidigt worden ist. Damit aber diese abscheulichen jungen Huren nicht damit prahlen, ungestraft unsere Götter und ihre Verehrer lächerlich gemacht zu haben, werde ich den Grafen Sisinnius beauftragen, furchtbare Rache an ihnen zu üben.

X

Auf einem öffentlichen Platz: Sisinnius. Soldaten

Sisinnius: Soldaten, wo sind sie, die frechen Mädchen, die gefoltert werden sollen?
Soldaten: Sie werden im Kerker festgehalten.
Sisinnius: Haltet Irene noch zurück; führt nur die beiden andern vor!
Soldaten: Warum macht Ihr mit ihr eine Ausnahme?

Sisinnius: Um ihr jugendliches Alter zu schonen. Sie mag leichter zu bekehren sein, wenn sie durch die Gegenwart ihrer Schwestern nicht eingeschüchtert wird.

Soldaten: Wohl möglich.

XI
Dieselben: Agape und Chionia

Soldaten: Hier sind sie, die wir gemäß deinem Befehl zu dir bringen sollten.

Sisinnius: Agape und Chionia, paßt gut auf und folgt meinem Rat.

Agape: Was sollen wir denn tun?

Sisinnius: Bringt den Göttern ein Opfer dar.

Agape: Dem wahren und ewigen Vater und seinem, gleich ihm, ewigen Sohn und ihrer beider Heiligen Geist bringen wir ohne Unterlaß Gebetsopfer.

Sisinnius: Das möchte ich euch nicht raten; ich werde euch mit Strafen daran hindern.

Agape: Du wirst es nicht verhindern können. Niemals werden wir den falschen Göttern opfern.

Sisinnius: Beendet den Trotz in eurem Herzen und überreicht den Göttern eure Opfer. Andernfalls lasse ich euch auf Befehl des Kaisers Diokletian töten.

Chionia: Es ist deine Pflicht, dem Befehl des Kaisers, uns zu töten, zu gehorchen; wir verachten, wie du weißt, seine Anordnungen; wenn du, um uns zu schonen, es aufschiebst, seine Befehle auszuführen, verdienst du mit Recht selbst den Tod.

Sisinnius: Zögert nicht, Soldaten, zögert nicht! Ergreift die Infamen und werft sie lebendig in die Flammen!

Soldaten: Rasch, laßt uns einen Scheiterhaufen errichten und die Verrückten den Flammen übergeben, um ihren Schmähungen ein Ende zu machen.

Agape: Deiner Allmacht, o Herr, ist es nicht unmöglich, zu bewirken, daß das Feuer seine vernichtende Kraft vergißt und Dir gehorcht. Doch wir sind des Aufschubs überdrüssig; daher flehen wir darum, daß unsere Seelen aus den Fesseln befreit werden und daß unser Geist nach Vernichtung unseres Leibes, mit Dir vereint, im Himmelsraum jubeln möge.

Soldaten: O unerhört neues, staunenswertes Wunder! Ihre Seelen haben den Körper verlassen, doch nirgends finden sich Spuren einer Verletzung—weder ihre Haare noch ihre Gewänder sind vom Feuer versehrt, geschweige ihre Leiber.

Sisinnius: Schafft Irene her!

XII
Dieselben. Irene

Soldaten. Hier ist sie.

Sisinnius. Laß dich durch den Tod deiner Schwestern abschrecken und vermeide es, so wie sie zu sterben.

Irene: Es ist mein Wunsch, wie sie dahinzuscheiden, auf daß ich es verdiene, mit ihnen die ewige Seligkeit zu genießen.

Sisinnius: Gib nach, gib nach! Ich rate dir!

Irene: Ich gebe nicht nach! Du drängst mich dazu, Sünde zu begehen.

Sisinnius: Wenn du nicht nachgibst, bestrafe ich dich nicht etwa mit einem raschen Tod—nein, ich werde ihn hinziehen und jeden Tag neue Folterqualen über dich verhängen.

Irene: Je ärger ich gefoltert werde, um so herrlicher werde ich erhöht.

Sisinnius: Du fürchtest die Folterungen nicht? Doch vor einem wird dir grauen.

Irene: Was immer Schreckliches du über mich verhängen magst, mit Christi Hilfe werde ich dem entkommen.

Sisinnius: Ich werde dich ins Haus der Huren schaffen und dort deinen Leib schändlich entehren lassen.

Irene: Besser ist es, der Leib wird durch Sünden entehrt, als die Seele mit Götzendienst befleckt.

Sisinnius: Bist du erst den Dirnen zugesellt und entehrt, dann darfst du dich nicht länger der Schar der reinen Jungfrauen zuzählen.

Irene: Der Wollust folgt die Strafe zum Lohne; wen eine Notlage zwingt, der erwirbt die Märtyrerkrone. Nur der wird schuldig erklärt, der freiwillig gesündigt hat.

Sisinnius: Vergebens schonte, vergebens bemitleidete ich ihre Jugend.

Soldaten: Wir wußten es zuvor. Durch nichts kann sie zur Verehrung der Götter bewogen werden, durch keine Schreckensdrohung ihr Starrsinn gebrochen werden.

Sisinnius: Nicht länger werde ich sie schonen.

Soldaten: Recht so.

Sisinnius: Ergreift sie mitleidlos und schleppt sie mit aller Gewalt fort! Bringt sie ins Haus der Schande.

Irene: Sie werden das nicht tun.

Sisinnius: Und wer könnte es verhindern?

Irene: Derjenige, der die Welt mit Vorbedacht lenkt.

Sisinnius: Das will ich doch sehen.

Irene: Schneller als es dir lieb ist, wird es geschehen.

Sisinnius: Laßt euch nicht schrecken, Soldaten, durch die trügerischen Prophezeiungen dieser lügnerischen Person.

Soldaten: Wir lassen uns nicht schrecken, wir mühen uns eifrig, deinen Befehlen zu gehorchen.

XIII
Sisinnius. Soldaten

Sisinnius: Wer drängt hier herein? Sind das nicht die Soldaten, denen wir Irene übergeben haben? Ja, sie sind's. Warum so schnell zurück? Wohin so atemlos?

Soldaten: Dich suchen wir.

Sisinnius: Wo ist sie, die ihr fortgeschleppt habt?

Soldaten: Oben auf einem Berggipfel.

Sisinnius: Auf welchem Gipfel?

Soldaten: Ganz in der Nähe.

Sisinnius: O ihr Toren, ihr Idioten, ihr Dummköpfe ohne jeden Verstand!

Soldaten: Was beschuldigst du uns, drohst uns mit Wort und Mienen?

Sisinnius: Die Götter mögen euch vernichten!

Soldaten: Was haben wir dir angetan? Was für ein Unrecht an dir begangen? Worin sind wir über deine Befehle hinausgegangen?

Sisinnius: Habe ich euch nicht geheißen, die Götterverächterin an den verrufenen Ort zu schleppen?

Soldaten: Das hast du, und wir haben uns beeilt, deinen Befehlen nachzukommen, doch zwei unbekannte Jünglinge holten uns ein, die uns versicherten, von dir geschickt zu sein, um Irene auf den Gipfel des Berges zu führen.

Sisinnius: Davon weiß ich nichts.

Soldaten: Wir merken es.

Sisinnius: Wie sehen sie denn aus?

Soldaten: Ihre Kleider sind strahlend schön, sie selbst sehen ehrfurchtgebietend aus.

Sisinnius: Seid ihr ihnen gefolgt?

Soldaten: Wir folgten.

Sisinnius: Was haben sie getan?

Soldaten: Sie schlossen sich zur Rechten und Linken Irene an und befahlen uns dann, zurückzukehren, damit dir das Geschehen nicht verborgen bliebe.

Sisinnius: Nur rasch zu Pferde, um zu erfahren, wer jene waren, die uns so frech verspotteten.

Soldaten: Wir eilen mit!

XIV

Auf einem Felsengipfel steht Irene. Sisinnius und die Soldaten
bemühen sich vergeblich, zu ihr zu gelangen

Sisinnius: Donnerwetter! Ich weiß nicht, was ich tun soll! Das Christenpack
bringt mich mit seinen Hexenkünsten noch um! Ich reite immer wieder um
den Berg herum; entdecke ich dann einen Pfad, so führt er weder aufwärts,
noch finde ich einen Weg zurück.

Soldaten: Auf seltsame Weise lockt man uns in die Falle, eine unnatürliche
Müdigkeit lähmt uns alle. Läßt du diese Rasende nicht bald sterben, dann
stürzt du dich und uns alle ins Verderben.

Sisinnius: Wer von den Meinigen es auch sei—er richte den Pfeil auf sie hin
und durchbohre die Zauberin!

Soldaten: So gehört sich's.

Irene: Unseliger, werde rot vor Scham! Sisinnius, werde rot! Beklage deine
schmähliche Niederlage, da du ein zartes Kind, eine Jungfrau, nicht ohne
Waffenaufgebot zu besiegen vermochtest!

Sisinnius: Jede Schande werde ich leichter ertragen, wenn ich nur weiß, daß
du sterben wirst.

Irene: Mich erfüllt höchste Freude, doch du mußt leiden, denn wegen deiner
grausamen Strenge wirst du zur Höllenpein verurteilt sein; ich aber werde,
mit der Märtyrerpalme und der Krone der Jungfräulichkeit geschmückt, das
himmlische Brautzimmer des ewigen Königs betreten. Ihm gebühren Ehre
und Herrlichkeit in alle Ewigkeit!

FRAGEN ZUM TEXT

— *Auf welche Weise wird hier die dramatische Komik für religiöse Zwecke eingesetzt?*

— *Welche religiöse und politische Bedeutung besitzen die Frauen im Vergleich zu den Männern?*

— *Mit welcher Absicht hat die Dichterin dieses Märtyrer–Drama gestaltet? Wen spricht sie damit an, und welche theatralischen, religiösen und literarischen Mittel setzt sie ein, um ihre Ziele zu erreichen?*

— *Welches Selbstbewußtsein beherrscht die drei Frauen?*

— *Wie wird die Beziehung zwischen dem weltlichen und dem geistlichen Bereich geschildert?*

— *Welche Funktion besitzt das Märtyerium der drei Frauen einmal für die christliche Kirche insgesamt, dann aber insbesondere für sie als Vertreterinnen ihres Geschlechts?*

— *Welche pädagogischen Intentionen verfolgt hier die Dichterin?*

— *Wie beurteilen Sie die dramatische Wirkung von "Dulcitius"?*

Albrecht Dürer–Holzschnitt: Hrotsvitha überreicht Kaiser Otto ihre Werke

VII. Drittes Buch mit den historischen Epen Hrotsvithas

Hier folgt Hrotsvitha teilweise der klassisch–rhetorischen Tradition mit ihren Demutsformeln, teilweise gibt sie aber zu erkennen, wie stolz sie auf ihre Leistungen als Dichterin ist (285f.)

Vorrede

Gerberg, der erlauchten Äbtissin, der wir wegen ihrer hervorragenden edlen Gesinnung nicht weniger Ergebenheit schulden als wegen ihrer königlichen Herkunft und Vornehmheit, entbietet Hrotsvitha aus Gandersheim ganz bescheiden als letzte der letzten, die unter dieser Oberhoheit streiten, was die Dienerin der Gebieterin schuldet.

O meine Herrin, der Glanz der vielfältigen Weisheit Eures Geistes strahlt weit! Möge es Euer Gnaden nicht verdrießen durchzusehen, was, wie Ihr wißt, auf Euer Geheiß ist geschehen.

Ihr trugt mir auf, des Kaisers Lebensgeschichte, über die ich nichts durch Hörensagen in Erfahrung zu bringen vermochte, in ein Gedicht zu fassen. Ich vergoß dabei viel Schweiß; welche Schwierigkeiten sich meiner Unwissenheit entgegenstellten, ist Euch nicht unbekannt, wie ich weiß. Mir standen nämlich weder alte Chroniken zur Verfügung noch gab mir jemand genaue mündliche Kunde.

Ich ging wie jemand, der ohne führende Hand seinen Weg durch einen großen Wald sucht, ohne zu wissen, wo die Pfade sind, verloren in der tiefen und weiten Wildnis, die tief verschneit ist. Ohne Führer, nur von erhaltener Weisung belehrt, irrt er bald ab vom Weg, bald findet er unverhofft den rechten Steg, bis er in der Mitte des Dickichts stockt und ihn ein Platz zur ersehnten Ruhe lockt. Dort hält er an und wagt, nicht weiter zu gehen auf dem Weg, bis ihn ein anderer überholt, ihm Bescheid sagt und ihm die Richtung anzeigt, oder bis er den Spuren eines Voraufgehenden folgen kann. Nicht anders habe ich auf Geheiß auf dem weiten Feld der herrlichen Ereignisse verweilt, habe die Fülle der königlichen Taten schwankend und wankend beklommen durcheilt. Noch ganz erschöpft davon, will ich am angemessenen Ort schweigen hinfort und mich nicht mehr wagen an einen Bericht über die kaiserliche Erhabenheit ohne Führung und Geleit. Wenn ich nämlich angeregt durch sprachgewandte und glänzende Darstellungen, die zweifellos bald verfaßt werden, ermutigt worden wäre, dann gelänge es vielleicht, meine Unbildung zu verstecken und etwas zu verdecken. Denn jetzt werde ich um so weniger von irgendeiner Seite geschützt, als mich kein Gewährsmann stützt. So fürchte ich, man klagt mich wegen meiner Verwegenheit an, kaum, daß ich den Schlingen der Vorwürfe so vieler entgehen kann, weil ich, was andere wohl in pompöser Beredsamkeit mit feingeschliffenen Worten hätten gesagt, in ungepflegter Rede zu entehren gewagt. Gesunder Menschenverstand aber, der überlegt und die Dinge recht erwägt, der sieht die Schwäche meines Geschlechts ein und auch sein Wissen, das entsprechend klein ist. Um so leichter wird er dann verzeihen, zumal ich nicht mit böser Absicht, sondern auf Euern Befehl hin das Gewebe dieses Textes gesponnen und das Werklein begonnen habe. Warum macht mir das Urteil fremder Leute Sorge? Habe ich gefehlt, so unterstehe ich Euerm Tadel allein. Warum sollte ich den Vorwürfen nicht entgehen können? Mich in Schweigen zu üben, ist allein meine Pflicht, damit ich nicht, wenn ich eine Darstellung verbreite, die so schlecht ist, daß man sie niemanden zeigen darf, den Tadel aller verdiente mit Recht. Euch und Eurem Vertrauten, dem Erzbischof Wilhelm, dem Ihr diesen unbeholfenen Versuch zeigen wollt, sei er zu eigen. Euer beider Urteil gebe ich ihn anheim, einerlei, wie er ausgefallen sei.

1. Prolog

Mächtiger Herr und Kaiser, gekröntes Haupt unseres Reiches,
Otto, vom ewigen König zur Herrschaft berufen,
regiert Ihr ruhmreich im Glanze von Krone und Zepter,
Ihr übertrefft alle früheren Kaiser an frommer Gesinnung,

Euch verehren die Völker überall rings auf der ganzen Erde,   5
und das Römische Weltreich beschenkt Euch mit vielerlei Gaben!
Mögt Ihr dies kleine Geschenk, mein Gedicht, nicht verschmähen,
möge dies Lob, der Euch zustehende Tribut, Euch gefallen,
den Euch die Geringste aus jener Schar darbringt, die in Gandersheim lebt,
die die fromme Absicht Eurer Vorfahren dort zusammenbrachte   10
und die seither Euch jederzeit Verehrung. entgegenbringt.
Möglich, daß manche den Ruhmesglanz Eurer Taten bereits geschildert
haben,
viele werden ihn noch in Zukunft beschreiben,
doch hat mir keiner zu dieser Arbeit ein Vorbild geliefert,
auch boten mir früher verfaßte Bücher keine Belehrung.   15
Mich hat allein meine Ehrfurcht dazu gebracht, ein Werk
in Angriff zu nehmen, vor dem ich Angst hatte.
Freilich, ich fürchte, indem ich ein Gedicht von Euren Taten schuf,
ich vielleicht unbedacht Falsches sagte und das Wahre verfehlte;
nicht Vermessenheit hat mich etwa verleitet,   20
freiwillig habe ich niemals die reine Wahrheit verfälscht.
Alles sei genau so verlaufen, wie ich es hier melde,
so versicherten sie, die mir den Stoff zu der Niederschrift brachten.
Möge daher nicht des Kaisers erhabene Güte verschmähen,
was bescheidener Sinn und tiefe Ergebenheit bringen.   25
Wenn Euch in Zukunft noch zahlreiche Schriften lobpreisen,
die, nach der meinen verfaßt, Euch auch gefallen werden,
möge dies Büchlein dann nicht das Geringste im Rang sein,
ist es doch als erstes und ganz ohne Vorbild entstanden.
Habt Ihr auch jetzt die Würde des Römischen Kaisers inne,   30
mögt Ihr gnädig erlauben, daß ich Euch noch "König" nenne,
denn ich beschreibe zunächst nur die Taten des Königs,
bis dann in richtiger Ordnung und würdiger Sprache
eine Beschreibung der zweiten Krönung folge—der Krönung zum Kaiser.

FRAGEN ZUM TEXT

— *Welche Beziehung besteht zwischen Hrotsvitha und dem Kaiser?*

— *Welche öffentliche Funktion gewinnt sie durch dieses Loblied?*

— *Wie beurteilt sich Hrotsvitha selbst als Chronistin?*

— *Welche Topoi (feste Redeformeln) setzt sie ein, um die poetische Qualität ihres Gedichts ins beste Licht zu rücken?*

— *Was sagt Hrotsvitha über ihre Quellen aus?*

Der Hrotsvitha–Brunnen in Bad Gandersheim von Siegfried
Zimmermann, 1978

2. Frau Ava (gest. ca. 1127)

Während Hrotsvitha von Gandersheim noch der lateinisch–orientierten Kultur des 10. Jahrhunderts angehörte, stoßen wir mit der Frau Ava auf die erste Vertreterin religiöser, nun aber volkssprachlich verfaßter Bibeldichtung des 11. und frühen 12. Jahrhunderts. Sie starb um 1127, wie die verschiedenen Kloster–Nekrologe von Melk, Klosterneuburg, Zwettl, Garsten und St. Lambrecht anzeigen ("Ava inclusa"), doch sonst wissen wir kaum etwas an konkreten biographischen Angaben. Allein diese vielfachen Erwähnungen ihres Todes zeigen aber schon an, daß sie wohl wegen ihrer Dichtungen ein hohes Ansehen genossen haben muß. Sie ließ sich, als sie etwa 30 Jahre alt war, aus religiöser Inbrunst heraus in eine steinerne Zelle einmauern, um ihr Leben ganz Gott zu widmen, ohne jedoch in ein Kloster einzutreten. Am ehesten wird noch das Kloster Melk an der Donau, westlich von Wien, in Frage kommen, von wo aus Frau Ava Pflege und Unterstützung erhielt und mit dem sie zeit ihres Lebens geistlich in Verbindung stand. Möglicherweise ergriff sie nach dem vermuteten Tod ihres Mannes auf einem Kreuzzug und dem Tod eines ihrer Söhne eine solche Verzweiflung, daß sie sich aus dem Leben zurückzog. Frau Ava gibt an, daß ihre Söhne ihr das richtige Verständnis der heiligen Schrift vermittelt hätten, was darauf schließen läßt, daß diese in den geistlichen Stand eingetreten waren.

Im Wesentlichen dichtete Frau Ava Teile des Neuen Testaments in poetischer Form um, wählte aber die Volkssprache, Frühmittelhochdeutsch, weil sie wahrscheinlich, wie es sehr typisch für die meisten Frauen außerhalb der Klöster gewesen sein wird, kein Lateinisch verstand. Die Kenntnis des biblischen Berichts muß sie aus Predigten und persönlichen Gesprächen mit Klerikern (ihren Söhnen?) gezogen haben. Ihre Werke sind in zwei Handschriften überliefert, von denen aber keine alle Texte enthält, 1. der *Großen Vorauer Sammelhandschrift* V aus der zweiten Hälfte des 12. Jahrhunderts, und 2. der Handschrift G, früher im Besitz der

Oberlausitzischen Gesellschaft der Wissenschaften in Görlitz, heute aber verloren. Noch 1763–1765 veröffentlichte G. J. A. Will Teile daraus, und 1830 erschien der Gesamttext von G in einer von H. Hoffmann herausgegebenen Edition.

Die *Vorauer Sammelhandschrift* besteht aus der *Kaiserchronik* von Konrad dem Pfaffen, zwanzig Bibeldichtungen in 30 000 Versen, zu denen auch Frau Avas *Leben Jesu* (fol. 115va–123ra), der *Antichrist* (fol. 123^{r}–123va) und *Das Jüngste Gericht* (fol. 123va–125ra) gehören, zuletzt aus den *Gesta Fridarici imperatoris* von Bischof Otto von Freising.

Frau Avas Evangelium besteht aus fünf Büchern, in denen zunächst die Geschichte von Johannes dem Täufer (446 Verse) geschildert wird, gefolgt von dem *Leben Jesus* (2268 Verse), den *Sieben Gaben des heiligen Geistes* (150 Verse), *Antichrist* (118 Verse) und *Das jüngste Gericht* (406 Verse).[12]

Die folgende Textauswahl beschränkt sich auf kurze Passagen, denn wesentlich ist nicht so sehr die inhaltliche Aussage, die sich eng an den biblischen Bericht lehnt, sondern vielmehr die Tatsache, daß sich hier eine Frau des deutschen Frühmittelalters als Bibeldichterin betätigt.

I. Johannes der Täufer

— Beispielhafter Auszug aus dem frühmittelhochdeutschen Original:

Nu sule wir mit sinnen   sagen von den dingen,
wie die zit aneviench   daz di alte e zergiench.
daz gescach in terra promissionis,   daz riche was do Herodis.
in deme zite gescach   micheles wunders gemach.
in Galilea was ein guot man,   Zacharias was sin nam

bi der burch ze Nazareth,   sin wip hiez Elizabeth.
iz waren iriu tougen   rain vor gotes ougen.
den liuten waren si minnesam,   diu tugent in von gote quam.
wir sagen iu von rehte   von ir beider geslahte.

Er was zuo eineme ewart erchorn   von grozzen vorderen geborn.
zuo Jherusalem in daz templum   da solte er gote dienen nach frum
sine wochen an der ahtoden stete,   got gewerte in siner bete.
diu stat hiez im Abyas,   also saget uns Lucas.
diu vrowe diu was tugenthaft,   in ir jungede unberhaft.
wir sagen iz vil rehte,   si was von Aarones geslahte.
in ir alter si gewan   den aller grozzisten man,
der was ze ware   gotes vorloufare.
er was ein herhorn des himeles   unde ein vander des ewigen chuniges.

Übersetzung ins Neuhochdeutsche:

1. Jetzt wollen wir gut überlegt von den Ereignissen berichten,
nämlich wie die [neue] Zeit anfing und die alte zuende ging.
Es geschah im versprochenen Land. Damals herrschte Herodes.
Damals geschahen viele Wunder.
In Galilea lebte ein guter Mann namens Zacharias
in der Nähe der Stadt Nazareth; seine Frau hieß Elisabeth.
In ihrer Seele waren sie ganz rein, wie es Gottes Augen sahen.
Sie zeigten ihren Mitmenschen nur Liebe; diese Tugend rührte von Gott her.
Wir berichten euch ganz richtig über deren beider Familien.

2. Er war zum Priester vorbestimmt, da er in eine adlige Familie geboren
war.
....

(Schluß)

30. Als Johannes bemerkte, daß ihm sein Tod nahte, erhob er seine Hände
zu Gott.
Er freute sich in seinem Inneren und empfahl Gott seine Seele.
Sie zerrten den Mann vor das Tor, und damit begann sein heiliges Leben.
Sie schlugen ihm das Haupt von seinem allerheiligsten Körper ab und gaben
es dem König,
worauf dieser es der schlimmsten Frau überreichte.
Er wurde vor Christus geboren und für Gottes Recht erschlagen.
Die Engelscharen im Himmel freuten sich darüber.
Auch die Christenheit freute sich; überall wird sein Lob ausgesprochen
sowohl im Himmel als auch auf Erden, denn er ist wahrlich zu Gottes Ehren
von jetzt an in allem, was er sagte, für uns ein Fürsprecher geworden.

II. Die sieben Gaben des heiligen Geistes

210. Jetzt werden wir erfahren, wie Gott in seiner heiligen Liebe
und wie sich der Geist von der Höhe zu uns in der Tiefe beugt,
wie er zu uns herunter kommt, wie es im Testament geschrieben steht.
Nun öffnet weit die inneren Ohren, die äußeren sollen es hören.

211. Unsere vergängliche Erde soll gedemütigt werden
durch den Geist der Gottesfurcht, wie er uns dazu gemahnt hatte.
Er will uns erneuern und führt uns deswegen zur heiligen Reue,
so können wir lernen, wie wir Gott verehren sollen.
Dadurch gewinnen wir Demut und festen Mut.
Bis jetzt haben wir nichts vom heiligen Geist gesagt, wie du, Herr, weißt,
von dem du uns lehrtest, als du mit deinen Jüngern auf den Berg stiegst.

212. Eine wertvolle Gabe mischt sich zu unserem Eifer,

das ist die Gabe der Güte, die unser Gemüt entzündet,
so daß wir uns auf Gott richten, wie das Feuer sich natürlich verhält.
Es gibt uns Freude und Vertrauen, indem wir unsere Mitmenschen lieben.
Dann werden wir Gott loben, ob wir Glück oder Elend erfahren werden.
Wir werden Mitleid empfinden, auch wenn wir unter einer Plage leiden,
und wir werden wahrhaftig demütig sein.

213. Dann werden wir Sicherheit erfahren, was unsere Tränen trocknen
                                                                    wird.
So wie sie von Gott geflossen sind, so fließen sie von Christus.
Weisheit heißt die Tugend, die wir als Belohnung erhalten.
Dies lehrt uns, daß wir aufrichtig [unsere Sünden] bekennen.
Geduld kommt als nächstes, womit wir unseren Feinden verzeihen werden.
Aus Trauer kommen unsere Tränen, dann ist es viel besser,
daß wir mit unseren Tränen die Füße unseres Herrn waschen
zusammen mit der heiligen Maria, daran sollen wir niemals zweifeln.

214. So gewinnen wir Stärke die sich dem Wind anschließt.
Wer sich gegen Gott erhebt, wie schnell schlägt er den wieder zu Boden.
Er lehrt uns ganz schnell, die Welt zu verachten.
Daraus gewinnen wir Keuschheit, die größte Kraft
am Geist und am Leib, die uns richtig zu unterscheiden lehrt.
Sie lehrt uns, nach dem zu verlangen, was uns Gott gerne gewähren will.
Wir werden ganz hungrig nach dem ewigen Leben.

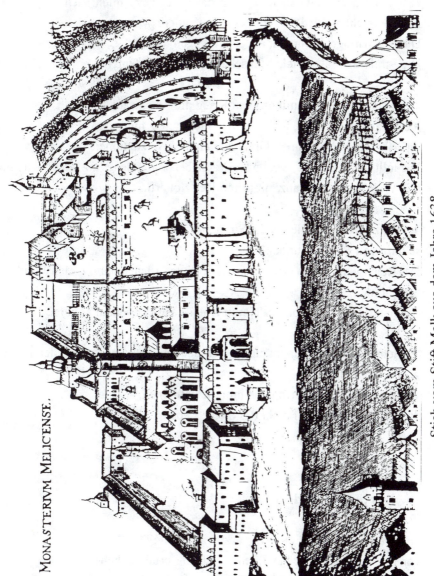

MONASTERIVM MELICENSE.

Stich vom Stift Melk aus dem Jahre 1638

III. Der Antichrist

1. In der letzten Zeit nähert sich uns das Reich des Antichristen.
Er beherrscht die Erde, da gibt es keine andere Wahl.
Die Not wird groß werden, alle Tiere liegen tot.
Die Strafe trifft alle; viele Menschen fallen ihr zu Opfer.

2. Da stehen sogleich mit großem Krieg die Reiche auf.
Kein Land ist so klein, mit dem man nicht teilen muß
die Marken und Bistümer, Grafschaften und Herzogtümer.
Die teilt man alles auf, zwei oder drei haben kaum den Nutzen von einem.
Die Welt ist danach ganz mit grimmiger Not erfüllt.

3. Dann hören wir, allergrößte Strafe,
ständig von Exkommunikation.
Das Reich wird davon erfüllt sein. Die Guten fliehen dann in den Wald in
Steinhöhlen.
Niemand wird euch von der Not in jenen Tagen berichten können.

4. Richtet dann euer Haupt auf und erhebt eure Hände, es nahet sich unser
wahres Gericht.
Wir sollen unseren Herrn ganz inniglich anflehen,
daß wir in dem Kampf nicht das ewige Leben verlieren.
....

IV. Das jüngste Gericht

1. Jetzt muß ich voll Furcht
von dem Jüngsten Tag berichten, wie ich es erfahren habe,
und von der ewigen Krone, die Gott denen zu Lohn gibt,
die am Jüngsten Tag gut gekämpft haben.

2. Fünfzehn Zeichen werden geschehen, wie die Weisen sagen.
Wir vernehmen niemals mehr von solch bitterer Not.
Alle erzittern vor Furcht, wenn sich der heilige Christus nähert.

3. Am ersten Tag beginnt das Elend.
Als Zeichen wird man sehen: das Wasser versickert im Boden.
Es sinkt vierzehn Klafter tief und bleibt dort für einen Tag.

4. Am nächsten Tag, das müssen wir euch sagen,
kehrt es wieder und türmt sich hoch auf.
Es beginnt mit vielen Wellen zu toben,
daß es alle vernehmen, die darauf hören.
In der ganzen Welt steht es fürchterlich.

5. Am dritten Tag, wie ich es vernommen habe,
strömt all das Wasser auf die Berge
und fließt dann wieder zurück, wie Männer und Frauen es sehen.
Alle trauern dann, denn das Urteil ist nahe.

6. Am vierten Tag beginnt die Klage.
Vom Meeresboden kommen die Fische und Meerwunder.
auf dem Meer kämpfen sie miteinander und schreien laut.
Nichts hilft dem, was Flossen und Gräten hat.

7. Am fünften Tag steigert sich die Klage.
alle Vögel, die ehemals im Himmel flogen,
kommen auf das Feld zusammen, ob sie zahm oder wild wären.
Sie kämpfen und weinen mit lautem Geschrei,
sie beißen und kratzen und hauen einander.
Der Tag verläuft sehr schwer für die, die Fittiche und Klauen haben.

8. Dann kommt ganz richtig der sechste Tag.
Der Himmel verwandelt sich, er wird dunkel und rot.
Vom Mond und von der Sonne sieht man erstaunliche Dinge—
es wird ein schrecklicher Tag—sie stürzen in die Erde.

17. Dann kommt der vierzehnte Tag, und Gottes Strafe nähert sich.
Alle die müssen sterben, die je geboren wurden,
alle zusammen, die vor dem Gericht stehen.
Vier Winde erheben sich in allen vier Richtungen.
Ein Feuer entsteht, das diese Welt vernichtet.
Das läutert sie alle. Steine und Holz brennen,
dazu das Wasser und die Höhlen, die sich auf der Erde befinden.
So kommt der Jüngste Tag so schnell wie ein Augenschlag.

Der apokalyptische Bericht geht noch bis zur 34. Strophe und schließt dann
mit einem autobiographischen Bericht:

35. Dieses Buch dichtete die Mutter zweier Kinder.
Sie erklärten ihr den Sinn, sie waren von großer Freude erfüllt.
Die Mutter liebte diese Kinder. Das eine starb sehr früh.
Jetzt bitte ich euch alle zusammen, die Kleinen und die Großen,
wer dieses Buch liest, der erwünsche Gnade für die Seele des Gestorbenen.
Auch für den, der noch lebt und der sich sehr müht,
erbittet Gnade, und dazu auch der Mutter, die heißt Ava.

FRAGEN ZU DEN TEXTEN

— *Nimmt Frau Ava eine "typisch weibliche" Position zum biblischen Bericht ein—wenn es überhaupt eine solche gibt—oder spricht sie genauso wie irgendein männlicher Priester?*

— *Woher nimmt sie die Autorität, ihre Dichtung zu schaffen?*

— *Was erfahren wir am Ende über die Beziehung zwischen der Mutter und ihren Söhnen?*

— *Welche apokalyptische Sichtweise beherrscht das Denken von Frau Ava? Wie drückt sie sich aus, um diese Bilder von der Apokalypse zu entwerfen?*

— *Was macht den poetischen Charakter ihrer Texte aus?*

3. Hildegard von Bingen (1098–1179)

Hildegard von Bingen (1098–1179) genießt heute große und uneingeschränkte Hochachtung sowohl als Wissenschaftlerin wie auch als Mystikerin, Dichterin und Leiterin des benediktinischen Frauenklosters von Bingen. Sie verfaßte eine umfangreiche Visions–Trilologie, die eine christliche Doktrin und Ethik, eine Kosmologie, eine medizinische und naturwissenschaftliche Enzyklopädie und dazu viele hunderte von Briefen an Vertreter aller sozialen Gruppen ihrer Zeit umfaßt. Hildegard scheute sich nicht, direkt und zahlreich mit solchen Größen wie Eleanor von Aquitanien und König Heinrich II. von England, Bernhard von Clairvaux, den Päpsten Eugenius III, Anastasius IV., Adrian IV. und Alexander III., dazu mit den deutschen Kaisern Konrad III. und Friedrich Barbarossa zu korrespondieren und genoß auch überall erstaunliches Ansehen.

Durch ihre eigenen biographischen Angaben und Hinweise von Zeitgenossen wissen wir recht gut über Hildegards Leben Bescheid. Ihre Eltern Hildebert und Mechthild, die ihren Wohnsitz in Bermersheim bei Alzey hatten, übergaben ihre acht Jahre alte Tochter, ihr zehntes Kind, an die Eremitin Jutta von Sponheim in Disibodenberg, um ihr dienstbar zu sein und gleichzeitig eine Ausbildung von ihr zu erhalten. Hildegard lernte vor allem Latein von dieser und gewann so Zugang zur Bibel, besonders den Psalmen. Um Jutta und Hildegard scharten sich bald andere junge Frauen und formten aus der Eremitage ein benediktinisches Kloster. Nach dem Tod Juttas übernahm Hildegard im Jahre 1136 das Amt der Äbtissin. Laut ihrer eigenen Aussage empfing sie 1141 die erste mystische Vision, muß aber bereits früher schon sehr empfänglich für metaphysische Wahrnehmungen gewesen sein. Ganz unabhängig davon, wie man heute diese Phänomene deuten will, als Halluzination oder als göttliche Begnadung, entscheidend ist vielmehr, daß sich Hildegard schließlich dazu durchrang, ihre Visionen aufzuschreiben bzw. zu diktieren, wobei sie Hilfe von einem Schreiber Volmar und ihrer bevorzugten Mitschwester Richardis von Stade erhielt.

Durch glückliche Umstände erhielt Papst Eugenius III. Nachricht von Hildegards mystischen Erlebnissen und ihrem Bemühen, diese schriftlich aufzuzeichnen. Als er sich im Winter 1147–1148 auf einer Bischofssynode in Trier aufhielt, besorgte er sich eine Kopie ihres noch nicht vollendeten Werkes *Scivias*, verlas es vor der Versammlung und anerkannte es als Ausdruck des göttlichen Willens. In einem Brief ermunterte er Hildegard, an ihrem Text weiterzuarbeiten, womit er ihre mystischen Visionen als authentisch würdigte, d.h. sie wurden von ihm als prophetische Zeugnisse von Gott bestätigt.

Zur gleichen Zeit empfing Hildegard eine Vision, in der sie dazu aufgefordert wurde, das von ihr geleitete Nonnenkloster von dem Männerkloster Disibodenberg zu trennen und einen eigenen Konvent in einem verfallenen karolingischen Kloster bei Bingen zu gründen. Nach vielen Konflikten, vor allem mit Abt Kuno, der die mittlerweile berühmt gewordene Nonne und die Mitgift der sie begleitenden Schwestern nicht verlieren wollte—stellten ja auch die umgeleiteten Pilgerströme einen empfindlichen Einkommensverlust dar—vermochte sich Hildegard durchzusetzen, obwohl sie mit heftiger Kritik und beißendem Spott zu kämpfen hatte. Endlich aber, im Jahre 1150, zog sie nach Rupertsberg um, und schon 1152 wurde die neue Klosterkirche von St. Rupert eingeweiht.

Hildegard kämpfte mit all ihrer Kraft um das Gedeihen ihres neuen Klosters, führte eine neue Klosterdisziplin ein, ließ neue Gebäude errichten, gewann die kirchliche Unabhängigkeit von Disibodenberg und entwickelte einen neuen Heiligenkult um St. Rupert, dessen *Vita* sie selbst verfaßte. Außerdem komponierte sie eine Reihe liturgischer Lieder (*Symphonia*) und schuf ein musikalisches Drama, *Ordo virtutum*, und eine *lingua ignota*, d.h. eine Art Geheimsprache für die Nonnen. Erst 1158 kam es zu einer Einigung mit dem Kloster von St. Disibod, nachdem der Erzbischof von Mainz die Mitgifte der Nonnen aus der Kontrolle des Abtes löste und ihnen übergab.

Hildegards steigendes Ansehen nah und fern brachte es mit sich, daß sie zusehends mehr an Briefen erhielt und selber schrieb; zu ihren

Korrespondentinnen gehörten andere Äbtissinnen und Äbte, Priester und Nonnen, und gelegentlich auch weltliche Herrscher und Prälaten. Zugleich stieg die Zahl der Pilger, die nach Rupertsberg kamen, erheblich an. Dennoch begab sich Hildegard ab 1158 auf größere Reisen durch Deutschland und predigte in vielen Klöstern und Bischofsstädten wie Köln und Trier. Während dieser Zeit verfaßte sie auch ihr *Liber vitae meritorum* (Buch von den Verdiensten im Leben).

So sehr Hildegard internationales Ansehen genoß, so zog sie sich manchmal auch die Feindschaft einiger hochgestellten Personen zu, z.B. als sie gegen die Wahl von Richardis als Äbtissin von Bassum opponierte, was mit ihrer Niederlage endete, denn sogar der Papst entschied sich gegen Hildegard, die vielleicht Neid empfand oder Angst hatte, ihren bisherigen Einfluß bzw. ihre Entscheidungsgewalt zu verlieren. Hildegard machte sich auch Kaiser Friedrich Barbarossa zum Gegner, denn sie sprach sich vehement gegen ihn aus, als er 1164 erneut einen Gegenpapst zu Alexander III. ernannte, und 1168 dies wiederholte, ohne zu versuchen, sich mit dem Papst in Rom zu versöhnen. Hildegard verfaßte im Auftrag der Mainzer Kanoniker 1163 auch eine bittere Polemik gegen die häretischen Katharer, d.h. sie schlug sich mit Entschiedenheit und Konsequenz auf die Seite der Konservativen innerhalb der Kirche und auf der politischen Bühne.

Zu dieser Zeit verfaßte sie dazu ihr letztes mystisch inspiriertes Werk, das *Liber divinorum operum* (Buch der göttlichen Werke), in dem sie ihre Ansichten über die Kosmologie, menschliche Geschichte und die Apokalypse darlegte.

1173 starb ihr Sekretär Volmar, der zuerst von Gottfried von Disibodenberg, seit 1177 von dem belgischen Mönch Guibert de Gembloux ersetzt wurde. Der letztere erwarb sich das Verdienst, den größten Teil ihrer inneren Visionen aufzuzeichnen, weil er sie stets dazu drängte, ihm darüber zu berichten. Dafür erwies er sich bis zuletzt als treuer Helfer, Sekretär und Verwalter von Rupertsberg, auch als Hildegard sich in einen großen religiös–politischen Streit wegen des Begräbnis eines ehemals exkommunizierten Adeligen im Friedhof von Rupertsberg einließ, während der

Erzbischof von Mainz seine Entfernung verlangte. Für sechs Monate mußten Hildegard und ihre Schwestern auf die Messe, die Sakramente und ihre liturgischen Gesänge verzichten, aber die Äbtissin gab nicht nach, bis der Bann aufgehoben wurde. Hildegard starb wenige Monate danach am 17. September 1179 als 82 Jahre alte Frau.

Hildegards wohl wichtigstes und bekanntestes Werk, *Scivias*, kurz für "Scito vias Domini" (Wisse die Wege des Herrn), entstand zwischen 1141 und 1151 und enthält viele ihrer mystischen Wahrnehmungen, wäre aber zugleich als polemische Schrift gegen männliche Kleriker aufzufassen, die sich an formalen, rituellen Elementen der Liturgie festklammerten und nicht nach dem wahren Wissen um Gott strebten. Man kann *Scivias* sowohl als prophetische Verkündigung wie auch als eine exegetische Studie oder eine theologische *Summa* bezeichnen. Die älteste, bis 1945 noch erhaltene Handschrift, entstand zwischen 1165 und 1173 in Rupertsberg und wurde verschwenderisch mit 35 prächtigen Miniaturen ausgeschmückt, die entweder von Hildegard selbst gestaltet wurden oder, was wohl wahrscheinlicher wäre, unter ihrer Aufsicht entstanden und konkret ihre Visionen bildlich wiederzugeben bemüht waren (*Riesenkodex*, Hessische Landesbibliothek, Wiesbaden, cod. 2). Diese Handschrift ging 1945 beim Bombenangriff auf Dresden verloren, doch war bereits 1927 eine Photokopie hergestellt worden. Zwischen 1927–1933 hatten dazu die Nonnen von Eibingen ein mit der Hand geschriebenes Faksimile hergestellt, in dem sogar die originalen Miniaturen von der Nonne Josepha Knips nachgemalt wurden.

Am Ende von *Scivias* fügte Hildegard auch Lieder, leider aber nicht Noten, für vierzehn Stücke eines triumphierenden Chorgesangs ein. Sie genoß auch als Komponistin einen internationalen Ruf. Die Melodien Hildegards sind uns zwar nicht in *Scivias* überliefert, dafür aber in zwei Handschriften von *Symphonia*. Den Liedern schließt sich ein kurzes Spiel an, das Hildegard später erheblich ausweitete und zu dem heute unter dem Titel bekannten *Ordo virtutum* gestaltete.[13]

Noch zu Hildegards Lebenszeit entstanden die ersten Teile der *Vita Sanctae Hildegardis*, die zuerst von Gottfried von Disibodenberg (1174/75,

Buch I), dann von Dieter von Echternach (1180–1190, Buch II und III) verfaßt wurde. Guibert von Gembloux, Hildegards Sekretär zwischen 1177 und 1179, schrieb eine zweite, nur teilweise vollständige Biographie: *Hildegardis Vita* (Leben der Hildegard). Die Auswahl der Texte strebt danach, wesentliche Stellen ihres Werkes vorzustellen. Die Kapitelnumerierung folgt deswegen einer nicht immer logischen Reihenfolge. Das Werk Hildegards umfaßt so viele verschiedenartige Textgattungen und ist so reich gestaltet, daß man ihr in einer Anthologie wie der unsrigen eigentlich nicht gerecht werden kann. Die wenigen Beispiele mögen aber einen ersten Einblick in die poetischen, theologischen und wissenschaftlichen Leistungen der Mystikerin vermitteln.

I. Scivias (Auswahl)

Vorwort

Diese sind die wahren Visionen von Gott

Und siehe, in meinem 43. Lebensjahr sah ich, erfüllt von großer Furcht und mit zitternder Aufmerksamkeit, eine himmlische Vision. Ich sah einen großen Glanz, in dem eine Stimme vom Himmel ertönte und zu mir sagte: "Oh du schwacher Mensch, du Asche aus Asche, du Schmutz aus Schmutz! Verkünde und schreibe, was du siehst und hörst. Aber da du so viel Angst vor dem Sprechen hast, und so einfach in deinem Verstand bist, ungelehrt im Schreiben, so sprich und schreibe diese Dinge nicht durch einen menschlichen Mund, und nicht durch menschliche Erfindungen, und nicht durch die Bedingungen menschlicher Verhältnisse, sondern so wie du sie hoch im himmlischen Raum in den Wundern Gottes siehst und hörst. Erkläre diese Dinge in solch einer Weise, daß der Hörer, der die Worte seiner Belehrungen empfängt, sie in diesen Worten erklären kann gemäß diesem Willen, dieser Vision und Belehrung.

Hildegard von Bingen: Autorenbild in *Scivias*

Folglich, oh Mensch, sprich von diesen Dingen, die du siehst und hörst. Und schreibe sie nicht selbst auf und lasse auch niemanden anders sie aufschreiben, sondern bediene dich des Willens desjenigen, der weiß, sieht und über alle Dinge in den Geheimnissen seines Mysteriums Bescheid weiß."

Und wieder hörte ich die Stimme vom Himmel zu mir sagen: "Sprich also von diesen Wundern und schreibe sie auf und predige, wie dir gelehrt wurde."

Es ereignete sich im Jahr 1141 während der Inkarnation von Gottes Sohn, Jesus Christus, als ich 42 Jahre und sieben Monate alt war, daß sich der Himmel öffnete und ein feuriges Licht von außerordentlicher Helligkeit herauskam und mein ganzes Gehirn erfüllte, mein ganzes Herz in Brand steckte und auch meine ganze Brust, nicht wie ein Brennen, sondern wie eine wärmende Flamme erfüllte, so wie die Sonne alles wärmt, was sie mit ihren Strahlen berührt. Sofort wußte ich die Bedeutung der Heiligen Schrift, nämlich die Psalmen, die Evangelien und die anderen katholischen Teile des Alten und Neuen Testaments, obwohl mir die Auslegung der Worte in ihren Texten fremd waren, und ebenso die Trennung der Silben und die Fälle und Verbformen. Aber ich besaß in mir die wunderbare Kraft und das Mysterium der geheimen und bewunderungswürdigen Visionen meiner Kindheit—d.h. seit ich fünf Jahre alt war—bis zur Gegenwart. Ich ließ aber niemanden davon wissen außer ein paar frommen Personen, die in der gleichen Art lebten wie ich. In der Zwischenzeit bis zu jenem Zeitpunkt, als es Gott in seiner Größe bekannt machen wollte, verbarg ich es still und leise. Aber die Visionen, die ich erhielt, sah ich nicht in Träumen, im Schlaf oder im Delirium, oder einfach durch die körperlichen Augen, oder durch die Ohren des äußeren Körpers, oder an versteckten Orten. Statt dessen erhielt ich diese Visionen, während ich wach war und alles im reinen Geist und mit den Augen und Ohren des inneren Wesens erfuhr, an öffentlichen Orten, wie Gott es wünschte. Wie dies passierte, ist für menschliches Fleisch [Gehirn] schwer zu verstehen.

Aber als ich meine Kindheit hinter mir gelassen und erwachsen geworden war, wie oben schon gesagt, hörte ich eine Stimme vom Himmel, die zu mir sprach: Ich bin das lebendige Licht, das die Dunkelheit erhellt. Diese Person [Hildegard], die ich ausgewählt und wunderhaft geschlagen habe nach meinem Willen, habe ich unter die großen Wunder versetzt, größere, als die Menschen der alten Zeit sich vorstellen konnten,die in mir viele Geheimnisse sahen. Ich aber habe sie auf die Erde niedergedrückt, auf daß sich kein Übermut in ihr entwickelt. Sie empfindet in sich selbst keine Freude an der Welt oder an der Wollust oder an weltlichen Dingen, denn ich habe sie von der unklugen Kühnheit zurückgezogen; statt dessen fühlt sie Angst und ist furchtsam in ihrer Handlung, denn sie leidet in ihrem tiefsten Innern und in den Adern ihres Körpers; ihr Geist und ihr Empfindungen sind voll Not und sie leidet große physische Schmerzen, weil sie keine Selbstsicherheit besitzt. In all ihrem Tun sieht sie sich selbst als schuldig. Ich habe alle Spalten in ihrem Herzen geschlossen, damit ihr Geist sich nicht in Stolz und Eitelkeit erheben kann, sondern Furcht und Leid empfindet anstatt Freude und Niedertracht. Somit suchte sie, erfüllt von meiner Liebe, in ihrem Geist danach, wo sie jemanden finden könnte, der sich auf dem Weg zur Seligkeit befindet. Sie fand jemanden und liebte ihn (Volmar von Disibodenberg), denn sie wußte, daß er ein treuer Mann war, der genau wie sie danach strebte, zu mir zu gelangen. Indem sie ihn mit sich verband, bemühte sie sich mit einem solchen Eifer darum, daß meine verborgenen Wunderwerke offenbart werden würden. Aber sie strebte nicht danach, sich selbst zu erhöhen, sondern verbeugte sich mit vielen Seufzern vor ihm, den sie auf dem Weg zur Demut und im Streben nach gutem Willen fand.

Oh Mensch, der du diese Dinge wahrnimmst, die offenlegen sollen, was in der reinen einfachen Denkweise, nicht aber in der Unruhe der Täuschung verborgen ist, schreibe also diese Dinge auf, die du siehst und hörst.

Ich aber, obwohl ich diese Dinge sah und hörte, weigerte mich für eine lange Zeit zu schreiben wegen meines Zweifels, meiner ablehnenden Meinung und wegen der Fremdheit menschlicher Worte, nicht aber wegen meines Trotzes, sondern um meine Demut zu üben, bis ich durch die Geisel

Gottes aufs Krankenbett gebracht wurde. Dann schließlich, durch viele Krankheiten dazu gezwungen, und aufgrund des Beistands einer gewissen jungen adligen Frau von edlem Benehmen (Richardis von Stade) und durch die Hilfe eines Mannes, den ich heimlich gesucht und gefunden hatte, wie ich oben schon erwähnte, dazu gebracht, begann ich zu schreiben. Während ich das tat, fühlte ich, wie ich bereits sagte, die große Tiefe der biblischen Aussage. Die neue Kraft, die ich gewann, heilte mich von meiner Krankheit, und so schaffte ich es, auch wenn nur mühsam, in zehn Jahren das Werk zuende zu stellen.

Diese Visionen ereigneten sich und diese Worte wurden aufgeschrieben während der Herrschaft von Erzbischof Heinrich von Köln und des Königs der Römer, Konrad, und des Abts von Disibodenberg Kuno, unter Papst Eugenius.

Ich sprach und schrieb über diese Dinge nicht so, indem ich oder eine andere Person sie im Herzen erfand, sondern dadurch, daß ich sie im geheimen Mysterium Gottes hörte und sie an einem himmlischen Ort empfing.

Und erneut hörte ich eine himmlische Stimme, die zu mir sagte: Rufe laut und schreib es auf.

Erste Vision

Ich sah einen großen Berg in der Farbe von Eisen. Oben auf seiner Spitze befand sich der Eine von solch einer Herrlichkeit, die mich blendete. Auf jeder Seite von ihm befand sich ein weicher Schatten, wie ein Flügel von wunderbarer Breite und Länge. Vor ihm, am Fuß des Berges, stand ein Bildnis voller Augen auf allen Seiten, in dem ich wegen der Augen keine menschliche Form erkennen konnte. Vor diesem Bildnis stand ein anderes, ein Kind, das eine blasse Tunika [Kleidung] und weiße Schuhe trug. So viel Herrlichkeit floß von dem Einen, der auf dem Berg thronte, auf den Kopf des Kindes, daß ich ihm nicht ins Gesicht sehen konnte. Aber von dem

Einen, der auf dem Berg thronte, sprangen so viele lebendige Funken, die ganz wunderbar um die Bildnisse flogen. Ich bemerkte auch viele kleine Fenster in diesem Berg, in welchen menschliche Köpfe erschienen, manche in schwachen Farben, andere weiß.

Und siehe, Er, der auf dem Berg thronte, rief mit einer starken, lauten Stimme: "Oh Mensch, der du vergänglicher Staub der Erde und Asche von Asche bist, rufe laut und verkünde so lange von dem Ursprung der reinen Rettung, bis die belehrten Menschen, die, obgleich sie den tiefsten Gehalt der Heiligen Schrift wahrnehmen, nichts davon sagen oder predigen wollen, weil sie lauwarm und träge darin sind, Gottes Gerechtigkeit zu dienen. Schließe ihnen das Tor zu den Mysterien auf, die sie, weil sie so ängstlich sind, in verborgenen und fruchtlosen Feldern verbergen. Verwandle dich durch dein mystisches Wissen in einen Brunnen des Reichtums und Überflusses, bis diejenigen, die dich bisher wegen der Sünde Evas verachteten, durch die Flut deiner Bewässerung aufgeweckt werden. Du hast nämlich deine tiefe Erkenntnis nicht von Menschen erhalten, sondern von dem hohen und erstaunlichen Ritter von hoch oben, wo die Ruhe kräftig mit starkem und glorreichem Licht unter anderen Glänzenden scheinen wird.

Erhebe dich, rufe aus und berichte, was dir durch die große Kraft von Gottes Hilfe gezeigt worden ist, denn Er, der alle Geschöpfe durch Macht und Freundlichkeit beherrscht, erfüllt diejenigen, die Ihn fürchten und Ihm mit süßer Liebe und Demut dienen, mit der Glorie der himmlischen Erleuchtung und führt diejenigen, die auf dem Weg der Gerechtigkeit beharren, zu den Freuden der Ewigen Vision.

II. 11: Welche Dinge in einer Ehe befolgt und vermieden werden müssen

[*Hildegard von Bingen folgt nicht strikt einer rationalen Logik, sondern schließt in ihren Visionen auch medizinische, psychologische und rechtliche Ratschläge ein*]:

Weil eine reife Frau nicht einem kleinen Jungen, sondern einem reifen Mann gegeben wurde, nämlich Adam, so muß auch heutzutage eine reife Frau einen Mann heiraten, wenn er das volle Alter der Fruchtbarkeit erreicht hat, wie auch erst dann ein Baum beschnitten wird, wenn er Blüten entwickelt hat. Denn Eva war aus einer Rippe Adams, die aus seiner Hitze und Kraft bestand, geschaffen, und deswegen erhält heute eine Frau durch die Stärke und Hitze eines Mannes seinen Samen, um ein Kind auf die Welt zu bringen. Denn der Mann ist der Säer, und die Frau ist die Empfängerin des Samens. Die Frau untersteht der Gewalt des Ehemanns, weil die Kraft des Mannes im gleichen Verhältnis zur Empfänglichkeit der Frau steht wie die Härte eines Steines zur Weichheit der Erde.

Aber die Tatsache, daß die erste Frau aus dem Mann geformt wurde, bedeutet, daß die Frau mit dem Mann vereinigt wurde. Dies bedeutet das Folgende: diese Vereinigung darf nicht absichtlos oder dadurch geschehen, daß man Gott vergißt, denn Er, der die Frau aus dem Mann schöpfte, gestaltete diese Vereinigung voll Ehren und Tugenden, indem er Fleisch aus Fleisch machte. Genauso wie einst Adam und Eva ein Fleisch waren, so werden auch jetzt Mann und Frau ein Fleisch in der Vereinigung der heiligen Liebe, um die menschliche Rasse fortzusetzen. Genauso wie das erste Paar von vollkommener Liebe erfüllt war, so soll es auch mit einem Paar heutzutage sein. Adam hätte seine Frau beschuldigen können, weil ihr Rat ihm den Tod brachte. Dennoch vertrieb er sie nicht, solange er in dieser Welt lebte, denn er wußte, daß sie ihm von einer göttlicher Macht gegeben worden war. Also soll wegen der vollkommenen Liebe ein Mann nicht seine

Frau verlassen außer wenn Gründe vorliegen, die die treue Kirche gestattet. Sie sollen niemals auseinander gehen, es sei denn, sie haben gemeinsam den Willen, Meinen Sohn zu verehren und in brennender Liebe zu ihm zu sagen: "Wir wollen diese Welt verlassen und Ihm folgen, Der für uns gelitten hat!" Aber wenn die zwei nicht einer Meinung sind, ob sie sie Welt wegen dieser Verehrung verlassen sollen, dann dürfen sie sich auf keinen Fall trennen, denn genauso wie das Blut sich nicht vom Fleisch trennen kann, solange der Geist im Fleisch bleibt, so können Ehemann und Ehefrau nicht voneinander getrennt werden, sondern müssen zusammen in einem Willen zusammen gehen.

Aber wenn entweder der Gatte oder die Gattin das Gesetz durch außerehelichen Geschlechtsverkehr brechen, müssen sie den gerechten Tadel des geistlichen Führers akzeptieren. Der Ehemann soll seine Frau und die Frau soll ihren Ehemann wegen der Sünde gegen ihre Vereinigung vor der Kirche und ihren Prälaten anklagen gemäß der göttlichen Gerechtigkeit, aber nicht so, daß der Ehemann oder die Ehefrau eine andere Ehe suchen können. Sie sollen entweder zusammen bleiben in rechter Vereinigung, oder sie sollen beide von solcher Vereinigung Abstand nehmen, wie die Ausübung der kirchlichen Praxis zeigt. Sie sollen sich nicht gegenseitig durch giftige Anklagen zerreißen, sondern sollen sich mit reiner Liebe lieben, da weder Mann noch Frau existieren können, ohne vorher in solch einer Verbindung geschöpft worden zu sein.

19. Ein Mann sollte erwachsen sein, bevor er heiratet, und nur eine Frau im heiratsfähigen Alter nehmen

Wenn ein Mann das kraftvolle Alter erreicht hat, in dem seine Adern voll Blut sind, dann ist er mit seinem Samen fruchtbar; dann soll er durch eine gesetzmäßig eingerichtete Ehe eine Frau heiraten, die auch das Alter der inneren Hitze erreicht hat, so daß sie bescheiden seinen Samen empfangen und seine Kinder auf rechte Weise tragen kann.

20. Ungesetzliche und lustvolle Pollution

Ein Mann soll seinen Samen nicht in exzessiver Lust vor den Jahren seiner Kraft verschwenden, denn er versucht, seinen Samen im Eifer der Lust zu säen, bevor sein Samen genug Hitze erworben hat, sich richtig zu koaggulieren. Dies ist Beweis dafür, daß er verführt vom Teufel sündigt. Wenn ein Mann bereits stark genug ist in seiner Lust, soll er seine Kraft nicht in dieser Tätigkeit so viel wie er kann ausüben, denn er richtet sich dabei nach dem Teufel, begeht ein teuflisches Werk und macht seinen Körper verächtlich, was vollkommen ungesetzlich ist. Statt dessen soll der Mann so handeln, wie die Natur ihn lehrt, d.h. er soll den richtigen Weg mit seiner Frau gehen, wenn er die Stärke seiner Hitze und die Kraft seines Samens besitzt; er soll dies mit menschlichem Wissen (eigenem Bewußtsein) machen, um Kinder zu bekommen.

Aber ich will nicht, daß dies während der Menstruation der Frau passiert, wenn sie schon durch den Blutfluß leidet, und damit das Öffnen des verborgenen Teils ihres Mutterleibes, damit nicht der Blutfluß die reifen Samen nach ihrem Empfang davonträgt und der Samen, so entfernt, zugrunde geht. Während dieser Zeit leidet die Frau Schmerzen und befindet sich in einem Gefängnis, weil sie einen kleinen Teil der Schmerzen wie bei der Geburt empfindet. Ich ignoriere nicht diese Schmerzenszeit für Frauen, weil ich sie Eva gab, als sie durch das Probieren der Frucht die Sünde auf sich nahm. Statt dessen sollte die Frau während dieser Zeit durch große und heilende Zärtlichkeit geehrt werden. Sie soll bei sich zu Hause bleiben in geheimem Wissen. Sie sollte aber nicht davon Abstand nehmen, in Meinen Tempel zu kommen, denn der Glaube erlaubt es ihr, in den Dienst der Demütigung für ihr Seelenheil zu treten....

Kloster Rupertusberg an der Nahemündung, Sepiazeichnung,
Ende des 19. Jahrhunderts

3. Vision. Das Universum und seine Symbolik

Danach sah ich ein riesiges Objekt, rund in der Form und im Schatten, gestaltet wie ein Ei, schmal oben, breit in der Mitte und enger am unteren Ende. Um es herum brannte ein helles Feuer, und darunter war, wie es schien, ein schattiger Raum. In diesem Feuer war ein Ball von einer sprühenden Flamme, die so groß war, daß das ganze Objekt davon beleuchtet wurde. Darüber waren drei kleine Fackeln angebracht, so daß sie mit ihrem Feuer den Ball hochhielten. Von Zeit zu Zeit hob sich der Ball von selbst, worauf viel Feuer darauf zuflog und seine Flammen länger dauerten. Manchmal sank er nieder und verursachte damit eine große Kälte. Zugleich wurden dadurch seine Flammen schnell gedrückt. Aber vom Feuer, das das Objekt umgab, kam eine Hitzewelle angetrieben von einem Wirbelwind, und aus dem Raum darunter stieß eine weitere Welle hervor mit ihrem eigenen Wind, der sich nach allen Seiten hin im Objekt ausbreitete. In diesem Raum brannte ein dunkles Feuer von solch großem Schrecken, daß ich es nicht ansehen konnte, und dessen Kraft den ganzen Raum erschütterte mit Donner, Blitzen und äußerst scharfen kleinen und großen Steinen. Während man den Donner hörte, bewegten sich das helle Feuer, die Winde und die Luft, so daß Blitze vor diesen Donnerschlägen zu sehen waren, weil das Feuer in sich selbst die Erschütterung des Donners verspürte.
....
Und ich sah zwischen Norden und Osten einen großen Berg, der zum Norden hin in tiefe Dunkelheit gehüllt war, und nach Osten hin ein starkes Licht besaß, aber so, daß das Licht die Dunkelheit nicht erreichen und die Dunkelheit nicht das Licht treffen konnte.

Und wieder hörte ich die Stimme vom Himmel, die zu mir sagte...

III. 1. Das Sichtbare und Zeitliche ist eine Manifestation des Unsichtbaren und Ewigen

Gott, Der alles aus Seinem Willen schuf, so daß sein Name bekannt sein und verherrlicht würde, zeigt damit nicht nur die Dinge an, die sichtbar und zeitlich sind, sondern auch die Dinge, die unsichtbar und ewig sind. Dies wird durch die Erscheinung verdeutlicht, die du siehst.

2. Der Kosmos als ein Ei und seine Bedeutung

Dieses ungeheuer große Objekt, rund und in Schatten getaucht, in der Form eines Eies, klein an der Spitze, groß in der Mitte und schmal ganz unten, repräsentiert genau den allmächtigen Gott, unbegreiflich in seiner Majestät und unverstehbar in seinen Mysterien und der Hoffnung aller Gläubigen. Die Menschheit war zuerst rauh und grob und einfach in ihren Handlungen, aber sie wurde später durch das Alte und das Neue Testament erhoben und ist vorbestimmt, am Ende der Welt durch viele Ängste gequält zu werden.

3. Über das helle Feuer und die schattigen Bereiche

Außerhalb des Gegenstands, in seinem ganzen Umkreis, ist ein helles Feuer und darunter eine schattige Zone. Dies zeigt, daß Gott mit dem Feuer seiner Rache alle diejenigen vernichtet, die außerhalb des wahren Glaubens sind. Diejenigen, die innerhalb des katholischen Glaubens bleiben, reinigt er durch das Feuer Seines Trostes. So wirft er die Dunkelheit der teuflischen Perversion nieder, wie er es bereits tat, als der Teufel beabsichtigte, sich gegen Gott aufzulehnen, obwohl Gott ihn erzeugt hatte, und so fiel dieser in den Abgrund.

IV. 23. Über die Vernunft

Sowohl im Geist als auch im Willen macht sich die Vernunft als die Musik der Seele bemerkbar, die jedes Werk von Gott oder dem Menschen bekannt macht. Die Musik trägt Worte hoch, wie der Wind den Adler hebt, so daß er fliegen kann. Die Seele äußert die Musik der Vernunft, indem sie hört und die Menschheit versteht, damit ihre Macht begriffen und jede Tat zu ihrer Perfektion gebracht werden kann. Der Körper ist der Tabernakel und die Stütze all der Kräfte der Seele, denn die Seele wohnt im Körper und arbeitet mit ihm, und der Körper arbeit mit ihr zusammen, ob für einen guten oder einen bösen Zweck.

*Am Ende von **Scivias** befinden sich einige liturgische Lieder, die Hildegard in ihren Visionen von den Himmelbewohnern gehört haben will.*[14]

1. Lieder auf die Heilige Maria

Oh du glänzender Juwel, erhaben erfüllt mit der Sonne!
Die Sonne wirkt in dir wie ein Brunnen aus dem Herzen des Vaters;
Allein mit seinem Wort erzeugte er die Welt,
Die Urmaterie, die Eva in Unordnung brachte.
Er formte das Wort in dir, du Mensch,
Und deswegen bist du der Juwel, der am hellsten glänzt,
Durch den das Wort die Gesamtheit aller Tugenden ausatmete,
Genau wie er einst aus der Urmaterie alle Geschöpfe erzeugte.
Oh du süßer grüner Ast, der aus dem Stamm Jesses blüht!
Oh du glorreiches Ding, das Gott auf seiner schönsten Tochter stehend
sich anschaut wie der Adler, der in die Sonne blickt!
Der größte Vater suchte nach der Reinheit einer Jungfrau
und bestimmte, daß Sein Wort ihren Körper aufnehmen sollte.
Der Geist der Jungfrau wurde durch Sein Mysterium erleuchtet,
Und aus Ihrer Jungfräulichkeit entsprang die glorreiche Blume.

Rheinansicht mit Blick auf Rüdesheim und Eibingen,
Stahlstich von ca. 1845

Hildegard von Bingen pflegte eine intensive Korrespondenz und leistete damit auch einen Beitrag zur epistolaren Literatur. Hier erscheint ihr **Brief** *an den berühmten Zisterzienser–Abt Bernard von Clairvaux von 1146–1147.*[15]

Oh ehrwürdiger Vater Bernard, ich bringe mein Anliegen zu dir, denn du, am höchsten durch Gott geehrt, versetzt die menschliche Torheit dieser Welt in Angst, und durch deinen intensiven Eifer und deine brennende Liebe für den Sohn Gottes versammelst du Menschen im Heer Christi, um unter der Fahne des Kreuzes gegen die heidnische Wildheit zu kämpfen. Ich flehe dich im Namen des lebendigen Gottes an, mein Anliegen zu beachten.

Vater, ich bin sehr durch eine Vision beunruhigt, die mir durch eine göttliche Offenbarung erschienen ist, eine Vision, die ich nicht mit meinen körperlichen Augen, sondern nur durch meinen Geist gesehen habe. Ich, die ganz elend, ja noch mehr als elend wegen meines weiblichen Geschlechts bin, habe seit meiner frühesten Kindheit große Wunder gesehen, die zu beschreiben meine Zunge keine Kraft hat, aber die zu glauben mich der Geist Gottes gelehrt hat, auf daß ich zu glauben vermag. Treuer und sanfter Vater, antworte in deiner Freundlichkeit, deiner unwürdigen Dienerin, die noch niemals, seit ihrer frühesten Kindheit, eine Stunde frei von Angst gelebt hat. In deiner Frömmigkeit und Weisheit betrachte deinen Geist, wie du durch den Heiligen Geist gelehrt worden bist, und bringe aus deinem Herzen Trost für deine Dienerin.

Durch diese Vision, die mein Herz und meine Seele wie eine brennende Flamme berührt und mich die bedeutungsvolle Tiefe zu verstehen lehrt, habe ich ein inneres Verständnis der Psalmen, des Evangeliums und anderer Teile der Bibel gewonnen. Wirklich, ich genoß überhaupt keine formale Ausbildung, denn ich vermag nur auf der untersten Stufe zu lesen, und sicherlich ohne tief in die Materie einzudringen. Ich bitte dich aber, mir in dieser Angelegenheit deine Meinung zu sagen, denn ich bin ungelehrt und ungeübt in äußeren Dingen, dafür nur innerlich gelehrt, nämlich in meinem Geist. Dies erklärt meine zögernde, unsichere Rede.

Wenn ich von deiner frommen Weisheit hören werde, wird mich das trösten. Denn mit der einzigen Ausnahme eines bestimmten Mönchs, in dessen vorbildhaftes Leben ich vollkommen vertraue, habe ich nicht gewagt, irgendjemandem von diesen Dingen zu berichten, denn es gibt überall so viel Häresie in den Ländern, wie ich gehört habe. In der Tat, ich habe alle meine Geheimnisse diesem Mann anvertraut, und er hat mich getröstet, denn dies sind große und furchterregende Angelegenheiten.

Nun, Vater, wegen der Liebe zu Gott suche ich Trost von dir, um sicher sein zu können. Wirklich, vor mehr als zwei Jahren sah ich dich in einer Vision, wie einen Mann, der gerade in die Sonne schaut, mutig und ohne Furcht. Ich weinte, denn ich selbst bin so furchsam und ängstlich. Gütiger und sanfter Vater, ich bin deinem Schutz unterstellt, so daß du mir durch Briefe offenbaren kannst, ob ich offen über diese Dinge sprechen oder Stillschweigen wahren soll. Ich empfinde große Angst wegen dieser Vision und bin unsicher, was ich darüber sagen soll, was ich gesehen und gehört habe. In der Zwischenzeit bin ich, weil ich wegen dieser Vision still geblieben bin, niedergedrückt gewesen und bin durch meine Krankheit ans Bett gefesselt und kann mich nicht erheben.

Aus diesem Grund weine ich voll Trauer vor dir. Meine Natur ist unfest, denn ich bin in der Weinpresse gefangen, dem Baum, der in Adam verwurzelt ist durch die Täuschung des Teufels, wodurch er in diese jämmerliche Welt vertrieben wurde. Nun aber erhebe ich mich trotzdem und laufe zu dir. Und ich sage dir: Du bist nicht unfest, sondern hebst stets den Baum hoch, ein Sieger im Geiste, der nicht nur sich selbst zur Erlösung erhebt, sondern auch die ganze Welt. Du bist in der Tat der Adler, der direkt in die Sonne schaut.

Daher flehe ich um deine Hilfe im Namen der Gelassenheit des Vaters und Seines wunderbaren Wortes, und im Namen der süßen Feuchtigkeit der Reue, des Geistes der Wahrheit, und im Namen des heiligen Tones, den jede Kreatur reflektiert, und im Namen desselben Wortes, das die Welt erzeugte, und im Namen der Geistigkeit des Vaters, der das Wort mit süßer Fruchtbarkeit in den Schoß der Jungfrau sandte, von wo Er das Fleisch aufnahm wie Honig in der Honigwabe umgeben wird. Möge der Ton, die Kraft des Vaters, in dein Herz sinken und deinen Geist erheben, auf daß du schnell auf meine Worte antwortest, d.h. dich natürlich um all diese von Gott gekommenen Dinge kümmern kannst, d.h. um die Person selbst oder das Mysterium, während du durch das Tor deiner Seele wanderst, auf daß du alle diese Dinge in Gott verstehen wirst. Möge es dir gut ergehen, sei stark im Geist und ein mächtiger Krieger für Gott. Amen.

FRAGEN ZU DEN TEXTEN

— *Was für Visionen erlebte Hildegard? Was für Bildern beschreibt sie?*

— *Mit welcher Autorität sah sie sich durch die Visionen gestärkt?*

— *Welchen poetischen Stil benutzt sie, um ihre Visionen auszudrücken?*

— *Was sagt Hildegard in den Briefen über sich selbst aus?*

— *Wie beurteilt sie den Menschen aus medizinischer Sicht?*

— *Welche Meinung hat sie über die Ehe?*

— *Was für eine Beziehung besteht zwischen Hildegard und Gott?*

— *Welche Rolle spielt Musik in ihren Visionen?*

— *Welche konkreten Objekte benutzt sie in ihren visionären Beschreibungen?*

— *Welchen Bildungsstand besaß sie?*

RUINEN VON DISSIBODENBERG.

Verlag von T. Habicht in Bonn.

Ruinen von Disibodenberg

4. Minnesang (ca. 1180–1200)

Obwohl der mittelhochdeutsche Minnesang praktisch ganz in die Domäne des adligen, ritterlichen Sängers zu fallen scheint, mithin bisher noch keine Frau bekannt geworden ist, die sich daran beteiligt hätte, wie noch die jüngste Forschung erklärt,[16] gibt es doch zumindest die Möglichkeit, einige der überlieferten Lieder Frauen zuzuschreiben, obwohl sie anonym aufgezeichnet wurden. In der Tegernseer Handschrift (clm 19411, Bayerische Staatsbibliothek München) findet sich ein kurzes Gedicht, das um 1180 dort eingetragen wurde und von einer Nonne verfaßt worden war. Der Text folgt einem lateinischen Liebesbrief, der aller Wahrscheinlichkeit nach von dieser Nonne stammt. Zwischen dem Inhalt des Briefes und dem Gedicht besteht ein so enger Zusammenhang, daß nichts der These zu widersprechen scheint, daß die Nonne selbst diese Verse komponierte.[17] Freilich ist dieses Minnelied so allgemein gehalten, daß man fast genauso gut zur Annahme berechtigt sein könnte, es handle sich um weit verbreitete "Volkslyrik" oder um einen persönlichen Reflex auf eine erotische Erfahrung.[18] Die Beziehung zwischen Brief und Lied zwingt uns jedoch, die Frage weiter zu verfolgen, welche Rolle adelige Frauen in der mittelhochdeutschen Minnelyrik gespielt haben.

Mittelhochdeutscher Originaltext:

Dû bist mîn, ich bin dîn.
des solt dû gewis sîn.
dû bist beslozzen
in mînem herzen,
verlorn ist daz sluzzelîn:
dû muost ouch immêr darinne sîn.

Übersetzung:
> Du bist mein, ich bin dein,
> dessen sollst du gewiß sein.
> Du bist eingeschlossen
> in mein Herz
> verloren ist der kleine Schlüssel
> du mußt für immer darin bleiben.

Andere Lieder im Tegernseer Codex clm 19411, die freilich auf Lateinisch geschrieben wurden, geben zu erkennen, daß auch sie von Frauen verfaßt worden sind. Um die These, daß "Dû bist mîn, ich bin dîn" von einer Frau komponiert wurde, angemessen zu verstehen und nachzuvollziehen, folgen hier einige Proben[19]:

II. 1 (p. 139b): (A)ccipe scriptorum.

> Nimm hin, du Getreuer,
> die Antwort auf dein Schreiben.

> Was ich dir würdiger Person Angemessenes schreiben
>   könnte, weiß ich nicht,
> vor allem, da es eine Schande ist, die Ohren des Lehrers
> mit ungebildeter Rede zu belästigen.
> Zugleich ist es nicht recht, im Schweigen zu verharren.
> Also werde ich dir antworten, wie ich es eben vermag.

> Lästig erscheint es mir und gefährlich,
> was du von mir zu verlangen wagst:
> die Unantastbarkeit meiner Treue nämlich,
> die ich keinem Sterblichen je gelobt habe.
> Allein, wenn ich Gewißheit haben werde,

daß du mich in keuscher Liebe lieben wirst,
und mir dabei die unverbrüchliche Zusicherung
meiner Keuschheit zuteil wird,
dann weise ich deine Liebe nicht zurück;
sofern sie nämlich von Schmerz frei bleibt.
Es kann nämlich nicht Liebe heißen,
woraus die größte Qual entsteht.

Achte darauf, daß niemand diese Zeilen sieht,
denn ich habe sie ohne Genehmigung geschrieben.

IV. 1 (p. 228a):   [H.] flori florum

Ihrem [H.], der schönsten Blume
strahlend im Ruhm der Sitten,
der Tugenden Spiegelbild,
der Tugenden Urbild,
wünscht [I.] die Honigträgerin,
die Turteltaube mit sanftem Sinn:
Alles was fröhlich ist,
alles was selig ist,
im Gewühl der Erde
und was lieblich ist im Himmel
und was Thisbe für Pyramus wünscht.
Zuletzt sei ihm noch gewährt,
sie selbst, noch einmal sie [als Geliebte]
und was ihm lieber ist als sie.
Du Liebster unter allen Lieben!
Käme der Geist des Maro über mich
und strömte aus mir die Redekraft des Cicero

oder eines anderen großen Rhetoriker,
oder die eines angesehenen Dichters,
ich müßte mich doch als zu schwach bekennen,
auf deine wohlgeformte Rede
ebenso zu antworten.
Lache mich nicht darum aus,
wenn ich meinerseits etwas anbiete,
weniger schmuckvoll als ich möchte.
Du fühlst doch wenigstens intensiv mit mir,
was ich in meinem Gemüt trage.
Es ist guter Sinnen gemäß,
Vertraulichkeit mit Gleichgesinnten zu erwünschen,
und mir liegt am Herzen
deinen Vorschriften
in allen Dingen
zu gehorchen,
und darum wollte ich durch dieses Sendschreiben
doch mit einer Antwort auf deinen süßen Brief reagieren,
wenn sie ihm auch ungleich ist.
Immer war Anfang, Mitte und Ende
unserer Unterredung die Freundschaft.
Da ist es ganz in Ordnung,
daß ich von der wahren Freundschaft
dem besten,
fröhlichsten
und lieblichsten aller Dinge
spreche.
Wahre Freundschaft
ist nach dem Zeugnis des Tullius Cicero
einklang in allem Göttlichen und Menschlichen
mit Herzlichkeit und zugeneigtem Sinn.
Sie ist auch, wie ich von dir gelernt habe,

das beste Ding auf Erden
und besser als alle anderen Tugenden,
denn sie verbindet das, was vorher getrennt war,
sie beschützt, was sie zusammenfügt,
und was sie bewahrt, hebt sie höher und höher.
.....................................[20]

FRAGEN ZU DEN TEXTEN

— *Wie macht sich die weibliche Perspektive bemerkbar?*

— *Welche Bedeutung besitzt Freundschaft für die Sängerinnen?*

— *Welche rhetorische Tradition macht sich in diesen Liedern bemerkbar?*

— *Was für ethische und moralische Ideale kommen hier zum Ausdruck?*

5. Die Winsbeckin (ca. 1220/50)

In der ersten Hälfte des 13. Jahrhunderts—vielleicht schon um 1220—entstanden zwei didaktische Dialoggedichte, in denen sich zuerst ein Vater mit seinem Sohn unterhält (*Der Winsbecke*), dann eine Mutter mit ihrer Tochter (*Die Winsbeckin*). Beide Dialoge sind in zwölf Handschriften vom frühen 14. bis zum 15. Jahrundert überliefert, haben also eine recht hohe und langanhaltende Beliebtheit genossen. Beide Versdichtungen sind anonym überliefert, so daß sich nichts über das Geschlecht des Dichters oder der Dichterin sagen läßt. Inwieweit paßt dann *Die Windsbeckin* in eine Anthologie mit deutscher Frauenliteratur? Die Forschung tendiert zwar dazu, hinter beiden Texten ein und denselben Mann zu erblicken, der sich hier wie dort mehr oder weniger des gleichen rhetorischen Modells bediente, um das ideale Rollenverhalten für junge Männer bzw. Frauen darzustellen. Insbesondere hat man argumentiert, daß die Mutter bewußt der Tochter ein geschlechtsspezifisches Verhalten ans Herz legt, das sie zum idealen Sexualobjekt der patriarchalischen Gesellschaft werden läßt, denn letztlich geht es um höfische Liebe und die Beziehung der höfischen Dame zum Ritter.

Bei genauerer Hinsicht erweist sich aber das Argument keineswegs als so stichhaltig, daß die Idealisierung der weiblichen Geschlechtsfunktion innerhalb der höfischen Gesellschaft gemäß männlicher Wunschvorstellungen darauf schließen läßt, hier habe ein männlicher Autor ein normatives Rollenverhalten für sein weibliches Publikum entworfen. Mittelalterliche Frauen waren keineswegs modern–feministisch orientiert, wenn es auch außerordentliche Ausnahmen gegeben hat, sondern unterwarfen sich weitgehend dem dominierenden Geschlechtsmuster ihrer Zeit. Indem die Mutter ihrer Tochter Ratschläge darüber erteilt, wie sie sich Männern gegenüber verhalten soll, besonders wenn sich eine erotische Beziehung anbahnt, dann kann dies sowohl aus der Feder eines Dichters als auch der einer Dichterin stammen.

Wie dem auch sein mag, entscheidend ist jedoch, daß in diesem Text weibliche Normen entwickelt und damit Projektionen weiblicher Wertvorstellungen entworfen werden. Zu bedenken wäre insbesondere die eigenartige Tatsache, daß im Anschluß an den Text von der *Winsbeckin* parodistische Strophen folgen, die bewußt die Position der Mutter unterminieren und die auf den Tugenderwerb gerichteten Ratschläge in ihr Gegenteil kehren. Der mittelalterliche Parodist scheint also selbst schon davon ausgegangen zu sein, daß die Winsbeckin als Frau zu identifizieren wäre. Ein Vergleich mit den didaktischen Texten der Christine de Pisan (1365–1430?), z.B. dem *Livre de la Cité des Dames* und *Le Livre du Trésor de la Cité des Dames*, liegt hier sehr nahe, um Einsicht darüber zu gewinnen, wie europäische Frauen im literarischen Diskurs über ihr Leben, ihre Erziehung und gesellschaftliche Rolle gedacht haben Es spricht somit nichts dagegen, *Die Winsbeckin* in den Katalog von deutscher Frauenliteratur des Mittelalters aufzunehmen, leistet ja dieser Text einen wichtigen Beitrag zur Frauendiskussion des 12. und 13. Jahrhunderts.[21] Der Miniaturist der *Heidelberger Liederhandschrift*, der ein Bild der Winsbeckin schuf, ging jedenfalls davon aus, daß das Mutter-Tochter-Gespräch von einer Frau verfaßt worden war.

Textprobe des Originals

1. Ein wîplîch wîp in zühten sprach
zir tohter, der si schône phlac:
'wol mich, daz ich dich ie gesach!
gehœhet sî der süeze tac,
dâ dîn geburt von êrste an lac,
sît ich mit ganzer wârheit wol
    mit wîser volge sprechen mac,
dîn anblic sî eins meien zît.
got sul wir immer gerne loben,
    der alsô rîche gâbe gît'

Diu Winsbekin: *Heidelberger Liederhandschrift (Codex Manesse)*
Cod. pal. Germ. 848 fol. 217r

Text

1. Eine damenhafte Frau sagte sehr fürsorglich
zu ihrer Tochter, um die sie sich sehr bemühte:
'ein Glück, daß ich dich je erblickt habe!
gepriesen sei der Tag,
an dem du geboren wurdest,
weil ich völlig aufrichtig
und in kluger Weise sagen kann,
daß dein Anblick wie die Maienzeit wirkt.
Gott müssen wir immer freudig loben,
der solche reiche Gaben verschenkt.'

[Tochter]
2. 'Dem folge ich dir, liebe Mutter,
ich lobe ihn, so gut wie ich kann.
Er soll meinem Verstand helfen,
daß ich mit Ehrfurcht zu ihm emporblicke:
um seiner Tugend willen bitte ich ihn darum.
Ich muß gemäß seiner Gnade leben,
wenn ich selbst Ansehen erwerben will.
Kinder sollen Vater und Mutter sehr ehren,
das hat er geboten:
heil denen, die darin gehorsam sind!'

[Mutter]
3. 'Liebste Tochter, mir gefallen
deine Rede und deine Antwort gut.
Meine Treue zu dir drängt mich dazu,
daß ich dir den besten Rat erteile.
Es würde meinem Herz Schmerzen bereiten,

wenn dein weibliches Ansehen [Tugend] und alles andere
durch dein Verhalten untergraben würde.
Gott möge uns beide davor bewahren,
dazu die Kraft seiner lieben Mutter [Maria],
daß du immer von dieser Gesinnung geleitet werden wirst.'

[Tochter]
4. 'Gib Rat, liebe Mutter, und sprich,
was deine Meinung ist:
ich habe mich fest dazu entschlossen,
dir in allem zu folgen.
Die Jugend will froh und frei sein,
von beidem habe ich mich gelöst.
Der Übermut schadet zweifach der Ehre.
Ich will mein Herz demütigen.
Wenn eine Frau ins Gerede kommt,
kann sie nur mühsam ihr Ansehen wieder gewinnen.'

[Mutter]
5. 'Liebes Kind, sei nur frohgemut,
aber lebe dabei tugendhaft,
dann wird dein Ansehen den Besten lieb sein
und wird dein Rosenkranz [Symbol für Keuschheit] gerade sitzen.
Denjenigen, die nach öffentlichem Ansehen streben,
sollst du den ihnen zustehenden Gruß geben,
und bewahre in deinem Herzen
Schamhaftigkeit und Mäßigkeit im steten Bemühen.
Wirf nicht zu viele wilde Blicke um dich,
wenn freche Spione bei dir sind.'

[Tochter]
6. ʻScham und Mäßigkeit sind zwei Tugenden,
durch die wir Frauen hohes Ansehen gewinnen.
Wenn sie mir Gott in meiner Jugend schenken will,
so grünt mein Zweig des Glückes
und kann voll Anstand grau [alt] werden.
Liebe Mutter, unterrichte mich
weiter mit deinen Worten (ich bin nicht klug),
was die wilden Blicke sind,
wie und wo ich sie vermeiden soll,
damit ich nicht durch sie zu kühn werde.ʼ

[Mutter]
7. ʻSie heißen zu recht wilde Blicke,
wie ich es am Hof gelernt habe,
weil eine Frau sich davor hüten soll,
daß sie nicht ihre Blicke frei schweifen läßt,
als ob sie von unsteter Gesinnung wäre,
denn dies geschieht wegen fehlender Mäßigkeit.
Lobpreisung bedeutet [dieser Frau] nichts:
die Spione merken [leicht] unser Verhalten.
Beherrsche deine Augen dafür besser,
das rate ich dir, Tochter, und bitte dich darum.ʼ

[Tochter]
8. ʻWirklich, Mutter, ich muß dir sagen,
wie wenige Jahre ich auch erst zähle,
daß mir die Art nicht gefällt
in der eine Frau mit ihren Augen auf und ab
und überall hin ihre Blicke schweifen läßt wie einen Ball,
und dabei auch viel lacht:
diese Frau macht ihrer Familie Ehre.

Ich glaube auch, daß die Gesinnung von einer Jungfrau,
die ohne Scham erzogen wird,
sich oft an ihrem Verhalten zeigt.'

[Mutter]
9. 'Wenn kluge Worte die Taten begleiten,
dann sind die Sinne nicht getäuscht,
folgen aber diesen [Worten] keine Taten,
dann sind diese klugen Worte Lügen.
Wenn ein Vogel zu früh vom Nest wegfliegt,
wird er leicht ein Spiel für Kinder:
die Federn werden ihm ausgezogen.
Das kann [auch] dir, liebes Kind, passieren,
wenn du in deiner Jugend [zwar] kluge Worte besitzt
und dich doch töricht in deinem Verhalten zeigst.'

[Tochter]
10. 'Wenn meine Worte klug sind, ohne von Taten getragen zu werden,
dann lobe ich das nicht: es taugt nichts.
Was nützt mir ein goldener Berg,
an dem ich mich nicht erfreuen kann?
Ein helles Auge, das nichts sieht,
weist selten einen guten Weg.
Was, wenn mir das Glück geschieht,
daß ich in beiderlei Hinsicht Erfolg habe
und deiner Lehre so folge,
daß ich mangelhafte Tugend vermeide?'

[Mutter]
11. 'Gott gebe, daß es dir so ergehe,
wonach deine Absicht und deine Gedanken streben.
Welche andere Freude wollte ich dann haben,

wenn dein Ansehen nicht durch dein Fehlverhalten sinkt?
Dafür werden dich die Besten preisen.
Weißt du nicht, wie die süße Jungfrau
Lûnete durch ihre Tugend nach Ansehen strebte?[22]
Auch du kannst das leicht schaffen,
wenn man an dir nicht bemerken wird,
daß du weibliche Tugend mutwillig brichst.'

[Tochter]
12. 'Diese Diskussion möge beendet sein:
überantworten wir sie [die Entscheidung] der Öffentlichkeit,
auf daß diese umso mehr davon profitiere.
Unterrichte mich darin, wie man ein ehrenvolles Leben führt,
wie man sich angemessen·verhalten und sprechen soll,
auf daß ich einen guten Eindruck auf die Weisen mache.
Ich würde es mir nie verzeihen,
wenn ich mich nicht nach deinem Willen richte,
dann wärst du von jeglicher [elterlichen] Pflicht entbunden
und wäre ich allein schuldig.'

[Mutter]
13. 'Sei zuversichtlich, liebe Tochter,
daß sich die Sinne um deinen Anstand kümmern werden.
Sei von beständiger Haltung, sei im Herzen gut,
dann bekommst du den Segen von guten Leuten.
Wenn du die Tugend hochschätzt,
wird dir von vielen tüchtigen Männern
alles Gute gewünscht.
Wenn du voll Freuden alt werden solltest,
dann wird wegen deiner Schönheit, die du besitzt,
ein ganzer Wald verschwendet.'[23]

[Tochter]

14. 'Mutter, würde mir das Ehre einbringen,
wenn man wünscht, daß ich auf dem Stroh liege?
Darauf würde ich gar nicht achten,
das geschehe ihm (dem Mann) ganz recht.
Ich will in Anstand froh sein,
wie es meinem Alter zusteht,
will mein Ansehen voll Ehren steigern,
wie es die angesehenen Menschen stets gewollt haben.
Ich will ganz unschuldig daran sein,
wenn man danach verlangt, daß ich auf dem Gras liege.'[24]

[Mutter]

15. 'Gedanken sind bei Menschen frei
und die Wünsche ebenso: weißt du das nicht?
das kannst du daran gut erkennen,
wenn man je eine schönere Frau sieht,
der man in tugendhafter Weise Ehre zuspricht,
dann soll man ihr gratulieren, wenn sie sich nicht weiter vergeben hat.
Wenn ein Mann irgendwie nach Liebe strebt,
verlangt ein jeder das Allerhöchste.
Wenn man dann oft an dich denkt
und nach dir verlangt, dann bist du es wert.'

[Tochter]

16. 'Ich will mich immer darum bemühen,
die Anerkennung der Würdigen zu gewinnen.
Die Unwürdigen verachte ich,
von denen man sah, wie sie eine schlechte Tat begingen.
Vor einiger Zeit sagte ein kluger Mann:
durch jämmerliche Heimlichkeit wird man krank,
sie bringt Schande und Unwohlsein.

Viele Männer mögen sich um mich bewerben,
wer aber meinen Kranz erhalten soll,
der muß ganz ausgezeichnet sein.'

[Mutter]
17. 'Da sprichst du recht, mein liebes Kind:
ich freue mich über deine klugen Worte.
Wer weiß heute, wo die Standhaften sind?
Die Männer sind ganz unzuverlässig,
sie tragen Tarnkappen.[25]
Die meisten Menschen können
guten Frauen liebliche Worte sagen,
aber größtenteils nicht ohne damit zu schaden.
Wenn dich ihre Kappenseiten schneiden,
mußt du deine Wangen [in Tränen] baden.

[Tochter]
18. 'Was achte ich auf ihre Kappen,
mit denen sie ihre Freunde täuschen?
Ich traue [allein] meinem beständigen Herzen.
Mich täuschen nicht ihre Manöver.
Ich will mein beständiges Herz inständig bitten,
daß es mich vor ihrer bösen Tat schützt.
Ich fürchte nicht ihre glänzenden Schnitte,
denn sie werden mich vorbereitet finden,
auf daß mich nicht ihre frechen Worte trügen.
Gott gebe ihnen allen eine gute Nacht.

19. Sie sagen, wir Frauen haben wenig innere Stärke
und alle von uns [tragen] langes Haar.
Viele [Frauen] verhalten sich leider dementsprechend,
und bewahrheiten damit diese Behauptung.

Wie es auch um die Untreue der Männer bestellt sein mag,
so sollten doch wir Frauen beständiger sein
—wenn ich es mit freundlichen Worten zu sagen wage—
und ihnen gegenüber insgesamt Haß empfinden,
die nicht ihren Anstand gegen uns bewahren:
dann würden sie uns eher verschonen.

20. Es ist ein althergebrachter Brauch,
der vor vielen Jahren und Tagen gepflegt wurde,
daß man die Frauen freundlich bitten
und Liebe für sie im Herzen empfinden soll.
Deswegen sollen sie [die Frauen] aus Anstand [den Antrag] abschlagen
oder so verständig den Wunsch erfüllen,
daß sie es hernach nicht beklagen müssen.
Späte Reue taugt gar nichts,
folgt ja der Spott der Unbeständigen sogleich nach,
sobald der Schaden eingetreten ist.'

[Mutter]
21. 'Du bist in deinem Denken auf dem richtigen Weg:
darüber freue ich mich, mein liebstes Kind.
Bemüh dich weiterhin um diese Denkweise,
damit dich die Liebe nicht blind macht.
Viele kluge Herzen sind von ihrer Macht
entbrannt, das weiß ich wohl.
Binde diese Worte nicht an die Beine [d.h. mißachte sie nicht].
Willst du dich vor ihrer Macht hüten,
dann muß Gott dein junges Leben
mit seiner Kraft bewahren.'

[Tochter]
22. 'Mein Herz muß ich selbst erkennen:

Die Macht der Liebe ist mir unbekannt.
Ich sage es, ohne dafür gerühmt zu werden,
daß ich noch nie von ihren Strahlen verletzt wurde
und lebe bis heute gesund und frei von jeglicher Not.
Frau Liebe kennt die Herzen gut,
die sie bis in den Grund hinein zwingen kann.
Ich besitze nicht ein solches Herz,
das angesichts der Meisterschaft der Liebe
in seiner Würde verzagt.'

[Mutter]
23. 'Wenn die Kraft von hunderttausend Herzen
in einem Herzen ruhen könnte,
so kann doch ihre unbegrenzte Macht [der Liebe]
in kurzer Zeit siegen.
Sie hat viele starke Herzen überwunden:
So klug auch König Salomon war,
so mußte doch [die Liebe] nicht auf sein Herz verzichten.
Wenn sie sich in dein Herz schleichen will,
dann kannst du dich nicht dagegen wehren,
es sei denn, wenn allein Gott dich davor schützt.'

[Tochter]
24. 'Du sprichst, Mutter, so als ob
dich ihre Kraft getroffen hätte.
So groß auch ihre Gewalt sein mag,
so werde ich mich doch gegen sie wehren.
Ich lasse mich eher zu Grabe tragen,
als daß sie mein Herz gewaltsam
wie der hölzerne Rahmen eines Spiegels erfaßt.

Wenn sie aber hineinkommt und abschließt,
werde ich es genießen oder ich sterbe,
so sagt mir dann, was ich tun [soll].'

[Mutter]
25. 'Du sagst, sie habe mich früher schon
in meiner Jugend berührt.
Auch wenn es sich so zugetragen hat,
will ich dir nicht viel davon sagen.
Genauso wie wenn der Hund den Hirsch jagen will,
vermag er sich kaum diesem Wunsch entziehen,
falls er irgendeinen Genossen bei sich hat.[26]
Wen die hohe Liebe besiegen will,
der soll schlechtes Verhalten unterlassen
und sich für die Würdigen würdig machen.'

[Tochter]
26 'Bin ich dir irgendwie lieber,
wenn die Liebe mich beherrscht
und dies gegen meinen Willen geschieht?
Ich will nicht im Zweifel verharren:
sage mir, was du willst,
dafür werde ich dir immer verpflichtet sein.
Wenn es mir gut geht, wirst du Ansehen davon gewinnen.
Ich habe meine Absicht darauf gerichtet,
daß mir das alles gut erscheinen soll,
was dir an mir gut gefällt.'

[Mutter]
27. 'Ich will dir meinen Willen kundtun,
das sollst du gut verstehen:
wenn du ein keusches Herz besitzen willst,

wirst du dafür Lob und Ehre genießen.
Wenn dir die Liebe dies nicht gewährt
und dich mit Gewalt dazu zwingen will,
daß du einen Mann liebst,
der voll Freuden ist und Ehre genießt,
soll der doch nach meiner Meinung
von dir nicht abgewiesen werden.'

[Tochter]
28. 'Ich will dir darauf meine Treue geben,
die die christliche Ehre geschaffen hat,
solange ich [immer noch] einen Tag leben soll,
mißachte ich niemals deinen Rat.
Wenn mich die Liebe nicht verschont,
und sie mag meine Sinne [noch] schlimmer
bedrängen, als es ihrem Anstand gut tut,
so will ich, liebste Mutter,
falls du dieses Verhalten an mir erkennst,
daß du mich mit Schnüren festbindest.'

[Mutter]
29. 'Ich will dich, Tochter, nicht behüten:
deine stete Gesinnung muß dich behüten.
Wenn du von Liebe bezwungen wirst
und der Fuß dich zum Walde lenkt,[27]
dann möge dich deine Standhaftigkeit davon abbringen.
Wenn sie [die Liebe] dich mit ihrer Gewalt besiegt,
dann verdienst du die Anerkennung der werten Menschen.
Die Aufmerksamkeit beachtet oftmals die Gefahr.
Wer sich um etwas anderes kümmert als er soll,
der will die Schande nach Hause einladen.

30. Eine reine und tugendhafte Frau,
die sich gut um ihr Ansehen kümmern kann
und nichts anderes als standhafte Treue verlangt,
die soll man sich selbst verteidigen lassen.
Man soll auf diejenige Frau aufpassen,
die von törichter Gesinnung ist
und nicht ihr eigenes Ansehen anstrebt.
Man kann an ihr erkennen,
wohin sie in ihrem Gutdünken strebt,
so daß ihr sogleich etwas Schlimmes passieren kann.

31. Die Fürsorge ist keine schwere Last,
wenn ein Freund den Rat eines anderen gerne annehmen will.
Gibt er dies mit dem Herzen zu erkennen,
so daß er solch eine Übeltat verhindert,
die seine Ehre mindern könnte,
dann empfindet der Helfer eine freudige Stimmung,
wenn man seiner Empfehlung folgt.
Derjenige, dessen weiser Rat nicht befolgt wird
und der sich um seinen Freund kümmern soll,
der zähmt leichter wilde Bären.

32. Die Fürsorge schadet dem Ansehen von Frauen,
wo sie mit falscher Absicht durchgeführt wird.
Noch nie ist etwas Gutes daraus entstanden.
Gezwungene Liebe taugt gar nichts,
denn sie verleiht keine frohe Stimmung.
Die Liebe soll vom Herzen kommen
und mit beständiger Treue verbunden sein
auf jeden Verlust und Gewinn.
Die andere Liebe ist schlüpfrig
wie ein Eis, man rutscht hierhin und dorthin.

33. Nun lassen wir die Fürsorge [Erziehungsfragen] sein
und sagen mehr von der Liebe.
Wenn du dich vor ihrer Macht bewahren kannst,
wie du mir vorhin gesagt hast,
dann will ich ihr, deren Kranz schöner steht,
mein Kind, als deiner,
nämlich in der [Gesellschaft], wo man edle Menschen bewundert,
den Vorzug neidlos zugestehen.
Es mag zwar eine Frau noch schöner sein,
es gibt aber keine, die einen besseren Anstand genießt.'

[Tochter]
34. 'Du lobst mich, meine liebe Mutter,
wie eine Mutter ihr Kind loben soll.
Du liebst mich von ganzem Herzen,
und ich bin eine Freude für deine Augen.
Meine Treue zu dir ist auch nicht hohl.
Du bist mir lieber als das Leben.
Mein Herz ist von Liebe erfüllt.
Jetzt sage mir, ob es die Liebe [Minne] gibt[28]
und hier bei uns auf der Erde vorhanden ist
oder über uns in der Luft schwebt.'

[Mutter]
35. 'Ein kluger Mann namens Ovid
berichtet uns von ihren Wundern.
Er sagt, sie sei Venus genannt,
sie verletze süße Herzen
und heile diese ganz nach ihrer Laune
und mache sie darauf wieder krank.
So ist ihr wechselvolles Verhalten alle Zeit.
Man kann ihrem Vorhaben nicht entkommen.

Sie bewegt sich unsichtbar wie ein Geist
und hat weder nachts noch tagsüber jegliche Ruhe.'

[Tochter]
36. 'Da alle Herzen ihrem Gesetz folgen,
will ich ihr nicht meine Anerkennung versagen.
Helle Augen werden leicht rot,
wenn die vom hohen Stand diejenigen vom niederen lieben,
von denen kein Ansehen erworben werden kann.
Sollten aber die Edlen die Unedlen lieben,
dann hat sich Gott etwas Seltsames ausgedacht,
der ihr [der Liebe] so viel Macht verlieh.
Die Edlen sollten Edle lieben,
die Unedlen die Unedlen, das wäre besser.'

[Mutter]
37. 'Auf welchen hohen Pfaden wandelt die vornehme Minne!
Sie bemüht sich nicht ohne Absicht darum:
zeichnen sich die [Nichtadeligen] durch hohe Tugenden aus,
bei denen sie aber merkt, daß sie in ihrer Bildung vornehm sind,
die zieht sie so hoch mit sich,
wodurch sie niedere Gesinnung verschmähen.
Sie unterläßt es auch nicht wegen der Drohung eines Fürsten
und verbindet ein Herz mit einem anderen,
wie es ihr nach ihrem Willen gefällt.
Um die Unwürdigen kümmert sie sich kaum.'

[Tochter]
38. 'Wirklich, sie würde mir Gewalt antun,
wenn sie meine Gesinnung zwingen würde,
so daß mein Herz so keck würde
und mir Schaden an meiner Seligkeit antäte

und auch gegen meine Absicht,
wodurch mein Ansehen geschwächt werden würde,
wovon ich bisher verschont geblieben bin.
Wenn ihre Gewalt mich nicht unberührt lassen will,
so dränge mich dazu, das von ihr herrührende Ansehen zu erwerben:
danach muß ich unterwürfig streben.'

[Mutter]
39. 'Ich will dir, liebe Tochter,
mehr von den hohen Eigenschaften der edlen Liebe sagen,
wie es um ihr Verhalten steht.
Sie will nicht ein Herz unterstützen,
das von falschen Werten bestimmt ist.
Dort hinein will sie ohne Zweifel nicht hingehen
weder in der Nacht noch am Tag.
Das Herz muß innen gereinigt sein,
bevor die Liebe außen anklopft.
Wenn dies der Fall ist, setzt sie sich hinein.'

[Tochter]
40. 'Obwohl ich den Jahren nach noch ein Kind bin,
habe ich [doch] gehört und gesehen,
was oft in Heimlichkeit geschehen ist,
was zum Teil keine Ehre einbrachte,
auch wenn diese Sachen noch dreimal geschehen.
Wenn die Liebe daran schuld ist,
dann sage ich ihr auch meine Treue auf.
sie soll nicht zulassen, daß ein edles Herz
ein unedles Herz liebt, das der Tugend ermangelt,
und hohe Liebe einem niederen [Herzen] gewähren.'

[Mutter]

41. 'Die Keckheit verursacht eine falsche Haltung.

Daran ist die Liebe unschuldig.

Wer seinem eigenen Recht Schuld zufügt,

der vermag sich nicht um sein eigenes Ansehen zu kümmern.

Jeder Mensch geht seinen eigenen Weg.

Jeder versucht, ob er [den richtigen] finden kann;

dies geschieht sehr schnell.

Wer sich einem Gaukelwerk hingibt,

von dem entfernt sich die Liebe,

denn sie beurteilt die Herzen nach ihrenTugenden.'

[Tochter]

42. 'Wenn die Liebe eine so hochgepriesene Art an sich hat,

wie du mir eben gesagt hast,

dann wäre es ein Fehler,

wenn ich mich noch länger dagegen wehren würde.

Da ihr Hof hohe Anerkennung besitzt,

will ich dort ein Mitglied sein.

Wenn es dein Wille und auch deine Empfehlung ist,

dann belehre mich in ihrer Regel,

falls sie mich in ihre Schule nimmt,

damit es meinem Ansehen guttut.'

[Mutter]

43. 'Du hast es dir vernünftig überlegt:

Den [guten] Ausgang wünsche ich dir sehr.

Wenn du auf meine Rede hin

mit Taten folgen kannst, wäre das gut.

Ich beherrsche alle Minneregeln:

in denen will ich dich unterrichten

und beginne gleich mit der ersten.

Eine Frau, die Ansehen und Anerkennung genießt,
die soll eine andere nicht um [das gleiche] beneiden,
und sie soll auch von bösen Taten frei sein.

44. Die andere Regel belehrt uns
(nun achte darauf, was ich dir sagen will):
wir sollen uns jederzeit darum bemühen,
daß wir den weisen Menschen gut gefallen
und uns von den mißgünstigen schlechten Kerlen entfernen,
die auf das Ansehen von Frauen neidisch sind
und Eiter auf der Zunge tragen.
Wir sollen die Worte bedächtig behandeln
und dort grüßen, wo wir grüßen sollen.
Sieh, das ist der Schutz von weiblichem Ansehen.

45. Die dritte Regel sagt uns,
daß wir im anständigen Benehmen frohgemut sein sollen,
ganz ohne Neid, ganz ohne Haß,
in weiblicher Sitte, in weiblichen Dingen,
dabei tugendhaft wohlgestimmt.
Wenn wir stets diesem Rat folgen,
dann behütet uns die Glückseligkeit,
so daß uns kein Wetter beschmutzen kann.
Mit Ehren gehen wir zu Bett
und tragen am Tag keinen Schleier.'

FRAGEN ZUM TEXT

— *Welche eine Beziehung gestaltet das Mutter–Tochter Gespräch?*

— *Welche Rolle nimmt die Liebe in dem Dialog ein?*

— *Was denkt die Tochter über Liebe?*

— *Was weiß die Mutter von Liebe bzw. welche gesellschaftliche Rolle schreibt sie diesem Phänomen zu?*

— *Welches sind die größten Gefahren für Frauen, ihr Ansehen in der Gesellschaft zu verlieren?*

— *Von wem werden die sozialen Normen bestimmt? Nach wem soll sich die Tochter in ihrem Verhalten richten?*

— *Läßt sich wirklich nicht aufgrund der Textaussage bestimmen, ob eine Frau als die Dichterin bestimmt werden kann?*

6.   Mechthild von Magdeburg (13. Jh.)
Das fließende Licht der Gottheit

Während wir aus dem französischen Raum eine Reihe von beachtlichen Frauen kennen, die sich als Dichterinnen von *troubadour*–Lyrik, höfischen Romanen oder Traktaten hervortaten (die *troubairitz*, Marie de France, Christine de Pisan, Marguerite de Navarre), findet sich im deutschen Raum des 12. und 13. Jahrhunderts außer der Winsbeckin praktisch keine Frau, die als (weltliche) Dichterin zu identifizieren wäre. Um auf Autorinnen zu stoßen, müssen wir uns der Mystik zuwenden, die einer der bevorzugten Erfahrungsbereiche für Frauen wurde. Mystik gab es bereits im alten Griechenland und läßt sich auch außerhalb des Christentums in anderen Weltreligionen in den verschiedensten Epochen finden. Dabei handelt es sich um eine durch Kontemplation und Ekstase herbeigeführte Kontakt-aufnahme der Seele mit Gott bereits in diesem Leben (*unio mystica*). Im Mittelalter entwickelten besonders Bernhard von Clairvaux (1090–1153), Hugo von St. Viktor (1069–1141), Bonaventura (1221–1274), Meister Eckhart (1260–1327), Johannes Seuse (ca. 1295–1366) und Johannes Tauler (ca. 1300–1362) die abstrakte Mystik, während der Beitrag der Frauen meist zur praktischen Mystik gerechnet wird. In ihren Texten entdeckt man ein spirituelles Erlebnis, das oftmals durch das visionäre Bild einer mystischen Hochzeit der Seele mit Christus dargestellt wird. Die Mystikerinnen beschreiben vielfach die konkret erfahrene Liebesbeziehung zwischen Christus und seiner von ihm erwählten Braut, der Mystikerin, in oftmals verblüffend erotischen Bildern ("Minne"). Seit Bernhards von Clairvaux Auslegung des *Hoheliedes* im Sinne einer liebenden Vereinigung zwischen Christus und der Seele folgte die Frauenmystik weitgehend diesem Vorbild und überbrückte damit die traditionelle Trennung von weltlicher und geistlicher Dichtung. Vor allem die Mystikerinnen prägten höchst erstaun-liche, z.T. schockierende Bilder für ihre intimen Beziehungen zu Gott, haben also wahrscheinlich vom Minnesang und vom höfischen Roman gelernt, auch wenn wir sonst kaum oder gar keine Hinweise auf ihre weltliche Bildung besitzen. Hildegard von Bingen (1098–1179), Mechthild von Magdeburg   (1207/1210–1282/1283),   Mechthild   von   Hackeborn

(1241/42–1299), Gertrud die Große (1256–1301/02), Christine Ebner (1277–1356) und Margarete Ebner (ca. 1291–1351) gehören zu den bedeutungsvollsten Frauen in Deutschland, die mystische Literatur schufen, doch ist damit noch längst nicht die große Zahl von mystisch beeinflußten Dichterinnen erschöpft. Zugleich hören wir von aussagekräftigen Mystikerinnen in Schweden (Birgitta von Schweden, 1302/1303–1373), Frankreich (Marguerite Porète, gest. 1310) und Italien (Katharina von Siena, 1347–1380).[29]

Mechthild von Magdeburg (geb. ca. 1207) stammte aus einem adligen Hause (Burgmannenfamilie) in der westlichen Mittelmark und scheint im Dominikanerkloster zu Halle eine gute Erziehung genossen zu haben. Sie widmete frühzeitig nach ihrer Flucht (?) um 1230 aus dem Elternhaus als Begine in Magdeburg ihr Leben der Buße, schwieg aber über 30 Jahre lang über ihre mystischen Erfahrungen, bis sie um 1250 von ihrem Beichtvater Heinrich von Halle dazu gedrängt wurde, diese aufzuschreiben. Die ersten Visionen muß sie bereits als Zwölfjährige erfahren haben. 1270 trat sie in das Zisterzienserkloster Helfta bei Eisleben ein, wo sie bei den gelehrten Frauen und Mystikerinnen Gertrud und Mechthild von Hackeborn sowie Gertrud der Großen eine geistliche Gemeinschaft fand. Sie starb erblindet und im Ruf der Heiligkeit stehend im Jahre 1289/1297.

Ihr Werk besteht aus relativ lose zusammengefügten Stücken, die sowohl in Prosa als auch Vers geschrieben sind und ihre tief beeindruckende Sprachmächtigkeit unter den deutschen Mystikerinnen dokumentieren. Die niederdeutsche Urfassung ging verloren, doch besitzen wir heute noch eine unter Heinrich von Nördlingen entstandene Übertragung ins Alemannische von 1345, eine lateinische Version von ca. 1285, in der allerdings das letzte, siebte Buch fehlt, sowie einige Bruchstücke.

Mechthilds *Fließende Licht* ist als erstes mystisches Werk aus der Volkssprache ins Lateinische übersetzt worden, was seitdem praktisch bei allen anerkannten Mystikerinnen zur Norm wurde, weil der Klerus von der Authentizität ihrer Visionen überzeugt war und in ihnen göttlich inspirierte

Prophetinnen erblickte. Insoweit genoß Mechthild eine vergleichbare Autorität in theologischen Dingen wie Hildegard von Bingen. Aus den lateinischen *Revelationen* entstand später sogar eine alemannische Rückübersetzung, die in einer Abschrift von 1517 erhalten ist. Der Text von Mechthilds mystischen Erfahrungen ist gattungsmäßig schwer einzuordnen, ließe sich aber als Bekenntnis- oder Gesprächsschrift bezeichnen, wobei zugleich viele autobiographische, reflexive, poetische, dramatische und hymnische Elemente eine wichtige Rolle spielen.[30]

Text (Auswahl und Übersetzung)

Prolog: Dieses Buch soll man freundlich aufnehmen, denn daraus spricht selbst Gott

Dieses Buch sende ich jetzt sowohl den guten als auch den bösen Geistlichen als Richtlinie, denn wenn die Säulen fallen, kann das Werk nicht bestehen. Es spricht nur von mir und berichtet in lobenswürdiger Weise von meiner geheimen Erfahrung. Alle, die dieses Buch studieren wollen, müssen es neunmal lesen.

Dieses Buch heißt "Ein fließendes Licht der Gottheit"

"Ei Herr Gott, wer hat dieses Buch gemacht?" "Ich habe es aus meiner Schwäche heraus geschrieben, weil ich meine Gaben nicht für mich behalten kann." "Ei Herr, wie soll dieses Buch allein zu deinen Ehren heißen?" "Es soll 'Ein fließendes Licht meiner Gottheit' heißen, das in alle Herzen derer fließt, die ohne Falschheit leben."

I. Wie die Liebe und die Königin miteinander sprachen

Die Seele kam zur Liebe und grüßte sie tiefsinnig und sprach: "Gott grüße euch, Frau Liebe." "Gott lohne es euch, liebe Frau Königin." "Frau Liebe, ihr seid sehr vollkommen." "Frau Königin, ich überrage alles." "Frau Liebe, ihr habt viele Jahre gekämpft, ehe ihr die hohe Dreifaltigkeit [Gott Vater, Sohn und der Heilige Geist] dazu bewegt habt, sich in die demütige Jungfernschaft der Maria zu ergießen." "Frau Königin, das ist eure Ehre und Tugend." "Frau Liebe, jetzt seid ihr zu mir hergekommen und ihr habt mir alles genommen, was ich je hier auf Erden gewann." "Frau Königin, ihr habt einen seligen Wechsel durchgeführt." "Frau Liebe, ihr habt mir meine Kindheit geraubt." "Frau Königin, dafür habe ich euch die himmlische Freiheit gegeben." "Frau Liebe, ihr habt mir all meine Jugend genommen." "Frau Königin, dafür habe ich euch meine heilige Tugend gegeben." "Frau Liebe, ihr habt mir meine guten Freunde und Verwandten genommen." "Ei Frau Königin, das ist eine lächerliche Klage." "Frau Liebe, ihr habt mir die Welt, weltliche Ehre und allen weltlichen Reichtum genommen." "Frau Königin, dafür will ich euch in einer Stunde mit dem heiligen Geist ganz nach eurem Willen auf der Erde entschädigen." "Frau Liebe, ihr habt mich so sehr bedrängt, daß ich sehr krank geworden bin." "Frau Königin, dafür habe ich euch viel größeres Wissen gegeben." "Frau Liebe, Ihr habt mein Fleisch und mein Blut verzehrt." "Frau Königin, dadurch seit ihr gereinigt und zu Gott gebracht worden." "Frau Liebe, ihr seid eine Räuberin, dafür müßt ihr mich entschädigen." "Frau Königin, nehmt mich dafür an." "Frau Liebe, nun habt ihr mir hier auf Erden hundertfach Entschädigung gegeben." "Frau Königin, ihr müßt jetzt noch nach Gott und all seinem Reichtum fordern."

II. Von drei Personen und drei Gaben

Der wahre Gruß Gottes kommt aus den himmlischen Fluten aus dem
Brunnen der fließenden Dreifaltigkeit. Er hat solch eine große Kraft, daß er
dem Körper alle seine Kraft nimmt und die Seele sich selbst bewußt macht,
daß sie sich gleich wie die Heiligen erkennt und dann den göttlichen Schein
empfängt. Dann trennt sich die Seele von dem Körper und nimmt mit sich
alle Kraft, Weisheit, Liebe und Sehnsucht. Nur der kleinste Teil des Lebens
bleibt dem Körper wie in einem süßen Schlaf. Da sieht sie einen ganzen
Gott in drei Personen und erkennt die drei Personen als ungeteilt in einem
Gott. Er grüßt sie in höfischer Sprache, die man in der Küche niemals
vernimmt, und kleidet sie mit Kleidern, die man im Palast tragen soll, und
begibt sich in ihre Macht. Nun kann sie darum bitten und danach fragen,
was sie will, alles wird ihr erfüllt und berichtet. Die Ursache, warum sie
nicht alles erfährt, liegt an der ersten Sache der Trinität. Darauf zieht er sie
an einen geheimen Ort, wo sie nach nichts bitten oder fragen darf, denn er
will mit ihr allein ein Spiel spielen, das weder der Körper noch die Bauern
bei dem Pflug noch die Ritter beim Turnier noch seine liebliche Mutter
Maria kennen. Hierbei darf sie nicht eingreifen. So schweben sie weiter zu
einem herrlichen Ort, von dem ich nicht erzählen will oder darf. Es ist zu
gefährlich, ich wage es nicht, denn ich bin ein sehr sündiger Mensch.
Weiter, wenn der endlose Gott die grundlose Seele in die Höhe bringt,
verliert sie wegen dieses Wunders die Erde aus der Sicht und weiß nichts
mehr davon, daß sie je auf der Erde war. Wenn das Spiel am schönsten
läuft, muß man es unterbrechen. Da spricht der blühende Gott: "Jungfrau,
ihr müßt euch neigen." Sie erschrickt darauf, beweint ihre Not und sagt:
"Herr, nun hast du mich so weit weg gebracht, daß ich dich selbst auf Befehl
hin in keiner Weise mehr loben kann. Statt dessen liege ich hier elendiglich
und kämpfe gegen meinen Körper." "Er antwortet daraufhin: "Ei du liebe
Taube, deine Stimme ist wie der Klang von einem Seiteninstrument in
meinen Ohren, deine Worte sind wie Wurzeln [süße Speise] in meinem
Mund, deine Sehnsucht ist die Mildtätigkeit meiner Gabe." Darauf sagt sie:

"Lieber Herr, es muß so sein, wie der Wirt befiehlt." Darauf erseufzt sie so tief, daß der Körper erwacht und spricht: "Ei Frau, wo bist du jetzt gewesen? Du kommst so liebreich zurück, schön und kräftig, frei und verständig. Deine Umwandlung hat mir meinen Geschmacks- und Geruchssinn, meine Farbe und all meine Kraft genommen." Darauf antwortet sie: "Schweig, Mörder, unterlaß deine Klagen! Ich will mich immer vor dir hüten. Ich freue mich, daß meine Feinde verwundet sind, es schadet uns nicht."

Das ist ein Gruß, der viele Adern hat, der aus dem fließenden Gott in die Arme dringt, der die Seele jederzeit mit neuer Kenntnis und neuer Anschauung anfüllt und ihr zeigt, wie die neue Gegenwärtigkeit gebraucht werden kann. Ei süßer Gott, du brennst innerlich und blühst äußerlich; nun da du es dem Geringsten gegeben hast, konnte ich noch das Leben erfahren, das du den Würdigsten gegeben hast. Deswegen möchte ich noch etwas länger ausdauern. Niemand will oder kann diesen Gruß erhalten, der nicht überwunden und zunichte geworden ist. In diesem Gruß will ich lebendig sterben, wovon mich die blinden Heiligen niemals abhalten sollen, die da lieben und doch nichts wissen.

III. Von den Mägden der Seele und vom Schlag der Liebe

Alle heiligen christlichen Tugenden sind die Mägde der Seele. Die Stimme der süßen Seele klagt der Liebe seine Not: "Ei allerliebste Jungfrau, nun bist du lange meine Kammerdienerin gewesen, nun sage mir, wie soll ich ohne dich leben? Du hast mich gejagt, gefangen, gefesselt und so tief verwundet, daß ich niemals mehr gesund werde. Du hast mir viele Keulenschläge gegeben, sage mir, werde ich bald ohne dich gesund werden? Wenn ich jetzt von dir getötet werden würde, wäre es mir lieber, daß ich dich nie gekannt hätte." Die Liebe: "Ich hatte Freude daran, dich zu jagen; ich wollte dich fangen; ich freute mich, als ich dich fesselte; als ich dich verwundete, wurdest du mit mir vereinigt; wenn ich dir Keulenschläge gebe, gewinne ich über dich Gewalt. Ich habe den allmächtigen Gott gezwungen, sich aus dem Himmelsreich zu begeben, ihm sein menschliches Leben wieder genommen und ihn in Ehren seinem Vater zurückgegeben; wie glaubst du denn, du elender Wurm, du könntest ohne mich wieder gesund werden?" Die Seele: "Sprich, meine Kaiserin, ich fürchte, daß ich durch eine geheime Arznei, die mir Gott oft gegeben hat, mich von dir befreien könnte." Die Liebe: "Wenn man die Gefangenen nicht tot haben will, so gibt man ihnen Wasser und Brot. Die Arznei, die dir Gott oftmals gegeben hat, ist nichts anderes als ein kurzer Aufschub in diesem menschlichen Leben. Wenn aber dein Auferstehungstag kommt und dein Körper den tödlichen Schlag empfängt, so will ich dich ganz umfangen, dich ganz durchdringen, deinem Körper stehlen und dich deinem Geliebten geben." Die Seele: "Oh Liebe, diesen Brief habe ich nach den Worten aus deinem Mund geschrieben, nun gib mir, Herrin, deinen Siegel." Die Liebe: "Wer jemals Gott lieber als sich selbst gewann, der weiß wohl, woher er das Siegel nehmen soll, es liegt zwischen uns zwein." Die Seele sagt: "Schweige, Geliebte, und sag nichts mehr, es verneigen sich vor dir, allerliebste Jungfrau, alle Geschöpfe und ich. Sage meinem Geliebten, daß sein Bett bereit ist und daß ich liebeskrank nach ihm sei." Wenn dieser Brief zu lang braucht, dann liegt das daran, daß ich auf der Wiese war, wo ich allerlei Blumen fand. Dies ist eine süße jammervolle Klage: wer aus Liebe stirbt, den soll man in Gott begraben.

IV. Von der Hofreise der Seele, in der sich Gott selbst zeigt

Wenn die arme Seele an den Hof kommt, so ist sie klug und gut erzogen und schaut fröhlich zu Gott hin. Ei, wie freundlich wird sie da empfangen! Da schweigt sie und verlangt unendlich viel Lob von ihm. Deswegen beweist er ihr mit großer Sehnsucht sein göttliches Herz, das ganz wie rotes Gold aussieht, das in einem großen Kohlefeuer brennt. So setzt er sie in sein glühendes Herz. Wenn sich dann der hohe Fürst und die kleine Jungfrau so umarmen und wie Wasser und Wein miteinander verbunden sind, wird sie zu einem Nichts und löst sich von sich selbst. Wenn sie nicht mehr kann, wird er, wie er schon vorher war, liebeskrank nach ihr, denn ihm ist es niemals genug. Darauf sagt sie: "Herr, du bist mein Bräutigam, mein

Plakette für Mechthild von Hackeborn, Mechthild von Magdeburg und
Gertrud die Große, Klosterruine Helfta/Eisleben

Verlangen, mein fließender Brunnen, meine Sonne, und ich bin dein Spiegel." Dies ist die Hofreise der liebenden Seele, die nicht ohne Gott sein kann.

V. Von der Qual und der Not der Seele

Mein Körper erleidet lange Qual, meine Seele ist mit großer Freude erfüllt, denn sie hat ihren Geliebten immer wieder erblickt und mit Armen umfaßt. Von ihm hat sie die Qual, die Arme. Wenn er sie anzieht, so fließt sie; sie kann davon nicht Abstand nehmen, bis er sie in sich selbst hineinbringt. Wenn sie gerne sprechen möchte, kann sie es nicht. Somit ist sie in großer Eintracht ganz mit der herrlichen Dreifaltigkeit verbunden. Er läßt sie ein wenig los, daß sie sich ausruhen kann. Sie sehnt sich so sehr nach seinem Lob, daß sie ihren Willen verliert. Ja, sie wünscht, daß er sie zur Hölle sendet, wofür ihn alle Kreaturen über alle Maßen loben würden. Sie spricht ihn an und sagt zu ihm: "Herr, gib mir deinen Segen." Darauf sieht er sie an, zieht sie wieder an sich und grüßt sie, wie der Körper selber niemals grüßen darf. Darauf spricht der Körper zur Seele: "Wo bist du gewesen? Ich will nicht mehr." Antwortet die Seele: "Schweig, du bist ein Tor. Ich will bei meinem Geliebten sein, selbst wenn du niemals mehr gesund werden solltest. Ich bin seine Freude, er ist meine Qual." Dies ist ihr Leiden, von dem sie niemals mehr befreit werden wird! Diese Qual muß dich erfüllen, niemals darfst du ihr entgehen!

VII. Gottes achtfacher Eid

Ich schwöre dir: dein Körper muß sterben, deine Worte müssen vergehen, deine Augen müssen sich schließen, dein Herz muß fließen, deine Seele muß steigen, dein Körper muß zurückbleiben, deine menschlichen Sinne müssen vergehen, dein Geist muß vor der heiligen Dreifaltigkeit stehen!

X. Wer Gott liebt, der sieht drei Dinge

Welcher Mensch die Welt besiegt und seinem Körper allen nutzlosen Willen nimmt, und den Teufel besiegt, das ist dann die Seele, die Gott liebt. Wenn die Welt ihr einen Stoß gibt, erleidet sie davon keinen Schmerz. Wenn sie das Fleisch angreift, wird der Geist davon nicht krank; schaut sie der Teufel an, kümmert dies die Seele nicht. Sie liebt und sie liebt und kann nichts anderes vollbringen.

XIII. Wie Gott in die Seele kommt

Ich komme zu meiner Geliebten wie der Tau auf die Blumen.

XIV. Wie die Seele Gott empfängt und lobt

Ei, welch fröhlicher Anblick! Ei welch lieber Gruß! Ei welch liebevolle Umarmung! Herr, dein Wunder hat mich verwundet, deine Gnade hat mich erdrückt. Oh du hoher Stein, du bist so gut ausgehöhlt, daß niemand außer Tauben und Nachtigallen in dir nisten kann!

XXIX. Von der Schönheit des Bräutigams und wie ihm die Braut in 23 Stufen des Kreuzes folgen soll.

Siehe mich an, meine Braut! Sieh, wie schön meine Augen sind, wie wohlgeformt mein Mund, wie feurig mein Herz ist, wie feingliedrig meine Hände, wie schnell meine Füße sind. Dann folge mir! Du sollst mit mir gemartert werden, durch Neid verraten, wegen Hinterlist gesucht, im Haß gefangen, in Gehorsam gebunden werden. Deine Augen sollen verbunden werden, weil man dir die Wahrheit verheimlichen will. Du sollst vom Zorn

der Welt geschlagen, wegen deines Bekenntnisses vors Gericht gebracht, mit
der Buße geohrfeigt, mit Spott vor Herodes gesandt, mit der Not bekleidet,
mit der Armut gegeiselt, mit der Bekehrung gekrönt, mit Verzagtheit
angespuckt werden; du sollst dein Kreuz im Haß der Sünden tragen, mit der
Verzeihung aller Dinge nach deinem Willen gekreuzigt, mit den heiligen
Tugenden an das Kreuz genagelt, von der Liebe verwundet, am Kreuz in
heiliger Bewährung, in dein Herz mit immerwährender Vereinigung
gestochen, vom Kreuz abgenommen werden im wahrem Sieg über alle deine
Feinde, in der Unbedeutendheit begraben werden, von dem Tode in heiliger
Form wieder auferstehen und in einem Atemstoß Gottes angezogen in den
Himmel fahren.

XLIV. Sieben Dinge von der Liebe, von drei Brautkleidern und vom Tanzen

"Ei liebende Seele, willst du wissen, wie dein Weg beschaffen ist?" "Ja,
lieber heiliger Geist, lehre es mich." "Wenn du die Qual der Reue und den
Schmerz der Beichte und die Mühe der Buße und die Liebe zur Welt und die
Verführung des Teufels und den Überfluß des Fleisches und den verfluchten
eigenen Willen, der viele Seelen so sehr zurückzieht, daß sie niemals mehr
zur wahren Liebe gelangen, und wenn du so alle deine größten Feinde
niedergeschlagen hast, dann bist du so müde, daß du sagst: "Schöner
Jüngling, mich verlangt nach dir, wo kann ich dich finden?" Darauf
antwortet der Jüngling: "Ich höre eine Stimme, die etwas von Liebe
verkündet. Ich habe viele Tage um sie geworben, und doch gewann ich nie
diese Stimme. Nun bin ich getroffen, ich muß ihr entgegen gehen! Sie ist
es, die sowohl Schmerz und Liebe zusammen trägt." Am Morgen im süßen
Tau ist es die geschlossene Innigkeit, die als erstes in die Seele geht. Ihre
fünf Kammerdiener, die ihre fünf Sinne sind, sagen: "Herrin, bekleidet
euch."

"Liebe, wohin soll ich?" "Wir haben das Gerücht vernommen, der Prinz will euch im Tau und schönen Vogelgesang entgegenkommen. Ei Frau, nun zögert nicht lange!" Sie zieht ein Hemd der sanften Demütigkeit an, und das ist so demütig, daß sie darunter nicht zu leiden braucht; darüber ein weißes Hemd der reinen Keuschheit, das so rein ist, daß sie weder Worte noch Berührungen, die sie beflecken könnten, dulden muß. Darauf zieht sie einen Mantel des heiligen Geruchs an, den sie mit allen Tugenden vergoldet hat. So geht sie in den Wald der Gesellschaft heiliger Menschen, wo die allerschönste Nachtigall die sanfte Einigung mit Gott Tag und Nacht besingt. Außerdem hört sie viele andere süße Vogelstimmen der heiligen Anerkennung. Noch aber ist der Jüngling nicht gekommen. Nun sendet sie Boten aus, denn sie will tanzen. Sie schickt nach der Anerkennung des Abrahams und dem Verlangen der Propheten und der keuschen Demut unserer Jungfrau Maria und nach all den heiligen Tugenden unseres Herrn Jesu Christi und nach all den Tugenden seiner Auserwählten. Daraus wird ein schöner Tanz zum Lobe. Dann kommt der Jüngling und spricht zu ihr: "Jungfrau, ihr sollt so tugendhaft nachtanzen, wie euch meine Auserwählten vorgetanzt haben." Sie sagt: "Ich will nicht tanzen, Herr, es sei denn, du führest mich. Willst du, daß ich sehr springe, so mußt du selber vorspringen; dann springe ich in die Liebe hinein. Von der Liebe springe ich in die Anerkennung, von der Anerkennung in das tätige Leben, ein tätiges Leben, das über allen menschlichen Sinnen steht. Dort will ich bleiben und will dennoch weiterhin kriechen." Darauf muß der Jüngling so singen: "Durch mich in dich und durch dich von mir." "Gerne mit dir, notwendigerweise von dir!" Dann sagt der Jüngling: "Jungfrau, dieser Lobtanz ist euch gut gelungen, ihr werdet euren Willen mit dem Sohn der Jungfrau erfüllt bekommen, denn ihr seid nun von der Liebe erschöpft. Kommt am Mittag zu dem Schatten am Brunnen in das Bett der Liebe, da sollt ihr euch mit ihm kühlen." Darauf sagt die Jungfrau: "Oh Herr, das ist wunderbar, daß sie deine Liebesgenossin ist, die selbst keine eigene Liebe besitzt, wenn sie nicht von dir bewegt wird." Dann spricht die Seele zu den Sinnen, die ihre Kammerdiener sind: "Nun bin ich für eine Weile des Tanzens müde, geht

von mir, ich muß dorthin gehen, wo ich mich abkühlen kann." Die Sinne
sagen zu der Seele: "Herrin, wollt ihr euch in den Liebestränen der heiligen
Maria Magdalena kühlen, damit wird es euch genug sein." Die Seele:
"Schweigt ihr Herren, ihr versteht nicht alles, was ich meine! Behindert
mich nicht, ich will eine Weile unverdünnten Wein trinken." Herrin, in der
Keuschheit der Jungfrauen ist die große Liebe bereitet." Das mag wohl sein,
das ist aber nicht das Beste an mir." "Im Blut der Märtyrer könnt ihr euch
gut kühlen." Ich bin so viele Tage gefoltert worden, daß ich jetzt dorthin
nicht gehen will." Im Rat der Beichtväter wohnen gerne die reinen
Menschen." "Im Rat will ich immer bleiben und danach tun und lassen,
doch will ich jetzt nicht dorthin gehen." "In der Weisheit der Aposteln
findet ihr große Sicherheit." "Ich habe die Weisheit bei mir, damit will ich
immer am besten wählen." "Herrin, die Engel sind hell und schön in der
Liebesfarbe; wenn ihr euch kühlen wollt, so begebt euch dorthin." "Die
Freude der Engel bereitet mir Schmerzen, wenn ich ihren Herrn und meinen
Bräutigam nicht ansehen kann." So kühlt euch in dem heiligen harten
Leben, das Gott Johann dem Täufer gegeben hat." "Zum Schmerz bin ich
bereit, doch übersteigt die Kraft der Liebe alle Mühen." "Herrin, wenn ihr
euch in der Liebe kühlen wollt, so neigt euch in den Schoß der Jungfrau zu
dem kleinen Kind und seht und schmeckt, wie die Freude der Engel von der
ewigen Jungfrau die übernatürliche Milch sog." "Das ist eine kindliche
Liebe, daß man Kinder säugt und wiegt. Ich bin eine voll gewachsene
Braut, ich will zu meinem Bräutigam gehen." "Oh Herrin, wenn du dorthin
kommst, müssen wir ganz erblinden, denn die Gottheit ist so feuerheiß, wie
du selbst gut weißt, da alles Feuer und all die Glut, die den Himmel und alle
Heiligen erhellen und brennen lassen, aus seinem göttlichen Atem und aus
seinem menschlichen Munde aus dem Rat des heiligen Geistes geflossen
sind. Wie kannst du es da überhaupt für eine Stunde aushalten?" "Der Fisch
kann in dem Wasser nicht ertrinken, der Vogel kann in der Luft nicht
absinken, das Gold kann nicht in dem Feuer verderben, denn es empfindet
dort seine Klarheit und seine leuchtende Farbe. Gott hat allen Geschöpfen
gegeben, daß sie nach ihrer Natur handeln; wie kann ich denn meiner Natur

widerstehen? Ich müßte von allen Dingen weg zu Gott gehen, der von Natur aus mein Vater, wegen seiner Menschlichkeit mein Bruder, wegen der Liebe mein Bräutigam ist und ich schon immer seine Braut bin. Meint ihr, daß ich ihn nicht richtig fühle? Er kann sowohl stark brennen und tröstlich kühlen. Nun betrübt euch nicht zu sehr! Ihr sollt mir (später) noch Rat geben; wenn ich zurückkehre, brauche ich sehr eure Lehre, denn diese Erde ist voll mit vielen Fallen." Dann geht die Allerliebste zu dem Allerschönsten in der verborgenen Kammer der sündenfreien Gottheit. Dort findet sie das Liebesbett und das Liebesgewand von Gott ganz anders als bei den Menschen vorbereitet. Unser Herr spricht: "Bleibt stehen, Frau Seele!" "Was befiehlst du, Herr?" "Ihr sollt euch ausziehen!" "Herr, was wird mit mir geschehen?" "Frau Seele, ihr seid so sehr ein Teil meiner Natur, daß zwischen euch und mir nichts sein kann. Noch nie gab es einen so herrlichen Engel, dem eine Stunde gewährt wurde, was euch auf ewiglich gegeben ist. Deswegen sollt ihr sowohl Furcht als auch Scham und äußerliche Tugenden beiseite tun; ihr sollt nur diejenigen ewiglich pflegen, die ihr von Natur innen besitzt, nämlich: euer adliges Verlangen und eure unerschöpfliche Begierde. Die will ich auf ewig mit meiner endlosen Milde befriedigen." "Herr, jetzt bin ich eine nackte Seele und du in dir selbst ein schön geschmückter Gott. Unsere Gemeinschaft ist die ewige Liebe ohne Ende." Dann stellt sich nach ihrem Wunsche eine selige Stille ein. Er gibt sich ihr und sie gibt sich ihm hin. Nur sie weiß, was mit ihr geschehen mag, und das tröstet mich. Dies kann nicht lange so dauern; wenn zwei Verliebte verborgen zusammen sind, müssen sie sich oftmals voneinander wieder trennen, ohne sich wirklich zu trennen. Lieber Freund in Gott, diesen Liebesweg habe ich dir beschrieben, möge ihn dir Gott ans Herz legen! Amen.

BUCH II

XXVI. Von diesem Buch und den Schreibern dieses Buches

Ich wurde vor diesem Buch gewarnt, denn Menschen sagten mir: Man sollte sich nicht darum kümmern, ein Brand könnte daraus entstehen. Da machte ich es, wie ich es von Kindheit an getan habe; wenn ich jemals betrübt war, mußte ich immer beten. Ich neigte mich vor meinem Geliebten und sprach: "Ei Herr, jetzt bin ich wegen deiner Ehre traurig; wenn ich nun von dir ungetröstet bleibe, hast du mich verleitet, denn du hast es selbst mir aufgetragen, das Buch zu schreiben." Da offenbarte sich sogleich Gott meiner traurigen Seele, hielt dieses Buch in seiner rechten Hand und sagte: "Meine Liebe, betrübe dich nicht zu sehr, die Wahrheit kann niemanden verbrennen. Wer es aus meiner Hand nehmen will, der muß stärker als ich sein. Das Buch ist dreifaltig und bezeichnet nur mich allein. Dieses Pergament darin bedeutet mein reines, weißes, gerechtes Menschsein, das für [Christus] den Tod erlitt. Die Worte bedeuten meine wunderbare Gottheit; sie fließen von Stunde zu Stunde aus meinem göttlichen Mund in deine Seele. Der Klang der Worte bedeutet meinen lebendigen Geist und erfüllt durch sich selbst die ganze Wahrheit. Nun sieh dir alle diese Worte an, wie herrlich sie mein Geheimnis verkünden. Zweifel nicht an dir selber!"

"Ei Herr, wäre ich ein gelehrter geistlicher Mann, und hättest du dieses einzigartige Wunder an ihm vollbracht, so würdest du seine Verehrung empfangen. Wie kann man dir trauen, da du ein goldenes Haus im schmutzigen Dreck gebaut hast und wohnst herrlich darin mit deiner Mutter und mit allen Geschöpfen und all deinen himmlischen Dienern? Herr, dort vermag dich die weltliche Weisheit nicht finden."

"Tochter, so mancher weise Mann hat sein wertvolles Gold wegen Unachtsamkeit auf der großen Straße verloren, auf der er geradewegs zur Universität fahren wollte; jemand muß dieses finden. Ich habe dies wegen meiner Natur seit vielen Tagen getan; immer wenn ich besondere Gnade verschenkte, da suchte ich bei den Niedrigsten und Geringsten geheime Zuflucht. Die höchsten Berge der Erde können nicht die Offenbarung meiner Gnade empfangen, denn die Flut meines heiligen Geistes fließt von Natur aus ins Tal. Man findet so manchen weisen Schriftgelehrten, der vor meinen Augen ein Tor ist. Weiter sage ich dir: es gereicht mir zur großen Ehre und stärkt die heilige Christenheit außerordentlich, daß der ungelehrte Mund die gelehrten Zungen über meinen heiligen Geist belehrt."

"Ei Herr, ich seufze und verlange und bitte um deine Schreiber, die das Buch für mich geschrieben haben, auf daß du ihnen auch diejenige Gnade zu Lohne gibst, die noch keinem Menschen gegeben worden ist; denn Herr, deine Gabe gilt tausendmal mehr als deine Geschöpfe, die sie empfangen." Da sprach unser Herr: "Sie haben es mit goldenen Buchstaben geschrieben, also sollen alle diese Worte des Buches auf dem obersten Teil ihrer Kleidung eingetragen sein, auf ewig in meinem Reich mit himmlisch leuchtendem Gold sichtbar wegen all ihres Schmuckes geschrieben werden, denn die freie Liebe muß immer das Höchste am Menschen sein."

Während mir unser Herr diese Worte sagte, da sah ich die herrliche Wahrheit in der ewigen Würde. Ei Herr, ich bitte dich, daß du dieses Buch vor den Augen der Falschheit bewahrst, denn sie ist aus der Hölle zu uns gekommen; sie wurde niemals aus dem Himmel gebracht; sie ist in Luzifers Herzen geboren und ist im geistigen Hochmut erzeugt, im Haß erzogen und in dem gewaltigen Zorn so groß geworden, daß sie meint, keine Tugend könne ihr Freund sein. So müssen die Kinder Gottes untergehen und sich von der Niedrigkeit unterdrücken lassen, wenn sie die höchste Ehre mit Jesus empfangen wollen. Eine heilige Farbe müssen wir zu aller Zeit auf uns selber tragen, daß wir uns vor Schwäche bewahren. Ein liebreiches Verhalten sollen wir unseren christlichen Nachbarn zeigen. Wenn sie etwas falsch machen und wir es ihnen nur getreulich sagen, so können wir viele unnütze Reden ersparen. Amen.

Buch IV

XIII. Die Schrift dieses Buches wird von allen Gliedern gesehen, gehört und erkannt

Ich kann und will nicht schreiben. Ich sehe mit den Augen meiner Seele und höre mit den Ohren meines ewigen Geistes und nehme mit allen Gliedern meines Körpers die Kraft des heiligen Geistes wahr.

XXVIII. Von der fünferlei Kraft der Liebe.
Wegen der Krankheit der Menschen und der Falschheit der Welt muß man die Wahrheit verschweigen

Dieses Buch wurde in Liebe begonnen, es soll auch in Liebe enden, denn es ist nichts so weise noch so heilig noch so schön noch so stark oder so vollkommen wie die Liebe. Da sprach unser Herr Jesu Christ: "Sprich, Vater, ich will nun ebenso schweigen wie du in dem Mund deines Sohnes laut murmelst wegen der Krankheit der Leute, und so sprechen, wie meine Menschheit zitternd sprach wegen der Falschheit der Welt, denn sie belohnte mich mit dem bitteren Tod."

FRAGEN ZUM TEXT

— *Was für eine Beziehung besteht zwischen Mensch und Gott?*

— *Wie vermag sich der Mensch/die Seele Gott zu nähern?*

— *Welche religiösen Erfahrungen reflektiert Mechthild?*

— *Aus welchen Bereichen schöpft die Dichterin ihre Bilder und Sprache?*

— *Welchen Eindruck gewinnen wir aus diesen Visionen hinsichtlich der Ausdrucksmächtigkeit von Frauen im deutschen Mittelalter?*

— *Welche sprachlichen Mittel werden von Mechthild eingesetzt?*

— *Was macht den literarischen Charakter von Mechthilds Visionen aus?*

7. Helene Kottannerin (15. Jahrhundert)

Eines der bemerkenswertesten historisch–literarischen Dokumente des 15. Jahrhunderts wurde von Helene Kottannerin verfaßt, die um 1450 in einer Denkschrift die ungewöhnlichen, aufsehenerregenden politischen Ereignisse aufzeichnete, in die sie persönlich verwickelt gewesen war.[31] Helene diente als Kammerfrau der Königin Elisabeth, der 31–jährigen Witwe Albrechts II (1438–1439), des deutschen Kaisers und Königs von Böhmen und Ungarn. Die ungarischen Adeligen wollten sie nach dem Tod ihres Mannes dazu zwingen, den 16jährigen Polenkönig Wladislaus zu heiraten. Elisabeth täuschte ihre Einwilligung vor, weil sie schwanger war und laut ihrer Ärzte einen Sohn gebären würde. Sie beauftragte ihre Kammerfrau, aus dem Kronengewölbe der Plintenburg (heute Visegrád in Ungarn) die ungarische Königskrone bzw. "Heilige Krone" zu entwenden, während sie sich selbst auf die Geburt vorbereitete. In der Nacht vom 21. auf den 22. Februar 1440 gelang es Helene, mit Hilfe eines ungarischen Adeligen und seines Dieners den Auftrag auszuführen und über die gefrorene Donau zur Königin zu eilen. Eine Stunde später kam der Sohn Elisabeths, Ladislaus Postumus, zur Welt und wurde zwölf Wochen später in Stuhlweißenburg (Székesfehérvár) vom Graner Erzbischof mit der Stefanskrone zum König von Ungarn gekrönt. Helene Kottannerin berichtete 1450 in ihrer großen Denkschrift von dieser turbulenten Zeit und schuf damit die "ältesten Frauenmemoiren des deutschen Mittelalters."[32] Die Einzelheiten der Biographie von Helene sind uns nur teilweise bekannt. Ihr Vater, der Kleinadelige Peter Wolfram, lebte noch im Jahre 1435 und stand im Dienst westungarischer Adelsherren. Ihre Mutter war Einwohnerin von Ödenburg und wurde 1431 im Hause ihres Schwiegersohns, des ungarischen Altbürgermeisters Peter Székles, in der Liste der Bevölkerung als wohnhaft aufgeführt. Helene heiratete zuerst den ungarischen Patrizier Peter Székeles, der nach vielen Jahren als Bürgermeister 1430 starb. 1432 heiratete sie den Kammerherrn des Dompropstes. 1436 befand sie sich bereits am Hof des Herzogs Albrecht V. von Österreich, der 1438 deutscher Kaiser wurde. Seine Frau war Elisabeth, die Tochter Siegmunds, Königs von Ungarn. Von diesem Herrscherpaar ist in der Denkschrift die Rede. Die einzige Handschrift ruht in der

Österreichischen Nationalbibliothek (Sign. 2920). Der Text wird hier so nahe wie möglich am Original gehalten ins Neuhochdeutsche übersetzt. Dies erklärt den gelegentlich plumpen Stil und ungewöhnliche Ausdrucksweise. Dennoch sei hervorgehoben, daß es Helene Kottannerin in außergewöhnlicher, ja tatsächlich literarisch zu nennender Weise gelingt, die historischen Ereignisse lebendig vor Augen zu führen und sie in kräftigen Farben darzustellen.[33]

Text

Im Jahre fünfzehnhundert nach Christi Geburt und danach im neun und dreißigsten Jahr zu Ostern [5. April 1439] und zu Pfingsten [24. Mai], als der edle Fürst Albrecht als heiliger Römischer König erwählt und davor schon die Krone von Ungarn erhalten hatte und als die Königin ebenfalls gekrönt worden war, da kam Seiner Gnaden der Herr nach Preßburg [Bratislava] und blieb nicht lange dort.[34] Darauf traf die edle Königin, die Frau Elisabeth von Ofen [Buda] aus bei ihm in Preßburg in seinem Hof ein. Dann reiste der Fürst [König] Albrecht von Österreich ab und kam mit seinem Hof nach Preßburg. Anschließend sandte Seine Gnaden wieder eine Botschaft nach Wien, worauf man ihm seine jüngste Tochter, Fräulein Elisabeth mit ihrem Hofstaat nach Preßburg brachte. Dies geschah, als ich, Helene Kottannerin, auch dort war, und damals wurde ich ebenfalls zum Hof des Königs Albrechts und seiner Ehefrau, der edlen und allergnädigsten Herrin, gesandt. Kurz darauf brachen wir alle mitsamt der Königin und den jungen edlen Fürstinnen auf und zogen nach Ofen. Wenige Zeit später fuhren wir über die "Deutschen" [Name] nach Ofen, als das deutsche Heer eine Niederlage gegen die Hussiten erlitt. Bald darauf starb der Bischof von Gran namens Georg der Pelocky. Die Heilige Krone [des Königs] befand sich zu Gran, und da kam König Albrecht zu den Fürsten der Familie Pelocky, die Brüder des Bischofs von Gran, die damals Gran innehatten.

König Albrecht fand dort die Heilige Krone und auch das Reichsgewand vor. Die Herren von Peloczy hatten eine Beratung miteinander und sandten die ehrbare Botschaft zum Schloß von Gran, zum Domkapitel, und dazu viele Nachrichten. Da stellte es sich heraus, daß sie nicht dem König Albrecht die Heilige Krone vorenthalten wollten, sondern daß sie gegen den König [d.h. gegen die Königsmacht] eingestellt waren. Merkt euch, zu der Zeit zeigte es sich, daß die Königin Frau Elisabeth schwanger geworden war und [später] dem König Albrecht eine edle Frucht gebar, dessen Name Lassla war [Ladislaus Postumus].

Als sich die Nachricht um die Heilige Krone verbreitet hatte, schickte der edle König Albrecht seine jüngste Tochter, die edle Fürstin Jungfrau Elisabeth, zum Schloß zu Plintenburg, und ich, Helene Kottannerin, fuhr auch mit. Noch am gleichen Tag begab sich der edle König Albrecht mit seiner Ehefrau, der edlen Königin, nach Gran zur Heiligen Krone, die ihm dort überantwortet wurde. Dann reiste Seine Gnaden zu den Soldaten in Zigedein. Nachdem er sich dafür vorbereitet hatte, begab er sich zuerst zur Plintenburg zusammen mit seiner Ehefrau, der edlen Königin, und führte die Heilige Krone mit sich zu seiner jüngsten Tochter, der Fürstin. Eine größere Anzahl von ungarischen Adligen zogen mit, und sie brachten die Heilige Krone mit sich und trugen sie in das Gewölbe, das von fünf Seiten fest umgeben wurde. Ich, Helene Kottannerin, war auch dabei und trug die junge Fürstin auf meinem Arm und sah genau, wohin man die Heilige Krone legte. Darauf wurde das Gewölbe verschlossen und die Tür dorthin fest versiegelt mit vielen Siegeln. Während dieser Zeit verwalteten die edlen Herren Graf Niklas von Pösing und sein Sohn Graf Jörg die Plintenburg. Der edle König Albrecht ritt mit seiner Ehefrau, der edlen Königin, aufs Feld und in den Wald von Zigedein. Was danach geschah, weiß man gut, denn bald danach erkrankte der König an der Ruhr. Der Truchseß ließ ihn wegbringen und zur Plintenburg bringen, wo er ihn im Vorhof [Palas] ins Bett legen ließ. Darauf kamen die Ärzte von Wien zu ihm. Sobald Seine Gnaden sich ein wenig besser fühlte, da schickte ihm seine junge Tochter, die Fürstin, ein Hemdchen, das sie selbst getragen hatte. Er aber sandte das

Hemdchen wieder zurück in ihr Haus durch einen Getreuen, einen frommen Mann namens Vinsterel. Man hatte eine Spange angenäht und das Hemd zu einem Säckchen verarbeitet, in dem sich zwei Bilder und ein Zauberstück befanden, das eine Erbsenschote war. Danach fuhr die edle Königin nach Ofen zu den Gütern von Ladislaus von Gara, erfüllt von großem Kummer, denn sie hätte es gerne gesehen, wenn der edle König Albrecht bei ihr gewesen wäre. Er sandte ihr aber viele Botschaften, besonders bezüglich für den Fall, daß die Königin nicht zu ihm kommen wolle, daß sie doch zumindest einmal zu ihm käme, bevor er von dannen ging. Dies war sein größter Wunsch. Beide empfanden eine große Sehnsucht zueinander. Darauf reiste Seine Gnaden von der Plintenburg weg. Dann wollte Seine Gnaden auch noch seine junge Tochter, Jungfrau Elisabeth, sehen und zog nach Gran. Da wurde seine Krankheit in Langendorf noch schlimmer. Dann starb der edle König und Fürst Albrecht am Abend von Simon und Judas, am Tag der heiligen zwölf Boten [27. Oktober 1439]. Vor Mittag erschien ein ungarischer Adliger genannt ? [Textverlust] auf der Plintenbug bei der jungen Fürstin. Er wollte sogleich mit der edlen Königin, ihrer Mutter, sprechen und ließ sich nicht abweisen, worauf er die ihm angemessene Antwort bekam. Er rief die Gnade unserer lieben Frau [Maria] an und sagte der Königin, daß der edle König Albrecht die Heilige Krone von der Plintenburg mit sich genommen habe. Darüber erschrak Ihre Gnaden sogleich. Sie schrieb darauf an den Graf Niklas von Pösing und seinen Sohn, Graf Jörg, ob dem so wäre oder nicht, das sollte man ihr mitteilen [d.h. ob die Krone noch da sei]. Darauf kamen die zwei vorgenannten Grafen zu mir und nahmen mich in ihr Vertrauen und gingen mit mir zur Tür, durch die man zur Heiligen Krone gelangte. Da waren alle Siegel noch ganz, und sie schrieben es der Königin. Sie wollte die Wahrheit selbst erfahren und kam zur Plintenburg, und mit ihr viele ungarische Herren und gingen in das Gewölbe, trugen die Truhen, in denen sich die Heilige Krone befand, nach oben und nahmen sie [die Krone] mitsamt dem Futteral heraus, an dem viele Siegel hingen. Sie brachen diese auf und nahmen die Heilige Krone heraus und sahen sie gründlich an. Ich war dabei. Danach nahmen sie die Heilige

Krone und legten sie in eine kleine Kiste. Darin war auch die andere Krone, mit der man die edle Königin in Ungarn gekrönt hatte. So befanden sich die zwei Kronen nebeneinander in einer Kiste. Daneben stand ganz nahe ein Bett, auf dem die edle Königin mit ihrem schweren ungeborenen Kind lag. Bei ihr im gleichen Zimmer lagen zwei Jungfrauen. Die eine hieß Barbara, die die Tochter eines ungarischen Adeligen war, die andere hieß die Fronacherin. Daneben stand ein Nachtbecher und eine Wachskerze, wie es bei den Fürstinnen so Gewohnheit ist.

In der Nacht stand die Jungfrau auf, und sie sah, daß das Licht umgefallen war und es im Zimmer brannte, und daß die Kiste in Flammen stand, in der sich die zwei Kronen befanden, so daß sie angesengt wurden. Oben auf der Kiste lag ein blaues, samtenes Polster, in das ein Loch größer als ein Spannen eingebrannt war. Achtet auf das Wunder: der König, der die Heilige Krone tragen sollte, war noch im Mutterleib eingeschlossen, und die beiden waren kaum zwei Klafter voneinander entfernt, und der böse Feind hätte gerne beide mit dem Feuer geschädigt. Aber Gott war der Schützer, der sie [die Jungfrau] rechtzeitig aufweckte, während ich bei der jungen Königin lag. Da kamen die Jungfrauen zu mir, ich sollte gleich aufstehen, es brenne im Zimmer, wo meine gnädige Frau lag. Ich erschrak sehr, stand sogleich auf und eilte ins Zimmer, das voller Rauch war, und ich dämpfte und löschte das Feuer und ließ den Rauch raus und frische Luft rein, so daß die edle Königin die ganze Nacht schlief. Am nächsten Morgen kamen die ungarischen Adligen zu meiner gnädigen Herrin, da sagte sie ihnen, wie es ihr in der Nacht ergangen sei, wie es gebrannt habe, und wie die Heilige Krone, dazu auch die andere fast verbrannt wäre. Die Herren erstaunten sich darüber und rieten, man sollte die Heilige Krone wieder in die Truhe tun und sie erneut ins Gewölbe tragen, wo sie zuvor gewesen war. Dies geschah noch am selben Tag. Darauf wurde die Tür wieder versiegelt wie zuvor. Aber es waren nicht so viele Siegel wie vorher. Als dies geschehen war, sandte meine gnädige Herrin nach Graf Jörg von Pösing und verlangte nach den Schlüsseln der Plintenburg. Die ungarischen Herren wollten, daß sie das Schloß ihrem Vetter, Herrn Lasla übergebe, weil er von Gara stammte.

Dies geschah auch so. Herr Lasla übernahm das Schloß und besetzte es mit einem Burggrafen. Als dann die edle Königin wieder mit ihrem Vetter Lasla und den anderen ungarischen Herren nach Ofen ziehen wollte, nahm mich die Gnädige heimlich beiseite und sagte: "liebe und treue Kottannerin, ich übergebe Euch die Verantwortung für meine Tochter und auch die Kammer [d.h. die Schatzkammer]; laßt niemanden dort hinein außer meiner Tochter und Euch selbst." Sie vertraute mir auch ihre Privatsachen, ihr Halsband und ihre andere Juwelen an, die ich alle in die selbe Kammer brachte, durch die man zur Heiligen Krone gelangte. Als wir so miteinander sprachen, kam Herr Lasla herbei und auch sein Burggraf und sagte: "Gnädige Herrin, befehlt der Frau [Kottannerin], daß sie mich [Lasla] und auch meinen Burggrafen in die Kammer gehen läßt." Meine Herrin antwortete freundlich und sagte zu mir: "Liebe Helene Kottannerin, wenn mein Vetter, Herr Lasla und sein Burggraf in die Schatzkammer wollen, laßt sie dort eintreten." Darauf ging der Burggraf zur Tür, an der die Siegel befestigt waren, nahm ein Tuch und legte es über die Siegel und band das Tuch zu und befestigte sein Siegel daran. Als dies alles geschehen war, reiste die edle Witwe und meine gnädige Herrin mit ihrem Vetter, Herrn Lasla und mit den anderen ungarischen Adligen nach Ofen, beladen mit einer schweren Last [d.h. mit ihrem ungeborenen Kind] und von vielen Sorgen bedrückt, denn die ungarischen Herren wollten nichts anderes, als daß sie einen Mann nehmen sollte, und sie hatten Ihrer Gnaden viele [Kandidaten] vorgeschlagen, unter denen der König von Polen, genannt Herr [Las] Bladislaus [d.h. Wladislaus III.], und der andere der Sohn des Despoten in Serbien [Lazarus] waren. Deswegen war die edle Königin sehr betrübt und antworte ihnen u.a. sehr höflich: "Liebe Herren, gebt mir nicht einen Heiden, gebt mir lieber einen christlichen Bauer." Herr Lasla, ihr Vetter, wollte, daß sie den von Polen nehmen sollte. Darauf erhoben sich alle die ungarischen Adligen und stimmten ihm zu. Sie aber wollte nicht und gab zur Antwort, sie wollte abwarten, was ihr Gott geben würde, danach wollte sie sich richten, denn all ihre Ärzte hätten gesagt, daß sie mit einem Sohn schwanger ginge, und darauf hoffte sie. Aber sie konnte die Wahrheit nicht wissen und vermochte sich nicht darauf verlassen. Darauf brach die Gnädige von Ofen auf und kehrte zur Plintenburg in den Vorderhof [Palas] zurück. Graf Ulrich von Cilli kam danach zu ihr, wovon die ungarischen Adligen erfuhren, und eilten ebenfalls herbei und bedrängten die Königin wegen des Königs von Polen. Andere aber rieten ihr [heimlich], sie sollte darauf eingehen, den von Polen zu nehmen und sollte derweilen sich überlegen, was das Beste wäre, man würde ja wohl noch einen Weg finden, daß sie sich ihm entziehen könnte. So handelte die Gnädige und willigte ein, den von Polen [als Mann] zu nehmen. Dennoch stellte sie ihnen drei Bedingungen, die gut bekannt sind, unter denen sie den von Polen nehmen wollte. Sie wußte aber sehr wohl, daß sie keinen der drei Artikel halten würden, weder der von Polen noch die ungarischen Herren, und sie wollte sich dadurch von ihrer Zustimmung lösen, die sie gegeben hatte, den von Polen zu nehmen. Dies verstanden die Herren nicht und waren froh, daß Ihre Gnaden zugestimmt hatte, den von Polen zu akzeptieren. Als dies die weise und edle Königin merkte, überlegte sie es sich und strebte danach, die Heilige Krone zu gewinnen und diese aus der Kontrolle der ungarischen Herren in ihre Gewalt zu bringen. Dies machte sie in der Hoffnung, daß, falls sie einen Sohn gebären würde, dieser nicht vom Reich [aus seinem königlichen Erbe] verdrängt werden würde. Würde sie aber eine Tochter gebären, würde sie dafür umso bessere Verhandlungsbedingungen von den ungarischen Herren erhalten. Sie fragte mich, ob ich die Heilige Krone herauszuholen vermöchte. Dies konnte in dem Moment nicht geschehen. Aber dies war ein hilfreicher Irrtum, weil der rechte Zeitpunkt noch nicht eingetreten war, zu dem der allmächtige Gott seine Wunder bewirken wollte, wie ihr bald erfahren werdet.

Die ungarischen Herren hätten es gerne gesehen, wenn die edle Königin auf der Plintenburg im Kindsbett gelegen hätte. Dies gefiel aber Ihren Gnaden nicht, und sie fügte sich ihnen nicht und zog auch nicht in das Königshaus [Oberhof]. Der Grund dafür war ihr heimlicher Plan, denn sie hatte Sorgen, daß, wenn sie in dieses Haus gezogen wäre, hätte man sie dort gewaltsam zusammen mit ihrem Kindes festgehalten. Der andere Grund war der, daß die [Ungarn] umso weniger daran denken sollten, daß sie nach der

Heiligen Krone trachtete. Dann holte die edle Königin ihre jüngste Tochter, Fräulein Elisabeth, aus dem Haus zu sich in den Hof [Vorburg], dazu mich und ihre zwei Jungfrauen, und ließ die anderen oben [in der Hauptburg] zurück, nämlich eine Herzogin aus Schlesien und andere adlige Jungfrauen. Es verwunderte alle, warum Ihre Gnaden die Jungfrauen und das andere Hofgesinde, das meiner jungen Herrin zugestellt war, dort oben untergebracht hatte. Den Grund dafür wußte niemand außer Gott, dann sie selbst und ich. Und ich hatte die Schlüssel zu ihrem Zimmer, wo ihre [eigene] Krone, ihr Halsband und andere Juwelen aufbewahrt waren. Nun hoffte Ihre Gnaden insgeheim darauf, das Land selbst zu beherrschen, und sie bat mich, ich sollte zum Königshaus gehen und versuchen, ob ich ihre Krone und andere ihrer Kleinodien heimlich zu ihr in den Vorderhof bringen könnte. Das tat ich und kam zum Königshaus, und in meinem Gewand [versteckt] brachte ich ganz heimlich die Krone meiner Herrin und auf einem Schlitten all ihre Juwelen. Als ich in den Hof einfuhr, kamen mir die ungarischen Herren auf Pferden entgegen, und Herr Lasla fragte mich: "Helene Kottannerin, was transportiert Ihr?" "Ich transportiere meine Kleider." Meine gnädige Frau war froh, daß ich ihr die Kleinodien gebracht hatte, und ich mußte selbst die Krone in der Kammer aufbewahren, wo meine junge Herrin und ich wohnten, denn es gab sehr wenige Räume, die man abschließen konnte. Ich behielt [die Sachen] voll Sorgen unter dem Bett, denn wir hatten dort keine Truhen. Hätten die Herren das Futeral mit der Krone gesehen, hätten sie gewußt, daß es die Heilige Krone war, und daraus wären große Mühen und Not entstanden; sie hätten gemerkt, daß die Königin Gelüste auf das Land hatte [d.h. darüber herrschen wollte].[35] Da aber die edle Königin den ungarischen Herren eine Antwort wegen des Königs von Polen gegeben hatte, wie ihr oben gehört habt, und da inzwischen auch die Briefe und die ungarischen Herren, die als Boten nach Polen reiten sollten, bereit waren, nämlich der Bischof von Erlach und Matkó von Weidefembrich und andere Männer, ritten die ungarischen Herren wieder von der Plintenburg nach Ofen. Anschließend brach die edle Königin zusammen mit ihrer jungen Tochter Elspet auf und reiste nach

Komorn [Komárom]. Der Graf Ulrich von Cilli kam zu Ihren Gnaden als
ein treuer Freund und beriet sich mit ihr, wie man einen Weg finden könnte,
die Heilige Krone aus der Plintenburg zu schaffen. Da bat mich meine
gnädige Frau, es selbst zu tun, weil niemand so gut wie ich in der Situation
Bescheid wüßte, dem sie dazu vertrauen könnte. Dies fiel mir schwer, denn
es war ein großes Wagnis für mich und meine kleinen Kinder, und ich
dachte hin und her, was ich da tun sollte, und wußte auch niemanden, den
ich um Rat fragen konnte außer Gott allein, und dachte: wenn ich ihr nicht
helfen würde und ging dann die Situation übel aus, hätte ich Schuld gegen
Gott und die Welt auf mich geladen. So willigte ich dazu ein, mein Leben
für diese Fahrt zu wagen und begehrte einen Helfer. Man forderte mich
dazu auf, den zu bestimmen, der mir tauglich dazu schien. Ich empfahl
einen, von dem ich zu wissen glaubte, daß er meiner Herrin ganz treu
ergeben war. Er war ein Kroate. Er wurde zum heimlichen Rat beigezogen,
und man erklärte ihm, was man von ihm erwartete. Dies erschreckte den
Mann so sehr, daß er all seine Farbe verlor, als ob er halb tot wäre, und
willigte auch nicht ein und ging hinaus in den Stall zu seinen Pferden. Ich
weiß nicht, ob es Gottes Wille war oder ob er sich töricht verhielt, aber man
hörte am Hof die Nachricht, daß er gefährlich vom Pferd gefallen sei. Als
er sich ein wenig erholt hatte, stand er auf und ritt nach Kroatien. Dadurch
zögerte sich alles hinaus, und meine Herrin war traurig, daß der Feigling in
die Sache eingeweiht worden war. Ich befand mich auch in großen Sorgen,
aber es war doch Gottes Wille. Denn wenn die Angelegenheit zu der Zeit
vonstatten gegangen wäre, wann wäre meine Herrin mit einem großen Bauch
und mit der Heiligen Krone nach Preßburg gefahren. So wäre die edle
Frucht, die sie noch trug, an der Krönung gehindert worden, denn sie hätte
vielleicht solche Hilfe und Macht, die sie später haben sollte, nicht
gefunden. Als nun die Zeit eintrat, als der allmächtige Gott sein Wunder
bewirken wollte, schickte er uns einen Mann, der dazu bereit war, die
Heilige Krone zu beschaffen. Er war ein Ungar und hieß. . . [?]. Er ging
treulich, klug und männlich in der Sache vor und besorgte, was wir für den
Plan bedurften, besonders mehrere Schlösser und zwei Feilen. Der, der mit

mir sein Leben wagen wollte, zog einen schwarzen samtenen Schlafrock und zwei Filzschuhe an, und in jeden Schuh steckte er eine Feile, die Schlösser nahm er unter den Rock. Ich nahm das kleine Siegel meiner Herrin und ich hatte den Schlüssel zur vorderen Tür—es gab drei insgesamt, denn an der Angel war auch eine Kette und ein Türriegel, an den wir auch ein Schloß befestigt hatten, bevor der Plan gefaßt worden war, daß niemand anders ein Schloß daran heften sollte. Als wir uns nun bereitgemacht hatten, schickte meine gnädige Frau einen Boten voraus zur Plintenburg und gab dem Burggrafen, Herrn Franz von Pöker und Weitvilassla [Ladislaus, Sohn des Wojwoden] Bescheid, die sich um die Jungfrauen kümmerten, daß sie sich darauf vorbereiten sollten, sobald der Wagen käme, nach Komorn zu Ihren Gnaden zu fahren, weil sie beabsichtige, nach Preßburg zu reisen. Dies hatte man ihrem ganzen Hofstaat verkündet. Als der Wagen bereit war, den man für die Jungfrauen schicken sollte, dazu den Schlitten, auf dem ich reisen würde und mit dem ich in dieser gefährlichen Sache zu fahren vorhatte, schickte man uns zwei ungarische Herren, die mit mir zu den Jungfrauen fahren sollten. So fuhren wir los. Inzwischen erfuhr der Burgherr, daß ich käme, um die Jungfrauen abzuholen. Da wunderten sich er und die anderen Hofleute meiner Herrin, daß man mich so weit weg von meiner Jungfrau [der Tochter der Königin] fahren ließ, denn sie war noch jung, und [normalerweise] erlaubte man mir nicht gern, mich von ihr zu entfernen. Davon wußte man überall.

Nun war der Burggraf etwas krank und hatte vorgehabt, sich bei der Tür zur Ruhe zu legen, wo der erste Eingang zum Raum mit der Heiligen Krone war. Da wurde seine Krankheit schlimmer, wie es Gott so wollte, und er selbst wagte es nicht, die Knechte dorthin zu legen, weil es im Frauenzimmer war. Er legte [also] ein Leinentuch auf das Schloß, das wir an die Angel geschlagen hatten, und setzte ein Siegel darauf. Als wir zur Plintenburg kamen, waren die Jungfrauen froh, daß sie zu meiner gnädigen Frau fahren sollten, und bereiteten sich vor und ließen eine Truhe für ihre Kleider herbeischaffen. Dies dauerte sehr lang, es läutete schon zur achten Stunde. Mein Begleiter kam auch zu mir in das Frauenzimmer und unterhielt sich lustig mit den Jungfrauen. Nun lag etwas Holz vor dem Ofen, das zum Heizen vorgesehen war. Dort verbarg er die Feilen. Es hatten aber die Knechte, die den Jungfrauen dienten, diese unter dem Holz gesehen und raunten miteinander. Dies erhörte ich und teilte es ihm sogleich mit. Er erschrak so heftig, daß er im Gesicht bleich wurde, und nahm die Feilen wieder raus und verbarg sie woanders. Dann sagte er zu mir: "Frau, kümmert Euch darum, daß wir Licht haben." Und ich bat eine alte Frau, daß sie mir einige Kerzen gäbe, denn ich müßte viel beten, weil es Samstag nacht war [20. Febr. 1440], und der nächste Samstag würde Fasching sein. Ich nahm die Kerzen und verbarg sie bei der Tür.

Als nun die Jungfrauen und alle anderen schlafen gegangen waren, blieben nur ich und eine alte Frau, die ich mit mir gebracht hatte und die nicht ein Wort Deutsch verstand und auch nichts von der Sache wußte, in der kleinen Stube. Dieser war außerdem die Anlage des Hauses unbekannt. Sie lag und schlief fest. Als es nun Zeit war, kam der, der mich in dieser gefährlichen Lage begleitete, durch die Kapelle an die Tür und klopfte an. Ich öffnete ihm und schloß hinter ihm wieder zu. Er hatte einen Knecht mitgebracht, der ihm helfen sollte, dessen Taufname der gleiche war wie seiner, der... [?]. Dieser hatte ihm [Treue] geschworen. Ich gehe zu der Stelle und will ihm die Kerzen bringen, da waren sie verschwunden. Darüber erschrak ich so sehr, daß ich nicht wußte, was ich tun sollte, und die ganze Sache wäre wohl wegen des Lichts ungetan blieben. Ich überlegte etwas, ging und weckte die Frau auf, die mir die Kerzen gegeben hatte, und sagte ihr, die Kerzen seien verschwunden, und ich hätte noch viel zu beten. Da gab sie mir andere, worüber ich froh war, und gab ihm [dem Ungarn] die Kerzen und dazu die Schlösser, die man wieder anschlagen sollte, und gab ihm auch das kleine Siegel meiner Herrin, womit man wieder versiegeln sollte, und gab ihm auch die drei Schlüssel, die zu der vorderen Tür paßten. Da nahm er das Tuch mit dem Siegel von dem Schloß ab, das der Burggraf darauf gelegt hatte, sperrte auf und ging mit seinem Diener hinein und bemühte sich sehr mit den anderen Schlössern, so daß das Schlagen und Feilen überlaut wurde.

In der Nacht waren die Wächter und der Burggraf ganz wach wegen der Sorge, die sie hatten. Dennoch hatte ihnen der Herrgott alle ihre Ohren verstopft, so daß keiner von ihnen etwas hörte. Ich aber hörte alles sehr wohl, und ich hielt derweilen voller Angt und Sorgen Wache, und ich kniete nieder mit großer Andacht und bat Gott und unsere liebe Frau [Maria], daß sie mir und meinen Helfern beistünden. Dennoch hatte ich große Sorge um meine Seele und mein Leben und bat Gott, daß ich, falls es gegen Gott wäre [was wir machten] und ich dafür verdammt werden sollte, oder falls eine Katastrophe für Land und Leute deswegen entstehen würde, er meiner Seele gnädig sein und mich gleich hier sterben lassen solle. Wie ich so betete, entstand ein großer Lärm und großes Geräusch, als ob viele [Männer] in Harnisch an der Tür wären, durch die ich den eingelassen hatte, der mein Helfer war. Und als es mir schien, als ob sie die Tür aufstoßen wollten, erschrak ich heftig, stand auf und wollte die zwei gewarnt haben, daß sie mit der Arbeit aufhören sollten. Da kam mir in den Sinn, ich sollte an die Tür gehen, und das machte ich auch. Ich dachte bei mir, es wäre ein Gespenst und kehrte zu meinem Gebet zurück und versprach unserer lieben Frau eine barfüßige Pilgerfahrt nach Mariazell [Steiermark], und wenn ich die Pilgerfahrt nicht durchführte, wollte ich in der Samstag nacht nicht auf Federn liegen und wollte auch jede Samstag nacht, solange ich lebte, zu unserer lieben Frau ein besonderes Gebet sprechen und für ihre Gnade danken, die sie mir gewährt hatte. Und ich bat sie, daß sie für mich bei ihrem Sohn, unserem lieben Herrn Jesus Christus, Dank sagte für die große Gnade, die er mir in seinem Erbarmen geschenkt hatte. Und da ich bei meinem Gebet war, schien es mir, als ob ein großer Lärm und großes Geräusch von Harnischen an der Tür wäre, die den rechten Eingang zum Frauenzimmer bildete. Da erschrak ich so sehr, daß ich vor Angst zu zittern und schwitzen begann und dachte, es wäre nicht ein Gespenst, und während ich an der Kapellentür gestanden hatte, seien die [Männer] herumgegangen, und ich wußte nicht, was ich tun sollte, und lauschte, ob ich vielleicht die Jungfrauen hörte. Dennoch hörte ich nichts. Da ging ich langsam die Treppe runter durch die Kammer der Jungfrauen an die Tür, die der rechte

Eingang zum Frauenzimmer war. Als ich an die Tür kam, hörte ich niemanden. Da war ich froh und dankte Gott, und kehrte zu meinem Gebet zurück und dachte bei mir, daß es der Teufel wäre, der das Unternehmen gerne verhindert hätte. Als ich mein Gebet beendet hatte, stand ich auf und wollte in das Gewölbe gehen und schauen, was sie dort taten. Da kam er [der Ungar] mir entgegen und sagte: Ich solle ruhig sein, es sei vollbracht, sie hätten an der Tür die Schlösser abgefeilt, aber an der Krone seien die Schlösser so fest, daß man sie nicht abfeilen könne, man mußte sie aufbrennen, wodurch ein großer Gestank entstanden sei. Ich sorgte mich, daß man sich wegen des Geruchs erkundigen würde. Dies verhinderte aber Gott.

Als nun die heilige Krone ganz frei war, machten wir die Tür wieder überall zu und schlugen andere Schlösser an die Stelle der alten, die sie abgebrochen hatten, und verschlossen die Tür mit dem Siegel meiner Frau, und die äußere Tür versperrten wir und legten das Tuch mit dem Siegelabdruck darauf, wie wir es vorgefunden hatten und wie es der Burggraf daraufgelegt hatte. Ich warf die Feilen in die Toilette, die im Frauenzimmer ist, worin man die Feilen als Beweis finden wird, wenn man sie aufbricht. Und die Heilige Krone trug man aus der Kapelle hinaus, in der die heilige Elisabeth ruht; dort stiftete ich, Helene Kottannerin, ein Meßband und ein Altartuch, das der Herr meiner gnädigen Frau, König Lasla, bezahlen soll. Dann nahm mein Helfer ein rotsamtenes Kissen, trennte es auf und nahm einen Teil der Federn heraus, setzte die Heilige Krone hinein und nähte es wieder zu. Da war es gerade Tag geworden, so daß die Jungfrauen und alle anderen aufstanden und nun abreisen sollten. Bei den Jungfrauen gab es eine alte Frau, die ihnen diente. Meine gnädige Herrin hatte veranlaßt, daß man ihr den Lohn auszahlen und sie zurücklassen sollte, so daß sie nach Ofen fahren könne. Als die Frau bezahlt war, kam sie zu mir und sagte, sie hätte ein seltsames Ding vor dem Herd liegen sehen und wüßte nicht, was es sei. Darüber erschrak ich sehr und wußte gut, daß es etwas von dem Futteral war, in das die Heilige Krone eingepackt gewesen war, und dachte mir einen Vorwand aus, so gut ich es konnte, ging dann heimlich zum

Herd und warf alle Überbleibsel, die ich fand, ins Feuer, worauf sie ganz verbrannten. Dazu nahm ich die Frau mit auf unsere Fahrt. Dies verwunderte alle und fragten, warum ich dies täte. Da sagte ich, es sei meine eigene Entscheidung, ich wollte für sie bei meiner gnädigen Herrin um ein kleines Gut bei Wien in der Nähe von St. Martin bitten, was ich dann auch tat.

Als nun die Jungfrauen und das Hofgesinde bereit waren, um loszufahren, nahm derjenige, der mich begleitete und in großen Sorgen war, das Kissen, in dem die Heilige Krone vernäht war, und übergab es seinem Diener, der ihm geholfen hatte, damit er das Kissen aus dem Haus in den Schlitten bringe, auf dem er und ich saßen. Da nahm der gute Kerl das Kissen auf die Schulter, dazu eine alte Kuhhaut, die einen langen Schwanz hatte, die hinter ihm herlief. Jedermann blickte hinter ihm her und fing an, über ihn zu lachen. Als wir aus dem Königshaus auf den Markt kamen, hätten wir gerne gegessen, aber es gab nichts anderes als Heringe, von denen wir etwas aßen. Dann sang man die Messe, weil der Tag schon weit vorangeschritten war, doch sollten wir noch am gleichen Tag von der Plintenburg nach Komorn kommen, was wir auch schafften, obwohl es zwölf Meilen bis dahin sind. Als wir dann fahren sollten und aufsaßen, achtete ich darauf, wo das besondere Kissen war, in dem sich die Heilige Krone befand, um mich nicht darauf zu setzen. Ich dankte dem allmächtigen Gott für seine Gnade. Ich sah mich aber oft um, ob uns niemand folgte; meine Sorge nahm gar kein Ende, und ich war von Gedanken erfüllt und wunderte mich, was Gott getan hatte oder noch vorhatte. Denn während ich noch auf der Burg gewesen war, hatte ich keine Nacht ganz ruhig geschlafen wegen der Sache, die mir anvertraut worden war, und ich hatte schwere Träume. Besonders eines Nachts träumte ich, wie eine Frau [mühelos] durch eine Mauer in das Gewölbe eingetreten wäre und die Heilige Krone genommen hätte. Da erschrak ich sehr und stand gleich auf, und nahm eine Jungfrau namens Dachpeckin mit mir und ging zu dem Gewölbe. Da fand ich es, wie ich es zurückgelassen hatte. Die Dachpeckin sagte: "Es ist kein Wunder, daß Ihr nicht gut schlafen könnt, man hat Euch große Sachen anvertraut." Damit legten wir uns wieder schlafen. An diesen Traum dachte ich während der Fahrt.

Als wir zur Herberge kamen, wo wir essen wollten, nahm der gute Geselle das Kissen, auf das er aufpassen mußte, und trug es hinter mir her in die Stube, wo wir essen wollten, und legte es mir gegenüber, so daß es die ganze Zeit nicht aus meinen Augen kam, während wir aßen. Nach dem Essen nahm der gute Geselle das Kissen und legte es wie vorher in den Schlitten. Darauf fuhren wir bis in die finstere Nacht hinein. Da kamen wir zur Donau, die noch mit Eis bedeckt war, doch an manchen Stellen nur noch sehr dünn. Als wir auf das Eis kamen und mitten auf der Donau waren, brach der Wagen mit den Jungfrauen ein und fiel um, wobei die Jungfrauen heftig schrien und keine die andere sehen konnte. Darüber erschrak ich sehr und dachte, wir müßten mitsamt der Heiligen Krone in die Donau versinken. Aber Gott war unser Helfer, so daß kein Mensch unters Eis kam. Viele andere Dinge hingegen, die auf dem Wagen gewesen waren, waren unters Eis geraten. Da nahm ich die Herzogin von Schlesien und die besten Jungfrauen zu mir auf den Schlitten, und so gelangten wir mit Gottes Hilfe über das Eis, und auch alle anderen. Und als wir in Komorn eingetroffen waren zum Haus [der Königin], nahm der, der mit mir in der gefährlichen Geschichte mitgewirkt hatte, das Kissen mit der Heiligen Krone und trug es dorthin, wo sie gut beschützt war. Als ich in das Frauenzimmer zu meiner gnädigen Herrin kam, wurde ich von der Königin freundlich empfangen, da sie nun wußte, daß ich mit Gottes Hilfe eine gute Botin gewesen war. Aber die Wunder und die sichtbare Hilfe von Gott, die sich da kenntlich gemacht hatte, blieb Ihren Gnaden unbekannt, und so ist sie auch gestorben, ohne daß sie je davon erfahren hatte [19. Dez. 1442].

Es ergab sich niemals eine Gelegenheit, daß ich so lange allein bei ihr gewesen wäre, daß ich ihr alles vom Anfang bis zum Ende hätte erzählen können. Wir waren nämlich nicht lange beieinander, und ich konnte es auch nicht einrichten, den zu befragen, der mit mir die sorgenvolle Zeit durchstanden hatte, ob er das gleiche Zeichen wahrgenommen hatte, während er sich im Gewölbe aufhielt, denn er verstand nicht viel Deutsch;

zudem wollte ich niemandem trauen, der mir gedolmetscht hätte. Als mich die edle Königin empfing, lag sie im Bett, wollte sich ausruhen und sagte zu mir, wie es ihr tagsüber ergangen sei. Es waren zwei ehrbare Frauen von Ofen, zwei Witwen, zu ihr gekommen. Die eine hieß die Siebenlinderinn, die andere Zauzachin, und sie hatten zwei Ammen mitgebracht, die eine war eine Hebamme, die andere war diejenige Amme, die das Kind an der Brust stillen sollte. Diese Amme hatte auch ihr Kind mitgebracht, das auch ein Sohn war, denn die Gelehrten glauben, daß die Milch von einer Frau besser ist, die einen Sohn gebärt anstatt einer Tochter. Und diese Frauen sollten mit Ihren Gnaden nach Preßburg ziehen und sie dort im Kindsbett [vor der Geburt] pflegen, denn nach ihrer Rechnung sollte Ihre Gnaden noch eine Woche bis zur Geburt haben.

Ob nun die Rechnung nicht stimmte oder ob es sonst Gottes Willen war, [bleibt unklar], aber wenn Ihre Gnaden nicht in derselben Nacht entbunden hätte, wäre sie am Morgen zu ihrer Fahrt aufgebrochen, denn die Wagen waren alle beladen und das ganze Hofgesinde war bereit. Als ich mit der edlen Königin sprach, erzählte sie mir, daß die Frauen aus Ofen sie in eine Wanne gesetzt hatten, und wie sie sich nach dem Bad ganz schwer gefühlt hätte. Da hob ich die Decke auf und wollte sie mir bloß ansehen. Sogleich bemerkte ich einige Anzeichen, an denen ich verstand, daß die Geburt unmittelbar bevorstand. Die Frauen von Ofen waren jedoch in einem Dorf; aber wir hatten trotzdem eine Amme bei uns namens Margret, die Graf Hans von Schaunberg meiner gnädigen Herrin geschickt hatte, die sehr geschickt sein sollte, was sich auch bewahrheitete. Da sagte ich: "Gnädige Frau, steht auf, es scheint mir, daß Ihr morgen nicht nach Preßburg fahrt." Da stand Ihre Gnaden auf, ging und verspürte sofort die Wehen. Ich schickte nach der ungarischen Hofmeisterin namens Margit, die sogleich kam. Da war auch eine Jungfrau namens Fronacherinn, und beide ließ ich bei meiner gnädigen Frau und ging zu der Hebamme, die der [Herr] von Schaunberg zu uns geschickt hatte. Sie lag im Frauenzimmer meiner Jungfrauen. Ich sagte: "Margret, steht sogleich auf, meine gnädige Frau befindet sich in der Entbindung." Die Frau antwortete mir aus schwerem Schlaf und sagte:

"Heiliges Kreuz, wenn uns heute ein Kind geboren wird, werden wir morgen wohl nicht nach Preßburg fahren wollen." Und sie wollte nicht aufstehen. Der Streit schien mir zu lang zu dauern, und so eilte ich wieder zu meiner gnädigen Frau, damit ihr [die Entbindung] nicht mißlinge. Denn die zwei [Frauen], die bei ihr waren, verstanden sich nicht in solchen Dingen. Da sagte meine gnädige Frau: "Wo ist Margret?" Ich berichtete Ihrer Gnaden von der törichten Antwort der Frau. Da bemerkte Ihre Gnaden: "Geht gleich wieder hin und befehlt ihr zu kommen, wir machen keinen Spaß." Ich kehrte sofort zurück und rüttelte voll Zorn die Frau wach. Als sie zu meiner gnädigen Frau kam, dauerte es keine halbe Stunde, bis uns der allmächtige Gott einen jungen König schenkte.

In der selben Stunde, in der die Heilige Krone von der Plintenburg nach Komorn gelangte, wurde König Lasla [Ladislaus Postumus] geboren. Die Hebamme war klug und sprach: "Gnädige Frau, wenn Ihr mir gewährt, um was ich Euch bitte, so will ich Euch sagen, was ich in meiner Hand habe?" Da antwortete die Königin: "Ja, liebe Mutter." Da antwortete die Amme: "Gnädige Frau, ich halte einen jungen König in meinen Händen." Darüber freute sich die Königin, hob ihre Hände zu Gott und dankte für seine Gnade. Als nun die Wöchnerin [die junge Mutter] in ein Bett gelegt wurde und niemand mehr bei ihr war außer ich allein, da kniete ich vor ihr nieder und sprach zur edlen Königin: "Gnädige Frau, Ihre Gnaden müssen Gott danken, so lange Sie leben wegen der großen Gnade und wegen des Wunders, das der allmächtige Gott bewirkt hat, nämlich daß der König und die Heilige Krone in einer Stunde zusammen hier eingetroffen sind. Da sagte die edle Königin: "Es ist freilich ein großes Wunder vom allmächtigen Gott, denn vorher wäre es nicht möglich gewesen."

Als die Frauen von Ofen erfuhren, daß meine gnädige Herrin ein Kind geboren hatte, freuten sie sich, wie es nur richtig war. Aber es verärgerte sie doch, daß sie nicht dabei gewesen waren, wofür mir sehr stark die Schuld zugewiesen wurde, obwohl es doch nicht meine Schuld war, weil die Zeit zu knapp gewesen war. Der König wollte nicht länger warten [im Mutterleib], er wollte sich beeilen und zur Heiligen Krone gelangen, ehe ein anderer käme. Wer hatte ihm das nur gesagt, daß der [König] von Polen nach seinem väterlichen Erbe strebte? Hätte er nur eine Woche länger im Leib seiner Mutter geschlafen, wäre er [der polnische König] nach Preßburg gekommen, und dann hätte es keine Macht der Welt zuwege bringen können, daß die Polen unter dem Druck wieder abgezogen wären. Dann wäre der von Polen vielleicht eher nach Stuhlweißenburg [der ungarischen Krönungsstadt] gekommen als Seine Gnaden [Ladislaus Postumus]. Und so sehr es wahr ist, daß die Heilige Krone nach Ungarn dem Heiligen Stephan von Gott gesandt wurde und für ihn bestimmt war, so wahr ist es auch, daß es Gott offensichtlich gewollt hat, daß der rechte Erbkönig Ladislaus die Heilige Krone zu Ungarn tragen sollte, und nicht der König von Polen.

Der weitere Bericht, der sich noch auf über fünfzehn Seiten erstreckt, bezieht sich auf die nachfolgenden politischen Ereignisse und bestätigt weiterhin, welches beachtliche literarische Vermögen Helene Kottannerin besaß.

FRAGEN ZUM TEXT

— *Wie ist die Beziehung zwischen Helene Kottannerin und der Königin gestaltet?*

— *Was sagt Helene über ihr persönliches Leben aus?*

— *Wie erklärt sie die Abfassung dieser Memoiren?*

— *Welches politische Gewicht besaß Helene?*

— *Aus welcher Sicht schildert die Autorin die Ereignisse?*

— *Inwieweit macht sich die Tatsache bemerkbar, daß eine Frau diesen Bericht ablegt?*

— *Handelt es sich nur um eine Chronik, oder lassen sich auch literarische Aspekte beobachten?*

— *Was macht den Bericht Helenes so spannend?*

— *Um was für einen politischen Konflikt handelt es sich hier?*

8. Margareta von Schwangau und Maria von Wolkenstein (15. Jh.)

Während Oswald von Wolkenstein [1376/77–1445] mittlerweile das Ansehen genießt, einer der besten Dichter der mittelhochdeutschen Literatur gewesen zu sein, obwohl er eigentlich schon geistesgeschichtlich die Verbindung mit jener Epoche abgebrochen hatte, enstanden in seinem Umkreis eine Reihe von bemerkenswerten Korrespondenzen, an denen sich u.a. seine Frau Margaretha von Schwangau und seine Tochter Maria von Wolkenstein beteiligten. Auch wenn Briefe nicht automatisch einen literarischen Charakter genießen, so wäre es doch ein Irrtum, sie grundsätzlich aus der literaturwissenschaftlichen Betrachtung auszuschließen, wie gerade die jüngere Forschung eindringlich vor Augen geführt hat. Eine Reihe von Oswalds Liedern sind seiner Ehefrau gewidmet, von der wir einige bemerkenswerte Briefe besitzen. Die Heirat fand im Sommer 1417 statt, wodurch Oswald den Status eines reichsunmittelbaren Ritters erhielt—er selber war nur der zweite Sohn eines Südtiroler Adligen gewesen und kämpfte zeit seines Lebens um materielle Sicherheit und politisches Ansehen. Margaretas Mitgifte waren beträchtlich, und sie scheint eine enge eheliche Partnerschaft mit ihrem Mann gebildet zu haben. Sie hatte mit Oswald sieben Kinder, von denen u.a. Maria später Äbtissin in Meran wurde. Nach Oswalds Tod siedelte Margareta 1447 nach Brixen über und mag selbst um 1459/60 gestorben sein.[36]

Maria machte sich dadurch einen Namen, daß sie als Mitglied des Brixener Klarissenklosters mit Hilfe eines heimlichen Briefverkehrs an die Hilfe ihrer Brüder appellierte, um die Reformbemühungen des Bischofs Nikolaus von Kues zunichte zu machen. Dieser war im Sommer 1452 in Tirol eingetroffen und hatte sogleich Schritte unternommen, seine Pläne in die Tat umzusetzen. Die Einzelheiten des sich daraus ergebenden militärischen, politischen und theologischen Konflikts brauchen hier nicht dargestellt zu werden, denn er zog sich über Jahre hinweg und endete damit, daß Maria aller Wahrscheinlichkeit nach Ende 1455, im gleichen Jahr, aus dem die meisten Briefe stammen, das Kloster verließ und erst 1459 wieder

Mitglied einer ähnlichen Institution wurde, des Klarissenklosters zu Meran. Bischof Nikolaus scheint sich aber mit seiner Reform durchgesetzt zu haben, wie die radikale Umbesetzung der Klosterämter und die Durchführung einer strengen Ordnung anzeigen; die letztere blieb bis 1580 unverändert bestehen.[37] Nicht jede in den Briefen genannte Person läßt sich hier ausführlich vorstellen, aber darum geht es auch nicht. Diese Briefe der Mutter und der Tochter repräsentieren die epistolare Literarizität der Klarissinnen im tirolischen Raum, sie zeigen an, wie sie mit Hilfe des Wortes zu kämpfen verstehen und höchst eindringliche Klagen und Hilfsappelle zu formulieren vermochten.

Text

Margareta von Schwangau an ihren Mann, 18. Mai 1445:[38]

Meinen freundlichen willigen Dienst sei alllezeit dir versprochen, herzlich lieber Mann. Es wäre mir eine große Freude zu wissen, daß Ihr wohlauf seid und daß es Euch gut geht. Ich teile Euch mit, was einige Leute in Kastelrut geredet haben und wie übel sie über Euch geflucht haben, daß Ihr alle Kümmernisse und Leiden, die jetzt im Land vorherrschten, verursacht hättet. Man sei nach Trient gezogen [um sich zu beschweren] und daß man den Brettlein gefangen und ihm sein Gut abgenommen habe und dazu das vom Gerhart. Weiterhin haben sie gesagt, daß nieman außer Ihr daran schuld sei, daß man Herrn Theobald von Wolkenstein [ein Neffe Oswalds, erwählter Bischof von Trient] nicht geschrieben habe. Wo auch immer Ihr hin gelangen wolltet, machtet Ihr es, und sie verwunderten sich immer, daß Euch alle Dinge zum Guten sich wenden. Sie hoffen, daß Ihr nicht länger im Rat bleibt. Es würde nicht acht Tage nach Gestern dauern, bis Ihr aus dem Rat kommt, und schon werde man Nachrichten vernehmen, wie es Euch ergehen werde. Dazu hat Herr Theobald gesagt, ehe er Euch wegen der Bauern richten lassen wolle, wie es die Briefe bestätigen, wolle er die Herrschaft oder die Kontrolle über das Land abgeben und auflösen. Ich bitte Euch, herzlich lieber Mann, nehmt Euch in allen Dingen in acht, damit Euch keine Niederlage trifft, denn Ihr müßt Euch gut vorsehen. Lieber Herr, getraut dem Gufidauner nicht, denn er und der Tunner und Herr Theobald stecken unter einer Decke. Dazu laß ich Euch wissen, wie man geredet hat, daß Ihr leider zu viele unerbetene Zuhörer hättet [zu viele Schindeln auf dem Dach]. Wenn dies aber nicht so wäre, wollte man schon einen Weg finden, daß Ihr die Leute zusammen bleiben laßt. Denkt nur gut daran, herzlich lieber Herr, wenn Ihr länger im Rat bleibt, schickt nach mir; dafür will ich Euch immer dankbar sein, denn ich will nicht von Euch getrennt sein, sei es hier oder anderswo. Lieber Herr, ich habe vernommen, daß mein Herr von Brixen nicht nach Meran gekommen sei [Bischof von Brixen]. Dies habe ich gut an ihm verstanden. Wenn Ihr nicht zu ihm gelangt, um Euch mit ihm wegen der Briefe zu bereden, wenn ihm dann der Rat deswegen schreiben wird, so soll er Eure Briefe beantworten; dies wird er gerne Euretwegen tun. Lieber Herr, könnt Ihr mit dem Jösen reden; er soll hierher zurückkommen, ich kann Euch einen anderen tüchtigen Knecht schicken, damit Ihr gut versorgt seid. Diese Hilfe brauchen wir hier im Haus. Dazu laß ich Euch wissen, daß ich zwei Ochsen gekauft habe für 10 Dukaten und 1 Pfund. Der Basaier hat die 8 Dukaten dafür ausgelegt. Weder der Probst noch der Hauss wollen das Schmalz haben. Wenn Ihr es dafür dem Grösskopf geben wollt, der nimmt es gerne für 1 Pfund und 8 Fierer [Münzen], aber nicht mehr. Der Fräl aber meint, er würde es gut in Tramin loswerden, wenn ich es ihm mitgeben wollte. Laßt mich in Briefen, die Ihr mir durch den Geier schickt, wissen, was Eure Meinung darüber ist, und auch in bezug auf die anderen Dinge, besonders wie es Euch geht oder was Ihr wollt. Sendet mir den [Geier] gleich wieder zurück, denn ich kann ihn hier im Haus nicht entbehren. Mehr kann ich nicht berichten; es steht auf Hauenstein alles beim Rechten. Damit möge Euch der allmächtige Gott pflegen. Diktiert zu Hauenstein am Freitag nach Fronleichnam. Anno Domini XLV.

Schloß Hohenschwangau

1. Maria von Wolkenstein an ihren Bruder Friedrich Wolkenstein, 11. April 1455:

Ausschnitt aus dem Original

Iesus Maria.

Mein williges gebet hincz got mit ganczen trewen und mein swesterliche rew wiss alzit. Mein herczen lieber pruder. Daz es dir wol ging an deim gesund und in allen sachen, daz hort ich alzit gern und wår mir ein grose frewd etc. Auch lass ich dich wissen, daz es mir von gotz gnaden auch wol gat an meinen gesund. Aber sünst get es mir und allen frawen nicht wol von wegen dezcardinal und pissoff von Brichsen.

Übersetzung

Jesus Maria.

Mein williges Gebet zu Gott mit ganzer Treue und meine schwesterliche Treue für dich alle Zeit. Mein herzlich lieber Bruder. Möge es dir wohl gehen in deiner Gesundheit und in allen Sachen, das hörte ich gerne zu jeder Zeit und wäre mir eine große Freude etc. Auch lasse ich dich wissen, daß ich von Gottes Gnaden ebenfalls gesund bin. Aber sonst geht es mir und allen Frauen nicht gut wegen des Kardinals und Bischofs von Brixen. Mein herzlich lieber Bruder, ich und alle Frauen beklagen uns bei dir wegen der großen ungerechten Gewalt, die der Bischof gegen uns ausübt. Er will uns Getreide und Einkünfte nehmen und sagt, das Kloster gehöre ihm, und er hat uns das Fleisch verboten "an der Bank" [?]. So oft er predigt, kritisiert er uns scharf und vergleicht uns auf der Kanzel mit Pilatus. Das hat er am heiligen Weih–Pfingsttag gemacht [3. April], und am heiligen Karfreitag [4. April] durften wir die Eucharistie nicht genießen. Und wenn er nicht predigt, müssen es seine Pfaffen tun. Und zur heiligen Zeit hat er alle Leute, arm und reich, [aus der Kirche] vertrieben und hat die nicht absolvieren wollen, die mit uns geredet haben oder die zu uns kommen etc.

Auch hat der Bischof gesagt, er kümmere sich nicht um die Wolkensteiner oder andere Landesherren, und wenn man ihm eine Burg angreifen wolle, so würde unser Kloster das erste sein, das er angreifen würde. Mein herzlich lieber Bruder, im Namen aller Frauen klage ich bei dir, daß du dir diese Not zu Herzen gehen läßt und bitte dich in deiner brüderlichen Treue ganz freundlich, und alle Frauen bitten dich auch ganz treulich, daß du zusammen mit anderen unseren Freunden herkommst, wie dir unser lieber Bruder Oswald sicherlich raten wird etc. Damit empfehle ich dich dem allmächtigen Gott und mich in deine brüderliche Treue. Gegeben zu Brixen am Freitag vor Quasimodo MCCCCLV etc.

Schwester Maria Wolkensteinerin

deine treue Schwester in Gott allzeit

---

2. Maria von Wolkenstein, Klara von Niederthor, Agnes von Rasen und Ursula Slikenpfeil an die Brüder Oswald, Leo und Friedrich von Wolkenstein, August 6, 1455, Brixen.

Den edlen und festen Herren, Herrn Oswald und Leo und Friedrich von Wolkenstein, meinen herzlich lieben Brüdern.

Jesus Maria.

O, ihr herzlich lieben Brüder und treuesten Freunde und ihr meine liebsten Brüder. Wir lassen euch wissen, nachdem mein lieber Bruder Leo von uns weggegangen ist, danach kamen die Bürger alle hierher und ermahnten uns und waren überzeugt, daß wir den Brief des heiligen Vaters, des Papstes akzeptiert und gelobt hätten, uns danach zu richten. Dies leugneten wir nicht. Da begehrten sie von uns, daß wir dem Kardinal gehorchen sollten, denn wir hätten versprochen, uns nach dem brieflichen Abkommen zu richten. Da sagten wir den Bürgern, wir hätten versprochen, dem Brief zu folgen gemäß den Regeln unseres Ordens. Dies wäre ihm aber nicht genug. Damals hatten wir uns nicht an unsere Freunde wenden wollen. Danach, am Mittag vor Vincola Petri [30. Juli] kam der Niedertorer und blieb bei uns bis zum Sonntag [3. August], als ihr uns die Briefe schicktet [und mitteiltet], daß wir weder ab- noch zusagen sollten. Danach haben wir uns gerichtet. Da las der Niedertorer die Antwort. Darauf fragte der Guardian von Nürnberg, wer die "Freunde" seien. Da sagte der zuvor genannte Ritter, es seien die Wolkensteiner und die Rasners mit anderen ihrer Freunde. Darauf sagte der vorgenannte Niedertorer: "Dann bin ich auch einer von ihnen und will mich nicht von anderen Freundschaften trennen," und sagte noch anderes, das wir vergessen haben und was wir nicht aufschreiben wollen. Danach nahm der Guardian vier von uns und sagte, er wolle nicht von uns vier geärgert werden. Wir aber wollten uns nicht voneinander trennen und sagten, es binde der päpstliche Brief sowohl die adligen als auch die unadligen Leute, und wir wollten weder zustimmen noch dagegen sprechen und ließen es bei der Antwort bleiben, wie ihr uns geschrieben habt. Danach am 4. August forderte uns der Guardian auf, an das Klausurgitter zu kommen und fragte uns, ob wir immer noch gehorsam sein wollten. Da bestanden wir alle auf einer Antwort und sagten weder "ja" noch "nein". In der Zwischenzeit kamen die Diener des Bischofs herein—wir waren [noch nicht einmal] in der Kirche sicher—und sprangen durch die Fenster und Türen herein, mit Schwertern und Armbrüsten bewaffnet, als wären wir die Übeltäter, und brachen unsere Tore auf. Ein Knecht stieß eine von uns hin, die andere her, und da war ich die erste an den Glockensträngen. Sie hatten uns aber die Glocken festgemacht, so daß wir nicht läuten konnten. Danach forderten sie eine nach der anderen aus der Kirche und ließen uns nicht zusammenbleiben, rissen statt dessen unsere lieben getreuen Schwestern aus unseren Händen und führten sie durch die Toren hinaus in das Bruderkloster. Dies hatte er [der Bischof] deswegen tun lassen, weil er sie zwingen will, ihm zu gehorchen. Noch sind sie fest und treu im heiligen Orden und stehen uns bei und wollen uns nicht verlassen. Denoch fällt es ihnen sehr schwer, es könnte einen Stein erbarmen, und keine blieb bei der anderen. Die Teyserin ist im Palast und der Bischof hat nach ihr gesandt. Sie sind alle ganz verzagt und rufen euch an und wir mit ihnen, daß ihr ihnen und uns zu Hilfe kommt, denn wir legen alle unsere Hoffnung auf euch, daß ihr das nicht unterlaßt. Denn wenn es noch länger dauert, müssen wir sterben, weil wir weder essen noch trinken, weder schlafen noch wachen können aus tief im Herzen empfundenen Leides wegen unserer treuen Schwestern und wegen der großen Schmach und Sünde, die uns getroffen haben und immer noch belasten. Deshalb kommt uns rasch zu Hilfe mit all unseren anderen Freunden und befreit uns genauso, wie ihr wollt, daß euch Gott befreit und erlöst am Jüngsten Tag. Daher kommt uns schnell zu Hilfe, andernfalls könnten die Schwestern wahnsinnig werden, denn jede von ihnen befindet sich in Einzelhaft. Darum, herzlich geliebte Herren und Brüder, wendet euren Ernst an diese Sache, denn es heißt, wenn das ungerächt bleibt, so käme ein großer Schaden davon, weil so viele Landeskinder im Kloster waren und ihr uns doch alle versprochen habt, ihr würdet uns nicht im Stich lassen. Darauf haben wir uns verlassen und trösten uns damit. Ihr müßt auch wissen, daß der Guardian sagt, er wolle dem Papst über uns vier schreiben. Daher helft uns, denn die anderen Schwestern haben sich auf uns verlassen. Wenn uns nicht geholfen würde, würden wir härter geprüft werden als niemand anders, und dann wird es uns nicht mehr geben. Wenn wir vier von unserer Schar getrennt sein werden, sind die anderen alle verloren etc. Damit empfehlen wir euch Gott und uns in seiner Treue. Seid uns wegen unseres Briefes nicht böse, denn er ist in

großer Eile geschrieben und mit heißen Tränen übergossen etc. Gegeben
zu Brixen am Mittag vor Sankt Laurenzen Tag MCCC und in dem LV Jahr.

Schwester Maria Wolkensteinerin
Schwester Clara Niederthorin
Schwester Agnes Räsnerin
Schwester Ursula Slikenpfeylin

3. Maria von Wolkenstein, Clara von Niederthor und Ursula Slickenpfeil an
Leo von Wolkenstein, Oktober–November 1455.

Leo von Wolkenstein, meinem herzlich geliebten Bruder. Laß dir [nur] von
demjenigen vorlesen, dem du gut traust.

Jesus Maria.
Unseren freundlichen Gruß mit dem Wunsch für alle Seligkeit, dies sei dir
vorweg gesagt. Mein herzlich geliebter Bruder, wir lassen dich wissen, daß
wir absolut nicht im Kloster bleiben wollen. Darum rufen wir dich an als
einen getreuen Bruder, daß du mir hilfst, in ein anderes Kloster zu kommen.
Gott weiß es wohl, daß wir die Regeln halten wollen. Da sind aber Zusätze
und so viele Zutaten, mehr als anderswo ganze Regeln, und es gibt so viel
Fasten und Sparen, daß einem ganz irr werden könnte ["gnuten und dez
gnapenn alz vil es mocht ains pumlwiczic werden"], und wir sehen
ansonsten keine geistliche Ordnung außer heimliches Tun und Schalk im
Herzen, und wir wissen sehr wohl, daß, wenn du ihre Ordnung sehen
würdest, sie dir nicht gefallen würde, weil sie stolz in der Welt auftreten und
sind doch alle ein ganz großes Nichts. Eine von ihnen [den Nonnen] kann
mehr Schalkheit als sechs von uns. Du sollst in Wahrheit wissen: wenn man
ihnen das antäte, was man uns oft angetan hat, hätte man ihre "Geistlichkeit"
wohl wahrgenommen, wenn sie sich nicht gewehrt hätten etc. Auch lassen
wir dich wissen, daß der lange Mönch von Nürnberg [Albert Büchelbach]

den hiesigen zwei Mönchen und den fünf Frauen von Nürnberg verboten hat, den Meister Heinrich Wenger zu uns kommen zu lassen, wenn er sich hierher begibt, es sei denn, daß es ihm der Kardinal zuvor erlaubt hätte, zu uns zu kommen. Selbst wenn er mit der Autorität des Generals käme, sollten sie nicht darauf achten. Er verbot ihnen auch im Fall, daß der Priester von Österreich käme, ihn ins Kloster zu lassen. Du sollst auch wissen, mein herzlich geliebter Bruder, daß der Mönch zu Weihnachten wieder kommt. Und zu Ostern kommt dann der richtige Visitator [Johannes de Lare]. Dieser ist ein so harter, strenger Mann, daß selbst die Frauen von Nürnberg ihn fürchten und sagen, er sei so heftig und unbarmherzig, daß es erstaunlich wäre. Der wird dann alles einrichten im Sinne des Bischofs und der Schwäbin [der früheren Äbtissin], obwohl es alles eine Schande ist. Man wird auch alles verkaufen, was dem Kloster gehört, den Weingarten, die Wiesen und Äcker und was wir sonst besitzen etc. Wisse auch, daß die Schwäbin und ihre Genossinnen weiterhin so viel Macht besitzen wie zuvor. Dies schmerzt uns in unserem Herzen, da wir doch unser Leiden von ihnen haben und wir nichts sind, während sie und die Äbtissin und die anderen etwas sind und halten immer zusammen; und was die Schwäbin tun will, muß sein. Wisse auch, daß sie hinten und vorne alles zumauern und alle Löcher schließen, selbst die, von denen wir nichts gewußt haben, und das Dach, von dem du gut weißt, wollen sie auch noch vernageln. Nur haben sie jetzt nicht so viel Zeit. Wisse auch, daß wir gerne noch mehr geschrieben hätten, aber die Nonnen sind immer bei uns, und so haben wir heimlich nach der Messe geschrieben. Lieber Bruder, wenn der Wenger kommt, geh selbst zu ihm und achte sehr gut auf ihn auf. Sende den Ulrich gleich zu uns am Sonntag oder Montag, darum bitte ich dich ganz inständig. Auch bitten wir dich, daß du den Brief hierher mit einem besonderen Boten schickst. Damit hüte uns alle Gott.

Maria Clara Ursula

FRAGEN ZU DEN TEXTEN:

— *Wie war die emotionale Beziehung zwischen Margareta und ihrem Ehemann gestaltet?*

— *Wie wäre die "literarische" Ausdrucksfähig Margaretas zu beurteilen?*

— *Welche Aufgaben hatte Margareta auf der Burg übernommen?*

— *Was verrät uns Margaretas Brief über ihre Ausbildung, ihre Fähigkeiten und ihre Machtbefugnisse?*

— *Um was für einen religiösen, politischen oder ökonomischen Konflikt handelt es sich, über den Maria von Wolkenstein berichtet?*

— *Wozu werden die Briefe der Maria und ihrer Mitschwestern eingesetzt?*

— *Welcher literarischen Ausdrucksweise bedienen sich die Frauen, um ihr politisches Anliegen zum umschreiben und es möglichst wirkungsvoll erscheinen zu lassen?*

— *Welches Selbstbewußtsein beherrscht Maria?*

— *Warum schreibt Maria diese Briefe?*

— *Wie sind die Beziehungen zwischen Maria und ihren Brüdern gestaltet?*

— *Was verraten uns die Briefe über die Beziehung zwischen den adligen Familien des Spätmittelalters und der Kirche?*

— *Lassen sich hier bereits Erklärungsmodi dafür finden, warum mehrere Jahrzehnte später die Reformation beginnen sollte?*

9. Elisabeth von Nassau–Saarbrücken
(nach 1393–17.1. 1456)

Im Spätmittelalter veränderte sich die literarische Szene in Deutschland erheblich, und dies nicht nur, weil die höfische Literatur zusehends von Texten aus anderen sozialen Schichten und mit neuer ideologischer Ausrichtung ergänzt wurde, sondern weil sich überhaupt der Buchmarkt radikal veränderte. Um 1455 erfand Johann Gutenberg in Mainz den Buchdruck, wodurch völlig neue technische Möglichkeiten entstanden, gedrucktes Material in Massen herzustellen. Zur gleichen Zeit setzte sich zusehends die Prosaform in der Literatur durch und verdrängte das höfische Versepos. Schließlich machten sich auch neue Leserschichten bemerkbar, bemerkenswerterweise nicht nur in der Stadt, sondern allmählich auch auf dem Land. Die Renaissance wurde in Deutschland nur zögernd rezipiert, denn als sie in Italien ihre Hochblüte erlebte, kam es nördlich der Alpen zur protestantischen Reformation, die das gesamte 16. Jahrhundert geistesgeschichtlich dominieren sollte.[39] Dennoch verschwand deswegen nicht das Interesse an weltlicher Literatur, wie die vielen "Volksbücher" und Liederbücher u.a. reflektieren.

Bemerkenswerterweise trugen auch zwei Frauen zu dieser Entwicklung in Deutschland bei, Herzogin Eleonore von Österreich [ca. 1433–20. 11. 1480], die den französischen Roman *Pontus und Sidonia* zwischen 1448 und 1465 ins Deutsche übersetzte, und die Gräfin Elisabeth von Nassau–Saarbrücken [nach 1393–17. 1. 1456]. Sie war die Tochter Margarethes von Vaudémont und Joinville und Herzog Friedrichs V. von Lothringen. 1412 heiratete sie Philipp I. von Nassau–Saarbrücken, der 1429 starb und sie als Mutter dreier Töchter und zweier Söhne zurückließ. Sie übernahm darauf die Herrschaft, bis ihr ältester Sohn die Mündigkeit erreichte und sein politisches Amt antreten konnte.

Elisabeth übersetzte die vier Prosaromane *Sibille, Herpin, Loher und Maller* sowie *Huge Scheppel* aus dem Französischen ins Deutsche, die bald alle den Schritt von der Handschriftentradition zum Buchdruck schafften und fast alle weit bis ins 17. und 18. Jahrhundert zur beliebten Literatur ihrer Tage gehörten. Dieser Erfolg läßt sich wohl darauf zurückführen, daß hier die Welt des frühen und hohen Mittelalters neu auflebt, wobei meistens Karl der Große eine wichtige, wenngleich eher negative Rolle spielt, und das Rittertum wieder verherrlicht wird. Glück und Abenteuer, Tragödien und Komik, Heldentum und Sentimentalität machen das Wesen dieser Romane aus, aber stets stehen weibliche Protagonisten im Zentrum des Geschehens, denn sie werden zu Opfern männlicher Machenschaften.[40]

Der Roman *Sibille* beruht auf chronikalischen Berichten des 8. Jahrhunderts, die im 13. Jahrhundert in eine *Chronica* des Alberichs von Trois–Fontaine Aufnahme fand und bald als *Chanson de geste* Popularität genoß, auf die heute nur noch einige, sehr spät endeckte Fragmente hinweisen. Im 14. Jahrhundert entstand neben einer altspanischen Fassung ein französischer Prosatext, der heute nicht mehr identifiziert werden kann, auf den sich aber Elisabeth bei ihrer Übersetzung stützte. Obwohl ihre anderen Romane bald in den Druck kamen, war dies bei *Sibille* nicht der Fall.

Text: aus dem Frühneuhochdeutschen übertragen.[41]

I. Ihr Herren, macht Frieden, daß euch Gott alle gut behüte, so will ich euch von einer Erzählung berichten, die man in Frankreich im Kloster S. Dionysius in den Chroniken aufgezeichnet findet. Diese Geschichte geschah im Mai, als die Nachtigallen sangen und alles grünte. König Karl thronte zu jener Zeit in Paris in seinem Palast mit Salmon von Britannien und anderen Rittern und hielt einen offenen Hof und feierte das Pfingstfest, zu dem er seinen ganzen Hofstaat eingeladen hatte.

Grabtumba der Elisabeth von Nassau-Saarbrücken
evangelische Stiftskirche St. Arnual in Saarbrücken

II. Als die ganze Ritterschaft dort versammelt war, sprach der König Karl zu ihnen: "Ihr Herren, es ist nun zweiundzwanzig Jahre her, daß mein Vater starb, und ihr habt seitdem noch nicht euer Lehen von mir empfangen. Deswegen will ich, daß ihr sie von mir erhaltet, denn es scheint mir die Zeit gekommen, daß ich auch eine Hausfrau gewinnen sollte, damit ich einen Erben von ihr bekomme, der nach mir die Krone tragen wird."

"Herr," sagte die ganze Ritterschaft, "wir wollen unser Lehen empfangen, und es scheint uns an der Zeit zu sein, daß Ihr eine Ehefrau nehmt."

Damit empfingen die Ritter ihr Lehen vom König Karl. Darauf schickte der König Karl einen Teil der besten Ritter, nämlich Gerhart von Ronßlon und seine Gesellen, zum Kaiser von Konstantinopel und warb dort um dessen Tochter. Die Herren ritten davon. Ich erzähle euch nichts von ihrer Reise, denn sie waren so lange unterwegs, bis sie nach Konstantinopel kamen. Sie suchten sich eine Herberge, legten ihre besten Kleider an und gingen zum Kaiser.

III. Als sie dort eintrafen, knieten sie nieder. "Herr," sprach Gerhart von Ronßlon, "Gott, der alle Dinge geschaffen hat, möge den Kaiser und seine Ritter behüten. König Karl bittet euch durch mich, daß Ihr ihm eure Tochter in die heilige Ehe geben mögt. Er will sie zur Königin von Frankreich und all seinen Ländern machen.

Der Kaiser war über diese Botschaft froh und sprach:

"Liebe Freunde, dies will ich gerne tun, denn ich bin froh, daß der König meine Freundschaft von mir begehrt. Darum will ich ihm zu meiner Tochter noch eine große Mitgift geben."

"Lieber Herr," sprach Gerhart, "zeigt uns Eure Tochter."

"Das will ich gerne machen," sprach der Kaiser, "Ich glaube, daß Ihr in vierzehn Ländern keine Schönere finden werdet."

Während sie so miteinander redeten, kam die Tochter eine Treppe hinab zu ihnen und war schön geschmückt und war von vielen Jungfrauen begleitet, die alle von hoher Abstammung waren, sowohl von Herzögen als Grafen, und sie waren auch alle schön geschmückt. Die Tochter des Kaisers war mit einem goldenen Mantel bekleidet. Auf dem Kopf trug sie eine goldene Krone voll mit Edelsteinen.

IV. Die Tochter des Kaisers von Konstantinopel war weiß wie der Schneee und hatte einen herrlichen Körper und ebene Gliedmaßen, ohne daß man von ihrem Angesicht sprechen brauchte. Man konnte in keinem Land eine schönere Jungfrau finden.

"Ihr Herren," sprach der Kaiser, "hier seht ihr meine Tochter. Habt ihr jemals einen schöneren Menschen gesehen?"

"Herr," sprach Gerhart, "wir haben in unseren Ländern noch niemals solch ein Menschenkind gesehen. Lieber Herr," sprach Gerhart,"gebt uns eure Tochter, wir wollen sie dem König Karl von Frankreich bringen und sie dort zur Königin machen."

"Das will ich gerne tun," sagte der Kaiser.

Gerhart von Ronßlon und seine Gesellen ritten etwa drei Wochen. Inzwischen bereitete der Kaiser seine Tochter vor und ritt danach mit ihr los.[42]

V. Die Tochter des Kaisers saß auf einem weißen Maultier und war köstlich ausgestattet. Viele ihrer Zofen waren bei ihr. Der Kaiser ritt mit seiner Tochter und begleitete sie etwa vier Meilen weit. Dann verabschiedete er sich von seiner Tochter und sprach:

"Gott, der um unseretwillen am Kreuz die Marter erlitt, möge dich vor allem Unglück behüten." Darauf umarmte und küßte er sie. Dann trennte sich der Kaiser von seiner Tochter mit tränenden Augen. Seine Tochter vergoß auch heiße Tränen. Bis er sie wiedersah, sollte sie großes Leiden erfahren, weswegen auch viele Menschen ihr Leben verloren, wie ihr allsbald erfahren werdet. Gerhart und seine Gesellen ritten über Berge und durch Täler, bis sie endlich nach Frankreich kamen. Da schickte Gerhart einen Boten voraus, durch den er dem König Karl die Nachricht überbrachte, daß er die Tochter des Kaisers bringe. Als der König Karl diese Botschaft empfing, wurde er sehr froh und bereitete sich sogleich darauf vor, um ihr entgegen zu reiten und sie herrlich zu empfangen.

VI. Der König ritt mit großem Geleit seiner Braut entgegen und hieß sie freundlich willkommen. Die Kaiserstochter verneigte sich tugendhaft vor ihm. Große Freude breitete sich aus. Die Ritter führten ein Turnier vor den Damen auf. Einer stach auf den anderen mit großen Lanzen und Schwertern. Freudenvoll ritten sie in Paris ein, wo die Straßen herrlich geschmückt waren. Vier Herzöge und sieben Grafen führten die Königin zum Palast. Am anderen Tag geleitete der König die Königin in das Frauenmünster und krönte sie dort. Das Hoffest dauerte drei Wochen und verlief in großen Freuden. Danach ritten wieder alle nach Hause.

Einstmals war der König bei seinem Gefolge im Palast und unterhielt sich mit ihnen. In dem Augenblick tratt ein häßlicher Zwerg in den Palast, dessen Haut so schwarz war, als ob er zehn Jahre lang im Rauch gehangen hätte. Sein Gesicht war so breit wie ein Kissen, und seine Nase sah aus wie die eines Affen. Seine Haare standen zu Berge wie Schweinsborsten. Seine Ohren und seine Arme und sein ganzer Körper waren behaart. Seine Augen waren tief in sein Gesicht gesetzt und waren gelb. Er hatte auch hinten und vorne einen Buckel, und seine Beine waren krumm wie eine Sichel. Seine Füße waren groß und häßlich. Keinen abstoßenderen Menschen hätte man sich vorstellen können. Alle, die ihn ansahen, meinten, es sei der Teufel. Nachdem der Zwerg in den Palast getreten war, sprach er:

"Gott, der von einer reinen Magd geboren wurde, möge den König und die Königin und die gesamte Ritterschaft behüten."

"Freund, du bist mir willkommen," antwortete der König. "Ich bin froh, daß du zu mir gekommen bist. Sage mir sogleich, wie du heißt."

"Herr," sagte der Zwerg, "das will ich Euch sagen. Ich heiße Syweron."

"Syweron," sagte der König, "willst du bei mir bleiben, ich will es dir gut ergehen lassen."

"Herr," sagte der Zwerg, dafür danke ich Euch sehr und will gerne bei Euch bleiben."

Da ließ der König den Zwerg vor ihm am Tisch sitzen und ließ ihm zu essen und trinken geben. Die Hofleute sahen ihn ganz scheel an. Einer sagte zum andere:

"Das ist ja kein Mensch, es ist der Teufel. Verflucht sei die Mutter, die ihn je getragen hat."

Sie hatten recht. Er verursachte später großes Unglück, denn die Königin wurde danach aus dem Königreich vertrieben wegen des Zwerges. Der König hatte stets seine Freude mit seiner Frau, der Königin. Eines Tages ritt er zu Feld und wollte einen Hirschen jagen. Als die Königin hörte, daß der König aufs Feld geritten war, ging sie in ihre Kammer, um sich ins Bett zu legen und zu schlafen. Als die Jungfrauen merkten, daß ihre Herrin eingeschlafen war, schlichen sie alle aus der Kammer und gingen zu einem Brunnen, wo sie sich miteinander vergnügten. Sie ließen die Kammer weit offen stehen, ohne daß jemand dort blieb.

VII. In dem Augenblick kam der Zwerg in die Kammer und sah, daß die Königin in ihrem Bett lag und schlief. Der Zwerg sah hier hin und da hin, und bemerkte, daß niemand außer der Königin dort war. Da trat er vor die Königin und sah sie lange an; schließlich sagte er zu sich selbst:

"Ach Herr Gott im Himmelreich, wie selig wäre der Mann, der mit der Königin seinen Willen haben könnte, denn sie ist die Schönste, die es auf der Erde gibt. Wenn ich mit ihr machen könnte, wonach es mir verlangt, wollte ich statt dessen selbst nicht einmal Gott sein. Wenn sie mich nur einmal nackt in ihre Arme genommen hätte, würde ich zehn Jahre länger leben. Wolle Gott, der mich geschaffen hat, ich will sie, auch wenn ich deswegen sterben muß, aus großer Liebe dreimal küssen.

Damit trat der Zwerg zur Königin. Als er zu ihr kam, erwachte sie gerade. Sie sah hin und her und sah niemanden bei sich in der Kammer außer dem Zwerg.

"Zwerg," sprach die Königin, "wie wagst du es, so kühn zu sein, daß du dich getraust, zu mir in meine Kammer zu kommen?"

"Herrin," antwortete der Zwerg, "gewährt mir Eure Gnade, denn wenn ich Eure Liebe nicht gewinne, muß ich daran sterben."

VIII. "Liebe Herrin," sprach der Zwerg weiter, "wenn Ihr mich nicht bei Euch schlafen laßt und mich nicht nackt in Eure Arme nehmt, so muß ich sterben."

Als die Königin den Zwerg gehört hatte, begann all ihr Blut vor Zorn zu sieden. Sie hob ihre Faust und traf damit den Zwerg genau auf seinen Mund und schlug ihm drei Zähne aus. Darauf sprang sie aus dem Bett und wollte den Zwerg noch mehr schlagen. Er aber entlief ihr und schwor bei sich, weil die Königin ihn geschlagen hatte, wenn es ihm nur irgendwie möglich sein sollte, sich bei ihr zu rächen. Inzwischen kam der König mit seiner Ritterschaft von der Jagd, und sie waren alle fröhlich. Als sie in Paris einritten, begannen sie [auf ihren Hörnern] zu blasen, was anzeigte, was sie gefangen hatten. Der König hatte einen schönen Hirsch gefangen. Er ging zum Palast, wo die Tische schon gedeckt waren. Sie setzten sich nieder zum Essen. Der König sah nicht seinen Zwerg und fragte deswegen nach ihm. Seine Diener liefen sogleich und brachten ihn in den Palast. Als der Zwerg hinein kam, senkte er seinen Kopf und hielt die Hand vor den Mund.

"Wer hat dir etwas getan?," fragte der König. "Wer hat dich geschlagen, wer hat dich getroffen?"

IX. "Zwerg," sprach er, "sage mir, wer es getan hat, der soll dafür büßen."

"Herr," antwortete der Zwerg, "ich sollte die Treppe runtergehen, da wurde mir schwindlig und so bin ich gefallen."

Der König antwortete darauf, daß ihm dies leid täte.

Die Tafel wurde aufgehoben, und als es Nacht wurde, ging der König schlafen. Jetzt vernehmt den großen Verrat, den der Zwerg sich ausdachte und für den ihn Gott verfluchen sollte. Er schlich in die Kammer des Königs, so heimlich, daß kein Mensch ihn sehen konnte, und verbarg sich hinter dem Vorhang. Die Kammerdiener schlossen die Kammer zu und ließen den König und die Königin beieinander im Bett liegen. Als es

Mitternacht wurde, hörte der König zur Messe im Frauenmünster läuten und schlich sich leise von seiner Gattin davon, um sie nicht aufzuwecken. Die Königin blieb im Bett liegen und schlief fest. Als der Zwerg hörte, daß sich der König aus der Kammer entfernt hatte, zog er sich nackt aus und kletterte zur Königin und legte sich vorsichtig neben sie. Trotzdem wagte er nicht, sie anzufassen. Der Zwerg dachte, auch wenn er deswegen sterben müßte, so wollte er doch die Königin um ihre Ehre bringen. Der Zwerg überlegte sich dies so lange, bis er neben der Königin einschlief. Als die Messe vorbei war, war es fast wieder Tag. Der König ging von der Kirche zurück in seine Kammer zur Königin, um sich mit ihr zu vergnügen, wie er es allemal zu tun pflegte. Der König hob sanft die Decke auf und sah den Zwerg bei der Königin liegen. Darüber erschrak der König sehr und ließ die Decke wieder fallen, vergoß heiße Tränen und sagte:

"Oh du ewiger Gott, wie erstaunlich ist es, daß mir mein Herz nicht bricht. Gott möge ihn verfluchen, der jemals Frauen traut, denn diese Frau hat mich betrogen."

Der König ging aus seiner Kammer und rief alle seine Ritter zu sich und sprach:

"Ihr Herren kommt alle her und seht euch dieses Wunder an. Meine Ehefrau hat mich zu großen Schanden gebracht."

X. Damit zog König Karl sein Schwert und ging in seine Kammer, begleitet von all seinen Rittern. Er hob die Decke auf und sagte:

"Ihr Herren, seht, wer hätte meiner Ehefrau das zugetraut, daß sie solch einen Teufel bei sich hätte liegen lassen."

Als die Ritter das sahen, begannen sie alle, das Kreuz zu schlagen und sagten zueinander:

"Das ist unglaublich!"

Von dem Lärm erwachte die Königin und sah all die Ritter um sich herum in der Kammer stehen, was sie sehr erfreute. Sie setzte sich auf und wollte aufstehen. Da rief ihr der König zu:

"Frau, legt Euch wieder zu Eurem Buben, in der Nacht hatte ich geglaubt, die frömmste Gemahlin zu haben, die es gibt, aber Ihr habt mein Herz bedrückt und meine Krone verschmäht."

Dennoch wußte die Königin nicht, daß der Zwerg bei ihr lag. Sie sagte: "Herr, bei Gott, der alle Dinge geschaffen hat, ich habe noch niemals etwas gegen Euch getan und will es auch niemals tun, auch wenn ich deswegen sterben müßte."

"Ihr habt es getan," sprach der König, "leugnen könnt Ihr das nicht, denn der Zwerg hat in dieser Nacht seinen Willen mit Euch gehabt."

Jetzt erst sah die Königin den Zwerg bei sich liegen. Da hob sie ihre Faust und schlug dem Zwerg ins Gesicht, so daß er aufwachte. Als der Zwerg wach war und den König vor sich stehen sah, sprang er sogleich auf und fiel vor ihm auf die Knie nieder.

"Lieber Herr, erbarmt Euch meiner und hört um Gottes Willen meine Worte an. Gott, der alle Dinge geschaffen hat, stehe mir bei, die Königin forderte mich auf, nachts zu ihr zu kommen, wenn Ihr zur Messe gingt, und befahl mir, mich neben sie zu legen. Lieber Herr, das fiel mir sehr schwer. Ich wagte es aber nicht, ihrem Befehl nicht zu folgen."

XI. "Du stinkender Zwerg," sprach der König, "du häßliche, ungestalte Kreatur, wie wagst du es, zu einer so schönen Person zu gehen. Dafür wirst du bezahlen müssen."

"Herr," sprach der Zwerg, Ihr müßt ein gerechter Richter sein. Es steht geschrieben, daß Gewalt kein Recht ist. Herr, ich wäre um keinen Preis zu ihr gekommen, aber die törichte Frau trug mich selbst in ihr Bett."

"Herr," sagte die Königin, "bei der Mutter, die unseren Erlöser trug, wenn Ihr zu dem Zeitpunkt, da ich ein Kind gebären werde, feststellt, daß es so ist, wie der Zwerg sagt, sollt Ihr mich verbrennen."

"Frau," sagte der König, "Ihr habt mich sehr betrübt. Noch nie gab es einen traurigeren Mann, als ich es jetzt bin. Ihr könnt die Sachlage nicht leugnen, denn alle meine Ritter haben es gesehen. Ich will Euch schleifen lassen und darnach in ein Feuer werfen."

Als die Königin das hörte, fiel sie ohnmächtig nieder. Als sie wieder zu sich kam, sank sie dem König vor die Beine und küßte ihm seinen Fuß und sprach:

"Herr, um dessen willen, der für uns den Tod erlitt, habt Erbarmen mit mir unseligem Mensch, denn ich habe diese böse Tat nicht begangen, der Ihr mich anklagt. Auf den Tod, den ich leiden soll und muß, ich habe es nicht gewußt, daß der böse Schuft bei mir gelegen hat. Er hat sich ohne mein Wissen und Willen in dieses Bett gelegt. Edler König, bedenkt die Sache, ich würde eher sterben wollen, ehe ich die Geliebte von einem solchen Teufel werden wollte."

"Frau," sagte der König, "Ihr könnt viel reden, aber Ihr könnt die Tat nicht leugnen."

Darauf befahl der König, daß vier Knechte die Königin weg aus der Kammer führen sollten. Dem Zwerg legte man sogleich ein Seil um seinen Hals.

"Ihr Herren," sagte der König, "helft mir, diese Frau zu verurteilen wegen der großen Schande, die sie mir angetan hat."

Da taten sich die bösen Leute zusammen. Es waren diejenigen, die auch den Herzog Herpin vertrieben hatten.[43] Sie sagten zum König:

"Herr, Ihr sollt die Königin verbrennen lassen."

Darauf ließ der König sogleich ein Feuer anzünden und die Frau dahin führen. Da begannen alle Ritter zu weinen, und auch die Bürger und Bürgerinnen und alle, die dabeistanden.

XII. Man führte die Königin zum Feuer, den Zwerg an ihrer Seite. Die Königin hatte keine Haube auf; ihre Haare hingen auf ihrem Rücken und sah aus wie Goldfäden. Sie ging barfuß. Ihr Hals war weißer, als es Milch jemals gewesen ist. Man könnte nirgends in der Welt jemanden ihresgleichen finden. Der Zwerg stand neben ihr wie ein Teufel bei einem Engel. Die Königin sprach zum König:

"Edler König, erbarmt Euch meiner, denn ich bin schwanger. Verschont mich, bis mich der Herrgott das Kind gebären läßt. Ich will den unverschuldeten Tod gerne wegen meiner Sünden leiden, denn ich habe die Missetat genauso wenig begangen wie unser Gott die Marter um unser willen litt."

Darauf schaute die Königin nach Osten und sagte:

"Ach Konstantinopel, du reiche Stadt, wie bin ich so edel in dir erzogen worden. Ach mein Vater und meine Mutter, wie zart habt ihr mich erzogen. Ach Richard, du lieber Bruder, wüßtest du, daß ich mich in solcher Not befinde, es würde dich erbarmen. Ach Mutter Gottes, soll ich Arme so jämmerlich und schuldlos sterben. Ach Erdreich, öffne dich und verschlinge mich. Ach Herz, warum brichst du nicht, damit ich von dieser großen Marter und Schande, die mir so fälschlich und ohne Schuld angetan wird, frei käme."

Da breitete man einen Teppich beim Feuer aus, auf den man die Königin führte, und zog sie bis auf ihr Unterhemd aus. Die Königin Sibilla sah auf der einen Seite eine große Menge Menschen stehen, die alle schrien, auf der anderen Seite das Feuer. Sie sagte:

"Ihr lieben Leute, wenn ich je etwas gegen euch getan habe, was meine Seele beschweren könnte, dann verzeiht mir das um Gottes willen, denn ich werde heute unschuldig getötet."

Da begann das ganze Volk laut zu schreien und weinte heiße Tränen, doch fürchteten sich die Ritter so sehr vor König Karl, daß niemand es wagte, für die Königin zu bitten. Wie der König Karl sah, daß das ganze Volk so schrie, befahl er, sogleich die Königin ins Feuer zu werfen und sagte:

"Wenn ich sie ansehe, bricht mir das Herz in meinem Leib."

Da nahmen sie die Königin, warfen sie auf ihren Rücken und banden ihre Hände und Füße.

"Ewiger Gott," rief die Königin, "sei mir armseligem Menschen barmherzig. Ach himmlische Königin, im Namen dessen, den du Jungfrau getragen hast, der uns vom ewigen Tod erlöste, sieh mich heute mit deinen barmherzigen Augen an und laß meine arme Seele nicht verdammt sein, weil mir Gewalt und Unrecht angetan werden, wie dein liebes Kind, das alle

Dinge kennt, genau weiß, und setze diesen unschuldigen Tod für alle meine Sünden."[44]

Darauf begann die Königin, heiße Tränen zu weinen und zu klagen. Nun gingen Herzog Nimo von Bayern und Otger von Dänemark und Emmerich von Nerbonne und Bernhart von Brabant und einige von den zwölf Räten von Frankreich zur Beratung zusammen und entschlossen sich, für die Königin zu bitten. Sie fielen vor dem König auf ihre Knie und sprachen:

"Edler Kaiser von Frankreich, verbannt Eure Ehefrau für immer, daß sie niemals mehr in Euer Land kommt, denn sie ist hochschwanger mit einem Kind. Wenn Ihr das umbringt, könnt Ihr [dieses Verbrechen] mit all Euren Ländern gegen Gott nicht mehr entsühnen."

"Auf meine Treue," sprach der König, "ich weiß nicht, was ich denken soll. Ich fühle in meinem Herzen solch eine Trauer, die ich niemals mehr werde überwinden können. Laßt den Zwerg wieder hierherholen, damit ich ihn besser befragen kann, wie es sich ereignet hat."

Sie sagten:

"Herr, das wollen wir gerne tun."

Darauf schickten sie nach dem Zwerg. Die Verräter, die geraten hatten, daß man die Königin verbrennen sollte, gingen zum Zwerg und sprachen zu ihm:

"Sage entschieden gegen die Königin aus, damit man sie verbrennt, dann wollen wir dir mit Gold und Silber davonhelfen, so daß dir nichts passiert."

Sie brachten den Zwerg vor den König. Dieser sprach:

Sage mir und lüge nicht, wie du zu meiner Ehefrau gekommen bist."

"Herr," sagte der Zwerg, "ich will euch mit keinem Wort belügen, auch wenn ich deshalb sterben müßte, denn Ihr seid mein wahrer Herr, weswegen ich Euch die Wahrheit sagen muß: Sie sprach eines Nachts zu mir, daß ich am Morgen zu ihr kommen sollte, wenn Ihr in die Kirche geht. Herr, das fiel mir schwer in meinem Herzen. Sie hob mich selber auf das Bett. Herr, ich bin ein langsamer, schwacher Mensch und konnte mich nicht gegen sie wehren."

"Das hört sich ja ganz wunderlich an," sagte der König. "Du Schalk und Bösewicht, du sollst deinen Lohn haben. Nehmt ihn," sagte er, "und werft ihn ins Feuer."

Sogleich ergriff man den Zwerg und warf ihn ins Feuer, und es mag wohl sein, daß der Teufel seine Seele in die Hölle entführte.

"Ihr Herren," sprach der König, veranlaßt, daß man meiner Ehefrau die Hände und Füße wieder aufbindet, laßt sie die besten Kleider anziehen, die sie nur hat, denn ich kann ihr um nichts in aller Welt ein Leid antun."

Als die Fürsten das hörten, dankten sie sehr dem König.

XIII. "Frau," sprach der König, "Ihr habt mir eine große Schande angetan, wie es noch keinem Mann passiert ist. Auch wenn Ihr meinen Vater vergiftet hättet, könnte ich Euch jetzt doch kein Leid antun. Doch achtet darauf, daß ich Euch morgen hier nicht finde. Denn wenn ich Euch nach dem heutigen Tage hier vorfinde, dann wird Euch der waltende Gott nicht bewahren können.

"Herr," sprach die Königin, "wohin soll ich arme unglückliche Frau hin, ich weiß nicht, wohin ich mich begeben soll. Mir geschieht Unrecht, daß ich unter so großem Verlust von hier weggehen muß. Es wurde noch niemals ein unglücklicherer Mensch als ich geboren."

"Frau," sagte der König, "Ihr müßt aus meinem Königreich verschwinden. Möge Gott euch gut dorthin leiten, wohin er will und soll Euch auch so lohnen für das, was Ihr begangen habt."

Die Königin sah um sich und erblickte einen tüchtigen tugendhaften Ritter namens Abrye von Mondidire. Sie bat den König, daß sie Abrye mit ihr reiten ließ.

"Abrye," sagte der König, "reitet mit der Königin durch die Lande in Richtung Rom, damit sie zum Papst kommt und ihm ihre große Sünde beichten kann, die sie begangen hat. Sobald Ihr sie durch den Wald geführt habt, kommt wieder zurück und laßt sie reiten, wohin sie will."

"Herr," sprach der Ritter Abrye, "ich tue, was Ihr mir befehlt."

Darauf setzte man die Königin auf ein weißes Maulpferd, das herrlich gesattelt war. Abrye setzte sich auf sein Pferd. Dieser Abrye von Mondidire hatte einen Windhund erzogen, den er sehr lieb hatte und mit sich nahm. Dieser Windhund liebte seinen Herren mehr als eine Mutter ihre Kinder. Der König segnete seine Ehefrau unter großem Schreien und Weinen. Die Königin fiel mehrfach vor ihm in Ohnmacht. Die Fürsten hoben die Königin wieder auf und jammerten alle zusammen mit ihr.

XIV. Die Königin entfernte sich voller Betrübnis und segnete alle. Sie und Abrye ritten zusammen fort. Die Königin bat Gott und seine liebe Mutter, daß er sie gut behüten möge. Sie ritten so lange beisammen, bis sie in einen Wald kamen. Als sie eine Weile durch den Wald geritten waren, sahen sie einen sehr lieblichen Brunnen. Die Königin war müde, und Abrye hob sie bei dem Brunnen vom Pferd.

"Liebe Herrin," sprach Abrye, "tröstet euch, denn Gott und seine liebe Mutter werden Euch gut helfen, denn wer Gott fest traut, den verläßt er nicht."

"Abrye," sagte die Königin, "wenn Ihr nun von mir wegreitet, wohin soll ich arme Frau mich dann wenden?"

"Liebe Herrin," sagte Abrye, "Gott wird euch wohl helfen."

Abrye überredete die Königin mit guten Worten, daß sie etwas aß und weichte Brot im Brunnen ein und gab auch seinem Hund etwas zu essen.

XV. Hiermit lasse ich die Königin beiseite und erzähle euch vom König Karl, der sehr betrübt war. Er ging mit seiner Ritterschaft zu Tisch. Nun hatte er an seinem Hof einen bösen Schalk und Verräter namens Mayrkar, der ein Sohn der verräterischen Familie war, die schon den Herzog Herpin verraten hatte. Dieser Mayrkar hatte die Königin schon lange geliebt, hatte es aber nie gewagt, es ihr zu sagen. Als Mayrkar sah, daß der König mit den Rittern zu Tisch saß, ging er in seine Kammer, bewaffnete sich und überlegte sich, er wolle der Königin nachreiten und seinen Willen mit ihr haben. Weiterhin dachte er sich, daß er Abrye erschlagen wollte, wenn er ihn an seinem Plan hindern wollte. Der Verräter machte sich auf den Weg und ritt heimlich aus der Stadt Paris, so daß ihn niemand bemerkte. Als er aus der Stadt kam, eilte er sehnsuchtsvoll der Königin nach. Er strebte so schnell hinter ihr her, daß er sie noch beim Brunnen sitzen fand. Mayrkar erdachte sich eine große Lüge und sagte:

"Abrye, heb die Königin sofort auf, denn der König hat viele Bösewichter hinter ihr her geschickt, die ihr große Schande antun sollen. Deshalb bin ich hierher geeilt, damit ich ihr und dir helfen kann."

Abrye glaubte, daß dies wahr sei, hob die Königin sogleich auf ihr Pferd und wollte ebenfalls aufsitzen, als Mayrkar ihm zurief:

"Abrye, laß mir die Königin. Ich will meinen Willen mit ihr haben."

Als Abrye dies hörte, wurde er sehr betrübt und die Königin vergoß heiße Tränen. Abrye rief aus ganzem Herzen Gott im Himmel an, daß er ihn und die Königin behüten möge. Er sah Mayrkar an, daß er gut gerüstet war.

"Mayrkar," sprach Abrye, was steht dir im Sinn, sag mir das!"

Dieser antwortete:

"Du sollt mir selbst die Königin geben, oder du mußt sterben."

"Bei Gott, das darf nicht sein," sagte Abrye.

"Abrye," sprach die Königin, "erbarmet euch meiner und helft mir, meine Ehre vor dem Verräter zu bewahren, denn ich will lieber sterben als übel zu handeln."

XVI. Wie der Schalk die Königin hörte, wurde er sehr zornig, zückte sogleich sein Schwert und rannte den Ritter Abrye an. Abrye zog ebenfalls sein Schwert, aber er war nicht gewappnet. Mayrkar traf ihn in einer Schulter, so daß Blut auf die Erde rann. Als die Königin das sah, rief sie:

"Mutter Gottes, erbarme dich meiner und behüte mich und meine Ehre."

Darauf wandte sie ihr Maultier um und eilte weg durch den Wald durch Hecken und Dornen, so daß ihr Gesicht ganz blutig wurde. Ehe Mayrkar Abrye überwunden hatte, war die Königin schon mehr als eine Meile davon. Mayrkar traf ihn in der Hüfte und schlug ihm fast ein Bein ab. Abrye schrie laut auf, was sein Windhund hörte. Er lief und sprang Mayrkar an, erwischte ihn am Bein und biß ein großes Stück heraus und hätte ihn beinah vom Pferd gezogen. Mayrkar schlug mit dem Schwert nach ihm, traf ihn aber nicht, denn der Hund sprang zurück und konnte sich gut vor ihm hüten. Erneut schlug Mayrkar auf Abryr und traf ihn so, daß er ihm den Kopf bis auf die Zähne spaltete. Abrye fiel tot zur Erde. Gott wollte sich seiner Seele erbarmen, denn er starb unschuldig. Mayrkar ging zu Abryrs Pferd und hieb auch ihm den Kopf ab. Genauso wollte er es mit dem Windhund machen, konnte ihn aber nicht erwischen. Darauf ritt Mayrkar kreuz und quer durch den Wald und suchte die Königin, konnte sie aber nirgends finden. Seine Absicht war fest darauf gerichtet, sie zu vergewaltigen, wenn er sie finden würde. Danach wollte er ihr den Kopf abschlagen. Aber Gott behütete sie, denn er entdeckte sie nirgends. Als Mayrkar merkte, daß er sie nirgends finden konnte, wurde er sehr zornig und ritt wieder nach Paris, ohne daß es jemand merkte, daß er den Mord begangen hatte. Der Hund blieb bei seinem Herrn und hütete seinen Leichnam vor den Tieren. Dafür fraßen die Tiere das Pferd, das tot neben ihm lag.

Die Königin ritt immer weiter und war ganz von Sorge erfüllt, daß Mayrkar immer noch ihr nacheilte. Sie rief Gott und seine liebe Mutter an und bat ihn, sie zu behüten. Diese Bitte wurde erfüllt, denn sie blieb sicher. Sie ritt die ganze Nacht im Wald und kam am Morgen wieder heraus.

XVII. Als die Königin aus dem Wald kam, begann sie zu weinen und sprach:

"Wohin soll ich arme Frau nun? Wie bin ich so unschuldig in Nachrede gelangt. Verflucht sei die Stunde, daß der falsche Zwerg je an den Hof kam."

Dies geschah zu Ostern. Da begegnete ihr ein großer grober Mensch, dessen eines Auge ganz weiß und das andere ganz schwarz war. Er trieb einen Esel vor sich hin, auf dem er Holz aus dem Wald holen wollte. Der Mann hob seinen Kopf und sah die Königin. Er sagte:

"Nun sei Gott gelobt, hier bin ich auf ein Abenteuer gestoßen, an dem ich mich vergnügen werde."

Als die Königin den Mann sah, sprach sie:

"Lieber Freund, ich bitte dich, sage mir, wohin willst du das Holz bringen?"

"Herrin," sagte der Mann, der Teufel hat Euch so früh hierher gebracht. Ihr seid so hübsch, daß Ihr glücklich sein müßtet. Wo sind Eure Begleiter, die mit Euch durch die Welt reiten? Es tut mir gewiß leid, daß Ihr traurig seid, dafür seid Ihr viel zu schön, denn ich sah noch nie eine schönere Frau außer der Königin von Frankreich, die der König vor kurzem hat verbrennen lassen. Gott möge ihn verfluchen, denn man könnte auf der Erde keinen schlimmeren König finden. Wenn jemand mit Euch ritte, so glaubte ich, daß Ihr die Königin von Frankreich seid."

"Es ist doch wahr, daß mich der König verbrennen wollte, und Gott weiß gut die Wahrheit, daß mir großes Unrecht geschah. Aber seine Fürsten und Ritter haben für mich gebeten. Mein Herr, der König, befahl Abrye von Mondydire, einem Ritter, daß er mit mir reiten sollte. Aber der Verräter Mayrkar eilte mir nach und hat mir meinen Begleiter erschlagen. Während er ihn erschlug, bin ich ihm davongeritten und ich weiß jetzt nicht, wohin ich soll. Dazu bin ich hochschwanger. Guter Freund, gebt mir Euren besten Rat, nehmt dafür mein Pferd und alle meine Kleider, verfügt über sie."

"Herrin," sprach der Bauer, Ihr sollt nicht mehr allein reiten, denn ich will meine Frau und Kinder allein lassen und will mit Euch nach Konstantinopel, um Euren Vater Richard aufzusuchen.[45] Bei dem wollen wir über den König von Frankreich klagen, daß er Euch so in Schande gebracht hat. Verflucht sei Euer Vater, wenn er sich nicht an ihm räche. Und wenn Ihr mit Gottes Hilfe ein Kind gebärt, so braucht Ihr Euch keine Sorgen zu machen, ich will Euch genug beistehen, auf daß Ihr keinen Mangel leidet."

"Gott gebe Euch Lohn," sprach die Königin. "Lieber Freund, wie heißt Ihr?"

Er antwortete:

"Herrin, ich heiße Warakir."

"Das ist ein komischer Name," sagte die Königin. "Lieber Warakir, gibt es nicht hier in der Nähe eine Stadt? Ich bin sehr hungrig und habe seit zwei

Tagen nichts gegessen. Laßt uns verkaufen, was ich besitze, um davon zu leben."

Warakir sagte: "Ich will Euch zu einem guten Ziel bringen."

Damit belud Warakir seinen Esel mit Holz. Der Esel ging nach Hause, denn er kannte den Weg gut. Als Warakirs Ehefrau den Esel ohne ihren Mann kommen sah, zitterte ihr Herz und sie dachte sogleich, daß Warakir tot wäre, oder daß die Waldfürsten ihn gefangen hätten. Da begannen sie und ihre Kinder zu weinen.

Warakir und die Königin wanderten gemeinsam so lange, bis sie in die Stadt Langers kamen. Sie ritten zum Markt und sahen dort viele Bürger.

XVIII. "Bauer," sprachen die Bürger, "wohin führst du die schöne Frau?"

Warakir schwieg und ging weiter. Die Bürger riefen ihm erneut nach und fragten:

"Hörst du nicht, du böser Bauer? Wohin willst du mit der Frau?"

"Ihr Herren," sprach die Königin, "ihr schimpft zu Unrecht mit dem Mann, denn er ist mein Ehemann."

"Herrin," sagten die Bürger, "dann hat ihn euch der Teufel gebracht, daß er eine so schöne Frau gewinnen konnte."

Warakir blieb ganz still und ging so lange, bis er zu einer Gaststätte kam. Die Königin sprach zum Wirt:

"Lieber Wirt, gebt mir um Gottes Willen Herberge."

Der Wirt: "Liebe Frau, ich sehe gut, daß Ihr sehr geweint habt. Ich will Euch gerne sogleich Unterkunft geben und will von Euch nichts dafür nehmen, denn Ihr tut mir sehr leid."

Dafür dankte sie ihm sehr. Der Wirt brachte der Königin und Warakir genug zu essen. Nachdem sie gegessen und getrunken hatten, ging der Wirt zu Warakir und fragte:

"Lieber Freund, sage mir, ist diese Frau deine Gemahlin?"

"Lieber Wirt," sagte Warakir, "Ihr seid mein Wirt, darum ist es nur recht, daß ich Euch die Wahrheit sage. Die Frau ist nicht meine Ehefrau, denn sie ist eine ehrbare Dame von einem fremden Land und ich bin ihr Knecht. Wir wollten gemeinsam nach Rom auf Wallfahrt gehen, und dabei ist uns die Nahrung ausgegangen."

"Lieber Freund," sagte der Wirt, "möge euch Gott helfen."

Der Wirt bereitete der Königin das Bett. Sie legte sich gleich nieder, denn sie war sehr müde. Als es Morgen wurde, sagte die Königin, "Warakir," wir können es nicht wagen, hier zu bleiben, denn wenn der König herausfindet, daß ich hier bin, bringt er mich zu großen Schanden."

"Herrin," antwortete Warakir, "seid ganz ruhig. Käme der König hierher und sollte ich deswegen aufgehängt werden, wollte ich ihn erstechen."

"Lieber Warakir," sagte die Königin, "ich bin hochschwanger und habe nur noch zwei Monate. Deswegen verkaufe das Maulpferd und meine Kleider, damit wir Zehrung haben. Denn ich will keine guten Kleider mehr tragen, bis ich wieder nach Konstantinopel zu meinem Vater und meiner Mutter gekommen bin. Könnten wir uns beeilen, dorthin zu gelangen, ehe mir Gott zu einer Geburt verhilft?"

"Das soll mir recht sein," sagte Warakir.

Damit verkaufte er, was sie besaß. Sie verabschiedeten sich vom Wirt und machten sich auf den Weg. Von ihren Tagereisen berichte ich euch nicht viel, denn sie gingen so lange, bis sie nach Köln kamen. Dort ruhten sie gute drei Tage. Dann gingen sie über den Rhein und erkundigten sich nach dem Weg nach Ungarn. Damit wende ich mich von der Königin und Warakir ab, die bis nach Konstantinopel gingen, und berichte euch vom König von Frankreich.

XIX. Der König saß einstmals mit vielen seiner Herren und Ritter zu Tisch. Er blickte hin und her und sah Abrye von Mondidire nicht. Darauf sagte er zu seinen Dienern:

"Ist Abrye von Mondidire wiedergekommen, den ich mit meiner Ehefrau losgeschickt habe? Wenn ja, dann laßt ihn herholen."

Als Mayrkar das hörte, sprang er auf und sprach:

"Ich habe gehört, Abrye sei mit Eurer Ehefrau in fremde Länder geritten und habe seinen Willen an ihr erfüllt."

"Mayrkar," sagte der König, "sagst du mir die Wahrheit"?

"Ja, Herr, auf meinen christlichen Glauben. Ihr werdet Abrye nie mehr an Eurem Hof sehen."

Über diese Nachricht wurde der König sehr zornig und schwor beim allmächtigen Gott, wenn er des Abrye habhaft werden könne, wollte er ihn ganz schmächlich töten lassen. Leider aber lag Abrye tot bei dem Brunnen, und sein Hund lag bei ihm und hatte schon vier Tage gefastet. Da stand der Hund wegen seines großen Hungers auf und bedeckte seinen Herrn mit Laub und Erde, damit ihn kein wildes Tier fressen könne. Darauf lief der Hund nach Paris und kam eben in den Saal des Königs, als dieser zu Tisch saß und sich nach Abrye erkundigte und von Mayrkar die Auskunft erhielt.

XX. Als der Hund Mayrkar erblickte, sprang er über den Tisch auf ihn und warf dabei alles runter, was auf dem Tisch stand. Er ergriff Mayrkar an der rechten Achsel und biß dort hinein, daß er stark blutete. Mayrkar schrie laut auf, während die Diener mit Stöcken nach dem Hund warfen. Der Hund ergriff ein Brot und lief wieder weg zu seinem Herrn im Wald.

"Ihr Herren," sprach der König, ist das nicht der weiße Windhund, den Abrye immer bei sich hatte? Das war ein Fehler, daß wir ihn nicht festhielten, als er Mayrkar gebissen hat."

Der König war traurig darüber, daß Mayrkar so gebissen war.

"Lieber Herr," sprach Nimo von Bayern, um Mayrkar ist es nicht schade. Verhaltet Euch nicht so. Unkraut verdirbt nicht. Man muß Unkraut auf lange Zeit jäten, bevor man es vertilgen kann.

Als Mayrkar das hörte, meinte er, gleich wahnsinnig zu werden. Der König ließ für ihn einen Arzt holen. Mayrkar wurde wieder gesund und kehrte zum König zurück.

"Mayrkar," sprach der König, "seid Ihr wieder gesund?"

"Ja, Herr," antwortete Mayrkar.

Während sie miteinander redeten, kam der Windhund erneut nach Paris und ging über den Markt. Die Bürger sagten zueinander:

"Das ist Abryes Windhund. Wo mag er herkommen?"

Der Windhund ging weiter, bis er zum Palast kam. Dort standen der König und Mayrkar und redeten miteinander. Als Mayrkar den Windhund sah, begann er zu fliehen. Der Windhund lief ihm nach, aber Mayrkars Freunde verfolgten ihn mit Messern und Stöcken und hätten auch fast den Hund erschlagen, wenn nicht Nimo von Bayern gewesen wäre. Der rief ihn zu sich und sagte:

"Ihr Herren, erschlagt nicht den Windhund, das befehle ich euch im Namen König Karls."

"Herr Nimo," sagten Mayrkars Freunde, "wir wissen nicht, was unsere Schuld gegen Euch ist, denn wir sehen wohl, daß Ihr uns auf alle Weisen unterdrücken wollt. Der Hund ist tollwütig, das sah man doch, als er unseren Vetter Mayrkar in die Achsel biß. Ein normaler Hund macht so etwas nicht."

"Wer weiß," antwortete der Herzog Nimo, "ob nicht der Hund einen alten oder einen neuen Haß auf Euren Vetter hat."

Als der Hund sah, daß Nimo ihn schützen wollte, lief er sogleich zu ihm. Nimo streichelte den Hund und übergab ihn einem Mann namens Gaufra, der sich gut um ihn kümmern mußte. Der Gaufra war der Vater von Otger von Dänemark. Als Mayrkar das sah, wurde er sehr zornig. Nimo rief Richard von Normandie und Otger von Dänemark und auch Otgers Vater und dazu Sasomon von Britannien und viele andere gute Fürsten herbei. Sie gingen gemeinsam hin und knieten vor dem König nieder. Nimo hielt den Windhund an der Hand und sagte zum König:

"Herr, wir waren früher die Vertrautesten im Rat und dazu in allen Sachen, die Ihr zu tun hattet.

XXI. Nun scheint es uns aber, daß Ihr an Eurem Hof Verräter habt, die immer mehr werden. Wir warten auf den Tag, an dem Ihr diese Verräter vertreibt, und wir sagen Euch, hütet Euch, denn dies ist für Euch notwendig."

"Nimo," sagte König Karl, "ich kann mich nicht selbst schützen, wenn Gott mich nicht schützen will."

"Amen," antwortete Nimo. "Lieber Herr, ich will Euch um etwas bitten. Herr, ich will Euch verraten, warum ich Euch davon erzählt habe. Dieser Hund tut niemandem etwas zuleide außer eurem Diener Mayrkar. Ihr seht Euren Diener Abrye nicht, der mit der Königin hinweggeritten ist. Ihr müßt wissen, daß Abrye diesen Hund von klein auf erzogen hat und daß der Hund zuletzt und jederzeit mit ihm lief, und daß Abrye ihn um keines Gutes willen zurückgelassen hätte. Darum, lieber Herr, bitten wir Euch, daß Ihr uns eine Sache gewähren möget. Setzt Euch auf Euer Pferd und reitet dem Hund nach, wohin er Euch führen wird, denn dadurch könnte man die Wahrheit herausfinden. Ihr bemerkt ja wohl, daß er nur Mayrkar beißt, dann ein Brot ergreift und davonläuft. Seitdem haben wir ihn nicht mehr gesehen, bis er zuletzt wiederkam. Herr, in meinem Herzen ahne ich, daß Mayrkar Abrye getötet hat. Wenn dem nicht so ist, will ich alles verlieren, was ich besitze. Herr, Abrye war ein tüchtiger Ritter und war niemals in seinem Dienst für Euch nachlässig. Wenn er nicht ohne Zweifel tot läge, wäre er schon längst zurückgekommen."

"Nimo," sagte der König, "Ihr redet weislich. Ich will hinausreiten und sehen, wohin mich der Hund führt."

Der Hund sprang am König hoch und begann laut zu heulen, als ob er gerne zu ihm geredet hätte. Der König setzte sich auf sein Pferd und mit ihm alle Ritter. Aber der Bösewicht Mayrkar hörte von dieser Unterredung und blieb zu Hause und war sehr besorgt und drohte, er wolle Herzog Nimo töten.

XXII. So ritt König Karl los und der Windhund lief dauernd voran, bis sie in den Wald kamen, und dann sogleich zu seinem Herrn. Dort legte sich der Hund neben seinen Herrn nieder und begann sehr laut zu heulen. Als der König das sah, wischte er das Laub und die Erde beiseite. Da entdeckten sie den toten Abrye. Der König weinte heftig und sprach zu seinen Rittern:

"Ihr Herren, man sieht genau, daß Mayrkar diesen Mord nicht leugnen kann. Abrye hat den Tot wegen meiner Ehefrau, der Königin, erlitten. Leider weiß ich nicht, wohin sie gekommen ist. Ich fürchte, daß es sich um

Verrat handelt, aber bei Gott, der alle Dinge geschaffen hat, muß Mayrkar für diesen Mord genug büßen, denn ich will herausfinden, wie diese Sache sich ereignet hat."

Zunächst ließ der König den Leichnams Abryes in die Stadt Paris tragen. Der Hund lief voraus und heulte unablässig, wodurch alle Menschen, die zugegen waren, zu Tränen gerührt wurden. Als der Leichnam nach Paris kam, fingen alle Männer und Frauen zu weinen an, denn sie hatten Abrye sehr lieb gehabt. Der Körper wurde schließlich im Frauenmünster bestattet. Nimo befahl, daß man den Hund behielt und ihm genug zu fressen und trinken gäbe. Aber der Hund war so übel dran, daß er weder fressen noch trinken konnte. König Karl ließ Mayrkar ins Gefängnis werfen. Darauf ging Karl schlafen und verbrachte so die Zeit bis zum nächsten Morgen. Nachdem er gegessen und die Messe gehört hatte, sprach er zu seiner Ritterschaft:

"Ihr Herren, überlegt euch nun, welches Urteil ihr wegen des Todes von Abrye von Mondidire aussprechen wollt, dem ich die Königin anvertraut hatte, der aber gestorben ist. Ich weiß nicht, wo die Königin ist. Deshalb ließ ich Mayrkar wegen des Hundes gefangen nehmen, denn dieser hat ihn nicht ohne Grund gebissen, während er sonst niemandem etwas getan hat."

"Herr," sprach Herzog Nimo, "wir wollen uns darüber beraten."

Darauf berief Herzog Nimo die zwölf Räte von Frankreich zusamen, und sie zogen sich zurück. Gallerant von Biacair begann als erster zu sprechen, denn er war ein Verwandter von Mayrkar und schätze ihn auch sehr:

"Ihr Herren, ihr dürft ihn nicht verurteilen, so daß König Karl Mayrkar töten läßt, denn ich kenne am Hof niemanden, er sei Ritter oder Knappe, der bereit dazu wäre, sich zu verpflichten, gegen Mayrkar wegen des Mordes zu kämpfen. Mayrkar soll sich selbst verteidigen. Der Grund, warum ihn der Hund gebissen hat, mag leicht darin bestehen, daß er den Hund früher einmal geschlagen hat, und vielleicht ist ihm deswegen der Hund böse gewesen. Wenn ihr meinem Rat zu folgen bereit seid, wollen wir gemeinsam zum König gehen und ihm sagen, daß er Mayrkar freilassen muß und ihn nicht so schändlich beschuldigen dürfe. Schließlich besitzt Mayrkar

reiche Lehen und ist von hoher Geburt. Wenn ihn der König so sehr
schändet, könnte daraus großer Schaden entstehen. Dies ist der beste Rat,
den ich geben kann."

XXIII. Nachdem die anderen elf die Rede Gallerants angehört hatten, war
niemand unter ihnen, der gewagt hätte, ein Wort dagegen zu sagen, denn
Gallerant und Mayrkar gehörten einem großen und adeligen Geschlecht an.
Nimo stand auf und sprach:
    "Nun seid alle still. Ich will Gallerant antworten. Gallerant," sagte
Herzog Nimo, "Ihr sagt, daß dies Euch der beste Rat zu sein scheint. Mir
kommt es aber vor, daß wir einen anderen Rat in dieser Sache finden
müssen. Als der König seine Ehefrau vertrieb, vertraute er sie, die Gott
behüten möge, Abrye an. Nun ist Abrye ermordet worden. Derjenige, der
den Mord beging, hat dem König eine große Schande angetan. Als Abrye
die Königin wegführte, da sahen wir alle nur zu gut, daß er von seinem
Windhund begleitet wurde, den er sehr lieb hatte. Laut Merlin besitzt ein
Hund eine große Treue.

XXIV. Ich will euch etwas erzählen. Es war einmal ein König, der hatte
Merlin gefangen und hatte ihn in einen Turm gesteckt um herauszufinden,
ob Merlin wirklich so weise wäre, wie man von ihm sagte.
    'Merlin,' sagte der König, 'du sollst mir treulich geloben, daß du mir dein
Liebstes und deinen größten Freund und deinen größten Feind bringst.'
    'Herr,' sagte Merlin, 'das will ich tun.'
    Darauf ging Merlin nach Hause und holte seine Frau, seine Kinder und
seinen Hund. Als Merlin wiederkam, trat er vor den König und sprach:
    'Herr, ich habe gebracht, um was Ihr mich gebeten habt. Hier steht
meine Frau. Wenn ich alles tue, was sie will, hat sie mich sehr lieb und ich
meine dann, daß sie mein bester Freund ist. Gebe ich ihr aber dann aus Zorn
einen Schlag, beschuldigt sie mich eines Mordes und ist sich sicher, daß ich
deswegen hängen muß, wie sie sogleich sagt. Deswegen halte ich sie für
meinen Feind. Herr, dann habe ich hier meinen Sohn, der allezeit mein

Trost und meine Freude und das Allerliebste ist, was ich besitze, solange er jung ist und mir nicht davonläuft. Hier ist mein Hund, der ist der Treueste, den ich habe. Selbst wenn ich all seine Glieder zerschlagen und ihn hinausgejagt hätte, so käme er doch, sobald ich ihn riefe, zu mir zurück.'

XXV. Ihr Herren," sagte Herzog Nimo, "dieses Beispiel habe ich euch erzählt um Abryes und seines Hundes willen. Nach meiner Einsicht will ich dann auch so urteilen: während Abrye niemand hier besaß außer dem Hund, der für ihn zu kämpfen bereit wäre, so soll Mayrkar zu Fuß stehen und nicht im Kampf auf dem Pferd sitzen. In seiner Hand soll er einen Stab von eineinhalb Fuß Länge halten und damit gegen den Hund kämpfen. Er soll auch einen Schild halten, und wenn er den Hund überwindet, dann wird das sein Vorteil sein, denn er wird dadurch freigesetzt. Besiegt ihn aber der Windhund durch Gottes Hilfe, dann fälle ich das folgende Urteil nach meinem Gutdünken, daß Mayrkar den Mord begangen hat. Dieses Urteil gebe ich hiermit kund und weiß nichts Besseres. Will aber jemand von euch etwas dazu sagen, dann möge er das gerne tun."

Da standen allesamt auf und sagten:

"Herzog Nimo, Ihr seid ein weiser Mann. Wir wollen geschlossen Eurem Rat folgen."

"Weiß Gott," antwortete Nimo, "wenn Mayrkar den Mord begangen hat, so wird Gott mit dem Windhund ein Wunder im Kampf zeigen."

Dann standen alle auf, gingen zum König und teilten ihm ihren Entschluß mit. Der König antwortete:

"Die Entscheidung gefällt mir gut, denn sie scheint mir für beide Seiten gleich zu sein."

Sogleich ließ man Mayrkar frei und führte ihn zum König. Herzog Nimo sagte ihm, welchen Entschluß sie gefaßt hatten, worüber Mayrkar sehr froh war und dankte dem König sehr. Er glaubte, durch solch einen Kampf der Mordanklage ledig zu werden, wie ihr gleich hören werdet.

"Mayrkar," sagte der König, "wenn dich der Hund besiegt, wirst du aufgehängt."

"Herr," antwortete Mayrkar, "Gott soll mir niemals zur Hilfe kommen, wenn ich Abrye jemals ein Leid angetan habe."

XXVI. "Herr," sagte Mayrkar, "es ist eine große Schande, daß ich gegen einen Hund kämpfen muß."

"So muß es sein," antwortete der König, "denn ich habe mit meinen Worten das Urteil gefällt. Nun geh schnell und bereite dich darauf vor, daß du den Kampf beginnen kannst."

Mayrkar entfernte sich mit seinen Freunden, die ihm einen Schild in seine Hand drückten, dazu einen Stab von eineinhalb Fuß Länge. Mayrkars Freunde sagten zu ihm:

"Guter Freund, fürchte dich nicht, wenn der Hund zu dir kommt, gib ihm einen Schlag auf seinen Kopf, daß er tot liegen bleibt. Wenn dann noch jemand etwas gegen dich sagen will, wird doch unser Verwandter Gallerant dir dagegen helfen."

"Mayrkar," sagten die Verräter, "wenn Ihr den Kampf beendet habt, wollen wir uns daran machen und den König vergiften, dazu auch Nimo von Bayern, denn er mischt sich ständig in unsere Angelegenheiten. Wir wollen dann endlich den Tod unseres Verwandten Gannolons rächen. Die Königin ist fort, aber sie ist hochschwanger. Sie mag einen Sohn gebären, der später in dieses Land kommen könnte. Diesen wollen wir auch vergiften. Darauf werden wir unseren Vetter Mayrkar zum König machen, wodurch unser Geschlecht erhöht werden wird. Dann werden wir eine so vornehme Familie sein, daß niemand es wagen wird, etwas gegen uns zu unternehmen."

So sprachen die Verräter untereinander. Aber noch bevor es Nacht wurde, wünschte sich Herr Mayrkar, daß er weit weg überm Meer gewesen wäre. Der König rief ihn und sprach:

"Mayrkar, nun stelle Bürgen dafür, daß du diesen Kampf durchführen wirst."

Sogleich traten vier Herren vor, die zu Bürgen für Mayrkars Leben und Gut wurden. Darauf sandte der König nach dem Windhund. Gaufra Otgers Vater brachte ihn herbei. König Karl ließ ausrufen, daß, wer auch nur ein

Wort während des Kampfes sagen würde, und sei es was auch immer, der würde Leben und Gut verloren haben. Darauf kamen Bürger und Bürgerinnen, Jung und Alt, Männer und Frauen herbei zum Kampfplatz, so daß niemand in Paris blieb. Mayrkar wurde auf den Platz geführt, wohin man auch die Reliquie von St. Stephan gebracht hatte.

"Mayrkar," sagte der König, "küsse die Reliquie, auf daß dir Gott zu deinem Recht verhelfen möge."

"Herr," sprach Mayrkar, "ich küsse die Reliquie täglich, und will deswegen Gott nicht darum bitten, mir gegen einen Hund zu helfen."

Bei diesen Worten begann das ganze Volk sich zu segnen und baten allesamt Gott, daß, wenn Mayrkar den Abrye getötet haben sollte, er ein Wunder bewirken möge und dem Hund helfen solle, Mayrkar zu überwinden. Mayrkar rief mit lauter Stimme:

"Laßt den Hund herkommen. Wenn ich ihn nicht mit dem ersten Schlag töte, dann dürft ihr mich verachten."

"Windhund," sprach Gaufra Otgers Vater, "du kämpfst jetzt für deinen Herrn. Wenn Mayrkar den Mord begangen hat, so möge dir Gott dabei helfen, ihn zu besiegen."

XXVII. Gaufra ließ den Hund frei. Dieser sah überall umher, sah das viele Volk, aber sobald er Mayrkar erblickte, erkannte er ihn sofort wieder. Ehe Mayrkar seinen Stab ergriffen und seinen Schild vor sich genommen hatte, war der Hund auf ihn gesprungen und hatte ihm aus der Brust ein großes Stück Fleisch rausgerissen. Darüber wurde Mayrkar sehr zornig und schlug dem Hund auf den Kopf, daß er hinfiel und sehr blutete. Der Hund sprang wieder auf seine Füße.

XXVIII. Da konnte man einen großen Kampf zwischen Mayrkar und dem Hund sehen. Viele Menschen standen im Kreis, die zuschauten und alle Gott baten, jedem zu seinem Recht zu verhelfen. Der Windhund sprang auf Mayrkar und erwischte ihn so hart an seiner Kehle, daß er ihn fast erwürgt hätte. Mayrkar schlug mit seiner Faust auf den Windhund, so daß dieser ihn freilassen mußte. Erneut sprang er auf Mayrkar und griff ihn an der Nase, biß ihm diese und die Lippen ab. Das Blut lief Mayrkar in seinen Hals, so daß er fast daran erstickt wäre. Da rief Mayrkar mit lauter Stimme:

"Oh, all ihr meine Verwandten und Freunde, wo seid ihr jetzt. Kommt mir zur Hilfe, denn der Hund wird mich gleich töten."

Da kamen seine Freunde und wollten den Hund erschlagen. Als König Karl dies sah, rief er:

"Bei Gott, der alle Dinge geschaffen hat, möge keiner so kühn sein und in den Kreis treten, denn er wird dann aufgehängt."

Als die Verräter den König hörten, setzten sie sich alle nieder. Mayrkar saß auf der Erde und klagte jämmerlich, faßte aber wieder Mut und lief auf den Windhund zu, um ihn zu schlagen. Da machte sich der Windhund auf und biß ihm in die Hand, mit der er den Stab hielt, und hielt ihn so fest, daß er den Stab fallen ließ. Da schrie und kreischte Mayrkar und schlug mit der anderen Faust hart auf den Hund. Gallerant rief etwa 100 Leute von seinem Geschlecht zusammen und sagte:

"Ihr guten Freunde, jetzt seht ihr wohl, daß der Hund unseren guten Mayrkar überwinden wird. Dadurch wird unsere Familie für den Rest unserer Tage geschmäht. Deswegen will ich mich lieber wappnen und mit meiner Lanze zu ihm in den Kreis reiten, ob es ihnen nun recht oder nicht recht sei, und will den Hund erstechen. Dann wird mich der König sogleich fangen lassen, aber ihr sollt dem König viele Güter für mich bieten, denn der König liebt das Geld, und wenn er eure Gelübde hört, so wird er mir nichts antun. Wenn dann der Windhund tot ist, so ist auch Mayrkar erlöst. So kommen wir gemeinsam frei."

Sie sagten:

"Freund, Ihr redet gut. Wir wollen gerne machen, was Ihr uns gebietet."

XXIX. Darauf bereitete sich Gallerant und kam zu Mayrkar im Kreis und wollte mit seiner Lanze den Hund erstechen. Aber die Lanze geriet dem Hund zwischen die Beine und blieb in der Erde stecken, so daß sie zerbrach. Als Gallerant dies sah, wurde er fast tollwütig, zückte sogleich sein Schwert und schlug damit auf den Hund. Als der Hund dies sah, ließ er Mayrkar los und floh zu den Leuten. Als König Karl dies sah, wurde er fast wahnsinnig und rief mit lauter Stimme den Leuten zu, die den Kreis bildeten:

"Ihr Herren, wenn ihr diesen Bösewicht aus dem Kreis freilaßt, so will ich euch alle aufhängen, aber wer mir den Schurken Gallerant fängt, dem will ich hundert Mark Silber zu Lohn geben.

Da warfen die Jungen mit Messern und Steinen, denn sie hatten alle gut gehört, was der König gesagt hatte. Als Gallerant dies bemerkte, wendete er sein Pferd und wollte fliehen, es standen aber so viele Leute um ihn, daß er nicht raus konnte.

XXX. Darauf näherte sich ein großer Bauer und schlug Gallerant mit einer schweren Keule, so daß er von seinem Pferd fiel, fing ihn auf und übergab ihn dem König. Der Bauer erhielt sofort die hundert Mark Silber. Die Freunde Gallerants gingen aber zum König und sagten:

"Gnädiger Herr, tötet nicht unseren Verwandten. Daß er seinem Vetter helfen wollte, darf man ihm doch nicht verdenken. Für das, was er gegen Euch getan hat, wollen wir Euch viel Geld geben."

"Auf meine Treue," sprach der König, "ich nehme nicht einen Wagen voll Gold für ihn."

Der König ließ Gallerant wegführen und in ein Gefängnis stecken. Darauf entfernten sich alle aus dem Kreis. Nimo nahm den Windhund und sprach zu ihm:

"Tier, Gott wollte dir heute helfen, daß du für deinen Herrn kämpfst."

Darauf sprang der Windhund erneut in den Kreis, schaute hier hin und da hin, bis er Mayrkar erblickte. Dieser bekam große Angst und warf seinen Stab nach ihm, verfehlte ihn aber und traf ihn nicht. Der Windhund sprang an Mayrkars Hals und zog ihn auf die Erde nieder. Als Mayrkar merkte, daß seine große Bosheit bestraft werden sollte und er nicht reden konnte, winkte er den ihn umstehenden Leuten zu, damit sie zu ihm kämen. König Karl ging selbst zu ihm, und dazu seine Fürsten, Herren und auch die ganze Ritterschaft und zogen den Hund weg von ihm, sonst hätte er ihn erwürgt.

"Lieber Herr," sprach Mayrkar, "ich sehe wohl, daß ich tot bin und nicht entkommen kann. Darum will ich bekennen, was ich getan habe. Ich ritt Abrye nach und hätte gerne mit der Königin geschlafen. Als Abrye das verhindern wollte, griff ich ihn an und tötete ihn. Während ich ihn erschlug, entfloh mir die Königin. Ich suchte sie überall, und wenn ich sie gefunden hätte, hätte ich sie zuerst vergewaltigt und sie dann erschlagen. Herr, beim Allmächtigen, das habe ich getan, und kann auch nichts Böses von der Königin sagen. Es reut mich sehr, daß ich Abrye erschlagen habe."

"Hört," sagte König Karl zu Nimo von Bayern, "was uns der Verräter sagt. Ach edle Königin," sagte König Karl, "ich fürchte sehr, daß ihr durch Verrat vertrieben worden seid."

Der König ließ Gallerant und Mayrkar zusammen binden und zum Galgen schleifen, wo sie beide aufgehängt wurden. Um seines Herrn willen ließ Karl den Hund gut pflegen. Aber der Windhund ging zum Grab seines Herrn und heulte und jaulte so lange, bis er auch starb. Der König befahl, daß man den Windhund nahe beim Friedhof begraben solle. Damit laß ich den König zurück und erzähle euch von der Königin, die sich zusammen mit Wararkir auf dem Weg nach Konstantinopel befand. Sie gingen so lange, bis sie in eine Stadt namens Gryman kamen. Dort nahmen im Haus eines reichen Bürgers Herberge. Dieser hatte eine ehrbare Hausfrau. Die Königin war müde und legte sich nieder. Kaum lag sie im Bett, begannen die Wehen und sie rief:

"Mutter Gottes, komm mir zu Hilfe."

Sie schrie so lange, bis die Wirtin sie hörte. Diese rief andere Frauen zusammen und eilten der Königin zu Hilfe, und Gott ließ sie einen Sohn gebären. Die Frauen wickelten das Kind in weiße Tücher und brachten es Warakir. Auf der Schulter des Kindes stand ein rotes Kreuz.

"Ewiger Gott," sagte Warakir, "mögest du das Kind behüten und ihm wieder zu seinem Recht verhelfen."

Der Wirt ging zur Königin und sprach:

"Liebe Frau, das Kind muß getauft werden."

Sie antwortete:

"Herr, wann immer Ihr wollt."

Da nahm Warakir das Kind in seine Arme, und der Wirt und die Wirtin gingen mit ihm zur Kirche. Der König von Ungarn hielt sich zu dieser Zeit in der Stadt auf und war früh morgens aufgestanden und wollte draußen spazieren reiten. Da begegnete er dem Kind und fragte den Wirt danach:

"Lieber Wirt, wessen Kind ist das, das ihr zur Kirche tragt?"

"Herr," sagte der Wirt, "einer armen Frau, die in der Nacht in mein Haus kam und der ich um Gottes Willen Herberge gab. Jetzt hat ihr unser Herrgott heute nacht einen Sohn geschenkt, für den wir einen Paten suchen, der ihm hilft, Christ zu werden."

"Um Gottes Willen bin ich dazu bereit," sagte der König.

Sie trugen das Kind in die Kirche. Der König nahm das Kind in seine Arme und sah es sich überall genau an und erblickte dabei das rote Kreuz. Er sagte:

"Ewiger Gott, ich sehe wohl, daß es ein König werden wird, wenn es am Leben bleibt."

"Wie soll das Kind heißen?," fragte der Priester.

"Herr," sprach der König, es soll nach mir Ludwig heißen, denn es ist aus königlichem Geschlecht. Dies weiß ich sehr gut. Gott möge ihm Glück und Ehre gewähren."

Nachdem es getauft war, sagte der König zum Wirt:

"Guter Wirt, kümmert Euch gut um das Kind, und auch um seine Mutter, denn Ihr werdet dann großes Glück durch dieses Kind gewinnen. Ich bitte Euch, wenn das Kind aufgewachsen ist, bringt es zu mir, so will ich ihm helfen."

Der König gab für die Königin eine wertvolle Gabe. Der Wirt trug darauf das Kind wieder heim und Warakir sagte der Königin, wie der König von Ungarn das Kind in der Taufe gehalten habe. Als die Königin dies hörte, weinte sie sehr und sprach:

"Ewiger Gott, wie bin ich doch so unselig aus meinem Königreich vertrieben worden. Ewiger Gott, wenn es dein Wille ist, kannst du mir helfen, wieder zu großen Ehren zu kommen, denn ich übergebe all mein Leiden in deine Gewalt."

Der Wirt und die Wirtin behandelten die Königin sehr gut. Warakir diente dem Wirt und tat das Beste für das Kind. Als sie das Kind bis zum zehnten Jahr aufgezogen hatten, sagte Warakir zu ihm:

"Liebes Kind, der hiesige König ist dein Pate, und er hat mir befohlen, dich zu ihm zu bringen, sobald du alt genug zum Hofdienst sein würdest."

"Vater," sprach Ludwig, "das will ich gerne tun, wenn es meiner Mutter recht ist."

Warakir berichtete davon der Königin, die sich sehr darüber freute. Sie rief ihren Wirt Joseran herbei und sprach:

"Lieber Wirt, ich bitte Euch um Gottes Willen, führt meinen Sohn zum König."

"Herrin," antwortete der Wirt, das will ich gerne tun."

XXXI. Darauf brachten Warakir und der Wirt das Kind zum König. Als sie zum Hof kamen, sprach der König zum Wirt:

"Joseran, wessen Sohn ist dieses schöne Kind?"

"Herr," antwortete der Wirt, "es ist Euer Patenkind Ludwig. Sein Vater und seine Mutter, die hier bei mir stehen, haben mich gebeten, es zu Euch zu bringen und Euch zu bitten, daß Ihr das Kind um Gottes Willen erzieht."

Der König sah Warakir an und dachte in seinem Herzen:

Ich glaube das niemals, daß dieser der Vater des Kindes ist.

Der König antwortete:

"Das will ich gerne tun."

Sogleich ließ er einen Priester herbeirufen, der das Kind unterrichten sollte. Ludwig ging oft zu seinem Vater Warakir und zu seiner Mutter, um zu sehen, wie es ihnen ging. Der Wirt hatte eine schöne Tochter, die einstmals zu Ludwig sprach:

"Lieber Ludwig, als Eure Mutter zuerst hierher kam, war sie eine sehr arme Frau. Nun haben wir ihr und Eurem Vater, und auch Euch viel Gutes getan und haben Euch aufgezogen. Ich bitte Euch, nehmt mich als Eure

Ehefrau, dann bleibt Ihr für immer wohlhabend und habt für immer genug. Lieber Ludwig," sagte die Jungfrau weiter, "habt mich lieb um Gottes Willen. Ich habe noch nie jemanden so sehr lieb gewonnen wie Euch."

"Jungfrau," sprach Ludwig, "ich bin ein armer Mensch und besitze überhaupt nichts. Euer Vater hat meinen Vater und meine Mutter für zehn Jahre aufgenommen und hat dafür nicht einen Heller von uns genommen. Wenn Gott mir die Möglichkeit dazu gibt, will ich es ihm wohl vergelten. Liebe Jungfrau, tut, was richtig ist, Ihr werdet jemanden Euresgleichen finden."

Als die Jungfrau das hörte, wurde sie sehr traurig.

Ludwig ging immerfort zum Hof des Königs von Ungarn und schaffte es, daß der gesamte Hofstaat ihn schätzte. Einstmals ging Warakir zur Königin und sagte zu ihr:

"Liebe Herrin, wir sind nun mehr als zehn Jahre hier gewesen. Euer Sohn ist nun groß. Es wäre also gut, daß wir weiter bis nach Konstantinopel gingen, um Euren Vater und Eure Mutter zu suchen."

"Das ist mir recht," antwortete die Königin.

Damit rief sie ihren Sohn Ludwig zu sich und sagte zu ihm, sie wolle nach Konstantinopel gehen, dort lebten ihr Vater und ihre Mutter, die sie dort suchen wolle.

XXXII. Ludwig antwortete:

"Herrin, wann Ihr wollt."

Die Wirtin sprach zur Königin:

"Gute Frau, Euer Sohn ist mein Pate, und ich traue mir, ihn zu unterstützen, wenn Gott es nicht tut. Er wird mir wohl vergelten, was ich Euch und ihm gegeben habe. Deshalb nehmt von meinem Besitz so viel, wie ihr benötigt, das will ich Euch gerne geben."

"Liebe Frau Wirtin," antwortete die Königin, "unser Herrgott sei Euer Lohn. Ich hoffe, es wird Euch vergolten werden."

Darauf ging Ludwig zum König und verabschiedete sich von ihm. Warakir besorgte der Königin, Ludwig und auch sich selbst ein Maulpferd.

Warakir war aber ein einfacher Mann. Er hatte einen Bart, der ihm bis auf seinen Nabel hing. Seine Beine waren ganz krumm und seine Füße ganz klumpig. Er hatte wüste Haare, die kraus und schwarz waren, und darauf saß ein Filzhut. Als Ludwig sah, daß sich Warakir so vorbereitete, dreht er sich um und begann sehr zu lachen. Die Königin, Ludwig und Warakir verabschiedeten sich vom Wirt und der Wirtin, dankten ihnen sehr dafür, daß sie ihnen so viel Gutes getan hatten und ritten fort. Sie ritten so lange, bis sie in einen großen Wald kamen, wo zwölf Räuber hausten. Als Warakir in den Wald kam und die Vögel singen hörte, begann er auch zu singen. Das vernahm der Räuberhauptmann namens Pinckener und sprach zu seinen Gesellen:

"Ich höre da einen singen, der nie mehr so töricht singen wird, denn ihm mag kein Gold vom Orient helfen, denn er muß sterben. Warakir sang so laut und lange, bis alle Mörder seine Stimme vernahmen, und das ging so lange, bis sie ihn sahen. Als Pinckener die Frau erblickte, begehrte es ihn sogleich nach ihr, und er sagte zu seinen Gesellen:

"Die Frau ist überaus schön. Sie muß noch heute in meinen Armen liegen, und nachdem sie eine Nacht bei mir geschlafen hat, will ich sie euch überlassen, damit ihr auch mit ihr schlafen könnt. Den alten Bauern wollen wir sogleich totschlagen, und auch das Kind, das mit ihm reitet.

Die anderen Mörder sagten gemeinsam:

"Meister, Ihr habt gut gesprochen."

XXXIII. Darauf liefen sie alle auf Warakir und die Königin zu und riefen mit lauter Stimme:

"Du alter häßlicher Bauer, du hast heute ein Lied gesungen, das dir deinen Kopf kosten wird. Wir wollen unseren Willen mit dieser schönen Frau haben."

Als Ludwig dies vernahm, wurde er ganz rot im Gesicht. Warakir antwortete:

"Sohn Ludwig, erschrick nicht, ich würde mir nicht wegen dieser Schalke Sorgen machen."

Damit hob Warakir seine Keule auf und traf damit einen Mörder auf dem Kopf, daß er tot hinfiel. Ludwig zückte sein Schwert und schlug hart auf die Mörder ein, diese aber verwundeten Warakir und Ludwig sehr, und dazu ihre Maulpferde.

"Ewiger Gott," rief die Königin, "mögest du heute zu Hilfe kommen gegen diese bösen Menschen!"

Der Räuberhauptmann warf ein Messer auf Warakir, das durch sein Hemd und andere Kleider ging. Aber es verletzte ihn nicht. Darauf schlug Warakir den Hauptmann, daß er tot da lag. Warakir rief:

"Ihr falschen bösen Verräter, ihr müßt hier alle sterben!"

Als die anderen Mörder sahen, daß ihr Hauptmann erschlagen war, begannen sie zu fliehen. Warakir und Ludwig hatten sechs von ihnen getötet, und die anderen fünf waren schwer verwundet. Der eine Mörder fiel vor Ludwig auf seine Knie und sagte:

"Lieber Herr, habt Erbarmen mit mir, verschont mein Leben, denn es könnte eine Zeit kommen, daß ihr meiner bedürft. Ich bin der Klügste Dieb, den es auf der Welt gibt, denn es gibt keinen Schatz, und mag er noch so verborgen sein, ich getraue mich doch, ihn zu stehlen. Ich kann auch Pferde stehlen und alle Schlösser öffnen."

Während die zwei miteinander redeten, kam Warakir herbei und sagte:

"Ludwig, lieber Sohn, warum tötest du den Bösewicht nicht?"

"Lieber Vater," sagte Ludwig, "wenn es wahr ist, was er mir erzählt, so soll er mein guter Freund sein, und ich will ihm kein Leid antun. Er hat mir gesagt, daß es keinen noch so versteckten Schatz gebe, den er sich nicht zu stehlen getraue, und er könne alle Schlösser öffnen. Das gefällt mir alles gut."

Da sprach Warakir zu dem Mörder:

"Wie heißt du?"

"Herr," sprach er, "ich heiße Grymmener."

"Bei meiner Treue," sagte Ludwig, "das ist ein guter Name für einen Mörder. Kann ich dir auch trauen?," fragte Ludwig.

"Ja, Herr, beim allmächtigen Gott," sagte Grymmener. "Ich will Euch immer treu sein."

"Nun sage mir," sagte Ludwig, "wie weit ist es aus dem Wald raus, denn die Frau, die hier reitet, ist sehr erschöpft."

"Herr," antwortete Grymmener, "es sind noch sieben Meilen durch den Wald, und dazwischen gibt es weder Dörfer noch Städte. Aber in drei Meilen gibt es eine schöne Quelle, dort wohnt ein heiliger Bruder [Eremit], der ein Priester ist. Ich habe seine Messe oft angehört. Meine Gesellen und ich sind oft zu ihm gegangen, um ihn zu ermorden, aber Gott wollte dies nicht zulassen, denn so oft wir dorthin kamen, konnten wir ihm nichts antun. Dieser Begarde ist ein hochgeborener Mann. Er ist der Bruder vom Kaiser von Konstantinopel. Jener hat zwei Kinder, einen Sohn und eine Tochter. Die Tochter hat der König von Frankreich geheiratet."

Als Warakir dies hörte, sah er die Königin an und sah, daß sie bitterlich weinte. Darauf sagte er leise zu ihr:

"Liebe Herrin, weint nicht, es soll Euer Sohn Ludwig nicht bemerken."

Darauf ritten sie so lange, bis sie zum Haus des Begarden kamen.

XXXIV. An der Tür des Begarden hing ein Klopfer. Warakir war der erste und klopfte mit dem Klopfer an. Der Begarde kam heraus, segnete sich und sprach:

"Seid mit Gott willkommen, liebe Freunde. Mich wundert es, woher ihr gekommen seid, und wieso euch die Mörder nicht erschlagen haben. Denn es gibt viele Mörder in diesem Wald."

"Herr," sagte Warakir, "ich habe heute ein Urteil über sie gesprochen."

Der Begarde antwortete:

"In dreißig Jahren sah ich nie einen Menschen, der hierher gekommen wäre, ohne beraubt oder geschlagen worden zu sein. Wer ist diese schöne Frau? Es ist sehr erstaunlich, daß sie unverletzt und ohne Schmach erfahren zu haben so sicher hierher gekommen ist."

"Herr," sprach Ludwig, "sie ist meine Mutter, und der alte Mann, der bei ihr steht, ist mein Vater. Der Mann aber, der mit uns läuft, den haben wir als Diener, der sich um unsere Pferde kümmert."

"Ihr guten Freunde," antwortete der Begarde, "ich habe in meinem Haus nicht mehr als ein Haferbrot, und weiß auch nicht, woher ich etwas leihen soll. Ich lebe nämlich fern von allen Menschen und besitze auch weder Betten noch Stroh, auf dem ihr heute liegen könntet."

"Guter Herr," sagte Ludwig, "beherbergt uns heute, der Herrgott wird uns genug an Nahrung beschaffen."

"Dann kommt her," sagte der Begarde. "Alles, was ich habe, das übergebe ich in Eure Gewalt."

XXXV. Darauf sprach er zum Ludwig:

"Lieber Freund, du bist ein junger Mann. Wenn du das Brot essen willst, das ich esse, will ich es dir gerne geben."

"Herr," sprach Ludwig, "dafür danke ich Euch sehr. Bringt Euer Brot her, denn wir wollen alle gerne essen."

Die Königin ging zum Begarden und sagte:

"Guter Herr, gebt mir guten Rat, denn den brauche ich."

"Liebe Frau," sagte der Begarde, "mir scheint, ihr seid von guter Abstammung. Darum bitte ich Euch, sagt mir, wer Ihr seid."

"Herr," antwortete die Königin, "Kaiser Richard von Konstantinopel ist mein Vater und verheiratete mich mit dem König von Frankreich, der mein Ehemann ist. Böse Verräter haben es geschafft, daß mich der König, mein Ehemann, aus seinem Land verjagt hat."

Damit sagte sie dem Begarden die ganze Geschichte, wie der Verrat vonstatten gegangen war.

"Herr," sprach die Königin, "der König hat einen tugendhaften Ritter mitgegeben, der mich durch den Wald leiten sollte. Aber bald kam einer der Verräter hinter mir her und wollte seinen Willen mit mir haben. Der brave Ritter wehrte dies, und darum erschlug ihn der Verräter. In der Zwischenzeit ritt ich so weit weg, daß ich dem Verräter entfloh. Da fand ich im Wald den frommen Mann, der hier bei mir steht, der Frau und Kinder verlassen und mich bis hierher geführt hat. Wir kamen in die Stadt Gerbel,[46] wo ich einen Sohn gebar, der hier bei Euch steht. Diesen Sohn hat für mich der König von Ungarn aus der Taufe gehoben und heißt nach ihm Ludwig."

Als der Begarde die Königin angehört hatte, begann er heiße Tränen zu weinen und sprach:

"Liebe Frau, Ihr seid meine Nichte. Euer Vater ist mein Bruder. Darum will ich diese Klause verlassen und mit Euch nach Konstantinopel zu Eurem Vater ziehen. Dort will ich mit meinem Bruder besprechen, um viele Leute zusammenzubringen. Mit denen werden wir zum König von Frankreich ziehen, und wenn Euch dann der König nicht wieder annimmt, wollen wir ihm sein ganzes Land zerstören. Danach will ich wieder hierher kommen und meine Buße auf mich nehmen."

Damit wandte sich der Begarde an Warakir.

"Lieber Freund, würdest du uns etwas zu essen und zu trinken holen?"

"Herr," sprach Warakir, "ich will gerne so lange reiten, bis ich in irgendein Dorf komme, wo ich für uns Nahrung finde."

Als Grymmener diese Worte vernahm, sprang er vor und sagte:

"Herr, ich will uns genug holen. Ich kenne alle Wege, und wenn es mir an Geld fehlt, werde ich schon genug finden."

"Dann geh," sagte der Begarde, "denn wir wollen alle gerne essen."

Grymmener ging fort und hatte nicht mehr als zehn Schillinge bei sich. Er kam in eine Stadt zum Fischmarkt, dort feilschte er um Fische. Der Fischer bot sie ihm für zwanzig Schillinge.

Ewiger Gott, dachte Grymmener, "nun hast du nicht mehr als zehn Schillinge, damit kannst du nichts machen.

Grymmener verhandelte lange mit dem Fischer, aber der Fischer wollte die Fische nicht anders herausgeben. Da dachte Grymmener bei sich:

Oh allmächtiger Gott, so komme ich niemals weg von hier, es sei denn, ich habe die Fische und genug andere Nahrungsmittel.

Grymmener rief einen Knecht zu sich und sagte ihm:

"Guter Geselle, sage mir, wer ist der reichste in dieser Stadt?"

"Freund," antwortete der Knecht, "das ist eine törichte Frage. Du kannst es selbst an dem großen Haus mit der goldenen Kuppel sehen. Der Besitzer ist der reichste Mann in diesem Land, und ist zugleich der Schultheiß dieser Stadt. Man sagt wirklich, er habe mehr als einen Malter Geld."[47]

Als Grymmener dies vernommen hatte, ging er in eine Ecke, machte sein Gesicht schwarz, nahm zwei Krücken und ging damit vor das Haus des reichen Mannes, der Schultheiß dieser Stadt war. Grymmener drückte ein Auge zu, das andere hielt er offen und bat um Gottes Willen um Herberge. Der Schultheiß saß bei seiner Frau, und viele andere Leute waren bei ihm. Er sagte:

"Freund, hier gibt es keine Herberge für dich, denn man gibt keinem armen Menschen Unterschlupf in diesem Haus."

"Lieber Hauswirt," sagte die Schultheißin, "gebt diesem armen Mann heute noch um Gottes Willen Herberge."

"Schweig, Frau," sagte der Schultheiß. "Er ist ein schlimmer Mann und könnte uns heute noch alles rauben, was wir besitzen."

"Lieber Herr," sagte Grymmener, "das ist eine große Sünde, was Ihr da sagt, denn Ihr seht doch gut, wie mein Körper gestaltet ist. Ich könnte doch nicht zehn Mark Gold verdienen, selbst wenn ich jetzt zehn Schritte ginge."

"Kommt rein," sagte der Schultheiß, " ich will euch noch heute um Gottes Willen Herberge geben."

Als Grymmener in das Haus kam, sah er sich überall um und überlegte sich, wo er in der Nacht zu stehlen anfangen wollte. Der Schultheiß befahl, daß man Grymmener ein gutes Bett bereite. Dann gingen alle schlafen. Als Grymmener dachte, daß sie sich alle hingelegt hätten, zauberte er sogleich, daß sie in diesem Haus alle tief einschliefen. Und sie schliefen so fest, daß man sie hätte wegtragen können, ehe sie aufgewacht wären. Darauf zündete Grymmener ein Licht an und ging zu einer Kiste, die er öffnete. Er nahm ein Tuch daraus und breitete es vor sich aus. Er legte all das silberne Geschirr darauf, das in der Kiste war. Es war an die fünfzig Mark wert. Dazu nahm er viel Geld und einen gefütterten Rock und sagte sich, er wollte diesen zu Ludwig bringen. So trug Grymmener all das Geschirr zusammen und brachte es zum Stadttor, das zugeschlossen war. Erneut schafftte er es mit seiner Kunst, daß das Tor aufging. Grymmener trug all das Gerät raus aufs Feld und verbarg es unter einem großen Felsen, nahm aber soviel Geld, wie er brauchte, um Proviant zu kaufen. Er veränderte sein Gesicht, wusch sich sehr gründlich, machte einen grünen Kranz auf seinen Kopf und ging wieder in die Stadt. Dort vernahm er ein großes Gerücht von den Leuten. Sie sprachen alle davon, daß ein armer Bettler dem Schultheißen großes Gut gestohlen habe. Einer sagte dem anderen, wie sich der Bettler verstellt habe, als ob er krank gewesen sei, daß er auf Krücken gehen mußte; trotzdem habe er dem Schultheißen so viele Sachen entwendet. Dennoch war die Gemeinde froh darüber, denn der Schultheiß hatte ihnen oft gegen alles Recht ihr Gut genommen. Grymmener ging zum Schultheiß und sagte:

"Guter Herr, hat Euch derjenige das viele Gut davongetragen, den ich in der Nacht vor Eurer Tür sah? Er stand da, als ob er nirgendswohin kriechen könne. Wirklich, man sollte solchen Kerlen niemals glauben."

"Lieber Freund," sagte der Schultheiß, "wie das Sprichwort sagt, wer den Schaden hat, soll auch den Spott dazu haben. Geh weg und laß mich in Ruhe."

Grymmener entfernte sich und kaufte genug Fisch, Fleisch und Brot, packte alles zusammen und ging zu dem Felsen, wo er sein Zeug hatte. Dies nahm er auf seinen Rücken, doch war es so schwer, daß er fast zusammengebrochen wäre. Da begegnete Grymmener ein armer Mann, der führte einen mit Holz beladenen Esel. Zu diesem sprach er:

"Freund, verkauft mir den Esel, ich will dir genug Geld dafür geben."

"Wahrlich," sagte der arme Mann, "du bemühst dich umsonst, ich verkaufe dir den Esel nicht für all das, was du trägst."

Über diese Worte wurde Grymmener zornig, legte sein Paket nieder, sagte dem armen Mann ein Wort ins Ohr, wodurch er sofort niedersank und tief einschlief. Darauf lud Grymmener das Holz vom Esel ab und legte sein Zeug darauf und fuhr sogleich zur Klause.

XXXVI. Als er zur Klause kam, sah er die Königin und ihren Vetter vor der Tür stehen, denn sie und die anderen hätten gerne gegessen. Als sie Grymmener kommen sahen, freuten sie sich alle und gingen ihm entgegen, während er sich mit dem Esel näherte.

"Mir scheint," sagte Grymmener, "ihr wollt alle essen. Seht, ich bringe uns genug Nahrung."

Damit entlud er seinen Esel, und all das, was er mitgebracht hatte, gab er Ludwig. Dieser bedankte sich sehr. Darauf nahm Grymmener den gefütterten Rock und gab ihn der Frau, wofür sie ihm sehr dankte. Als Warakir das Gut sah, fragte er Grymmener:

"Auf meine Treue, hast du von irgend jemandem diese Sachen geraubt oder gestohlen?"

Ludwig nahm Grymmener auf die Seite und sprach zu ihm:

"Lieber Grymmener, sage mir, hast du auch niemanden ermordet?"

"Herr," antwortete Grymmener, "Ihr redet wie ein Tor. Gott im Himmel hat Euch das Gut gesandt, und da er es Euch gesandt hat, so nehmt es auch fröhlich."

"Du hast recht," sagte der Begarde.

Darauf bereiteten sie das Essen und setzten sich zu Tisch. Der Begarde sprach:

"Nun sei Gott im Himmel gedankt, ich bin in vielen Jahren nie so satt geworden. Gott möge ihm barmherzig sein, von dem es alles gekommen ist."

Nachdem sie gegessen hatten, wurde Ludwig schläfrig, legte sich nieder und schlief ein. Der Begarde beugte sich über Ludwig, küßte ihn auf seinen Mund und vergoß heiße Tränen. Dann sagte er:

"Ach ewiger Gott, wie konnte König Karl seine Frau verjagen, obwohl sie doch eine so ehrbare Frau ist, so schön ist und auch ein so schönes Kind getragen hat? Verflucht seien die Verräter, die bei ihm sind. Ich hoffe bei Gott, daß sie ihren Lohn dafür empfangen."

Darüber erwachte Ludwig und sah, daß der Begarde bittere Tränen vergoß. Er sagte:

"Lieber Herr, ich bitte Euch, sagt mir, warum Ihr so heftig weint."

"Lieber Sohn," sagte der Begarde, "das will ich Euch sagen. Ihr glaubt, daß Ihr der Sohn dieses alten Mannes seid. Aber bei meiner Treue, Ihr stammt nicht von ihm ab, denn Ihr seid der Sohn des Königs von Frankreich, und Eure Mutter ist wegen großer Verräterei vertrieben worden. Eure Mutter ist die Tochter meines Bruders, und wenn Ihr es hören wollt, so will ich Euch sagen, wie es sich alles ereignet hat."

Damit begann der Begarde und erzählte Ludwig alle Dinge, wie sich zugetragen hatten.

"Lieber Neffe," sagte der Eremit, ich will mit Euch zu meinem Bruder reiten, der Euer Großvater ist, dem wollen wir die ganze Sache vorlegen."

Am Abend gingen sie schlafen, und am frühen Morgen packten sie alles und machten sich auf den Weg. Ich erzähle euch nichts von ihren Tagereisen, denn sie ritten so lange, bis sie nach Rom kamen, wo sie den Papst in seinem Palast fanden. Zu dem ging der Begarde und erzählte ihm genau, wie der König von Frankreich seine [des Begarden] Nichte vertrieben habe und wie sich alle Dinge ereignet hatten. Als der Papst das hörte, war er sehr traurig und sagte, er wollte mit ihnen nach Konstantinopel gehen und wollte dazu beitragen, was er Gutes tun könne. Der Papst fragte die Königin, wie alles passiert war, was sie ihm genau erzählte. Der Papst begann sich darüber zu wundern. Sogleich ließ er ein Schiff bereiten und fuhr mit dem Begarden und den anderen nach Konstantinopel, was sehr lange dauerte. Dort trafen sie den Kaiser an.

XXXVII. Als der Kaiser vernahm, daß der Papst eingetroffen sei, ging er ihm entgegen und empfing ihn herrlich. Der Kaiser sah die Tochter lange an und konnte sie kaum erkennen. Schließlich sprach er:

"Seid Ihr nicht meine Tochter, die ich so lieb hatte?"

"Ja, lieber Herr," sagte sie, "ich bin es."

Damit fiel sie ihrem Vater um den Hals, umarmte und küßte ihn und begann heiße Tränen zu vergießen. Er sagte:

"Liebe Tochter, wie kommt es, daß Dich der König von Frankreich mit so wenig Begleitung hierher geschickte hat. Wo sind Eure Herren, Ritter und Knappen, die mit Euch geritten sind?"

"Vater," sprach die Königin, "der König hat böse an mir gehandelt."

Nun begann der Papst und erzählte dem Kaiser, wie alles zugegangen war. Als der Kaiser dies hörte, seufzte er tief, ging zu Ludwig und küßste ihn freundlich und sagte zu ihm:

"Lieber Sohn, dein Vater hat mir nicht gehalten, was er mir versprochen hat. Er hat mir gesagt, daß er meine Tochter freundlich und gütlich behandeln wolle. Dies hat er nicht getan und und sich meiner Tochter gegenüber nicht wie ein Ehrenmann verhalten."

"Lieber Herr," sagte die Königin, "wenn es Warakir, den tüchtigen Mann, der hier bei mir steht, nicht gegeben hätte, so wäre ich niemals in dieses Land gekommen."

"Liebe Tochter," sagte der Kaiser, "das glaube ich Euch gerne. Darum will ich, so lange ich lebe, diesen tüchtigen Mann nicht mehr fortlassen."

"Bruder," sagte der Begarde, "holt aus Eurem Land alle diejenigen, die einen Harnisch tragen können, sie sollen sich alle versammeln. Dann laßt uns nach Frankreich ziehen, um dem König alle seine Länder zu zerstören und die Menschen zu töten. Wenn er meine Nichte nicht wieder annimmt, wollen wir in tatsächlich aus seinem Land vertreiben."

"Bruder," sagte der Kaiser, so wie Ihr es gesagt habt, soll es sein."

Der Kaiser rief in seinem Land aus, daß, wer einen Harnisch tragen könne, sich in einem Monat bei ihm einfinden solle. Der König von Coine kam zuerst zu ihm und brachte so viele Leute, wie er besaß. Genauso kamen auch die anderen. Der Kaiser bereitete seine Schiffe und ließ die Segel aufrichten. Er, der Papst, die Königin und alle ihre Ritter gingen auf die Schiffe und fuhren übers Meer, bis sie nach Venedig kamen. Ich erzähle euch nichts von ihren Tagereisen, denn sie ritten so lange, bis sie nach Frankreich kamen.

XXXVIII. Sobald sie in das Land kamen, brannten sie sogleich Burgen und Dörfer nieder, und alles, wessen sie habhaft wurden. Emmerich von Nerbon ritt mit 200 Lanzenträgern zum König; sein Sohn begleitete ihn, und so auch auch Wilhelm von Dandenays und Böues von Conmercey. Als sie das Heer sahen, rüsteten sie sich alle. Ludwig sah sie als erster und zog sogleich mit seinen Haufen gegen sie. Der erste, auf den er traf, war Emmerich von Nerbon. Beide stießen so hart aufeinander, daß sie beide auf die Erde fielen. Sogleich standen sie wieder auf und Emerich sagte zu Ludwig:

"Wer bist du, gegen den ich gerannt bin?"

Ludwig sagte:

"Ich bin der Sohn von König Karl von Frankreich, von wo die falschen Verräter meine Mutter verjagt haben. Wenn mein Vater, der König Karl, meine Mutter nicht wieder aufnimmt, so werden er und sein Land niemals Frieden von mir gewinnen."

"Ewiger Gott," sagte Emmerich, "ich danke deiner göttlichen Gnade, ich habe meinen rechten Herrn wiedergefunden. Lieber Herr," sagte Emmerich, "ich will jetzt ohne jegliches Falsch von Euch [als Lehen] empfangen, was ich und meine Kinder von Euch zu Lehen haben sollen. Ich gebe Euch meine Tochter Wißblume als Ehefrau."

"Dafür danke ich Euch," sagte Ludwig.

Emmerich war sehr froh, daß er sich mit Ludwig versöhnt hatte. Sie ließen den Trompeten schmettern und den Frieden verkünden. Emmerich ritt zur Königin und empfing sie fröhlich.

XXXIX. Sie zogen so lange weiter, bis sie nach Troye kamen. Dort schlugen sie ihre Zelte auf. König Karl erhielt die Nachricht, daß sein Sohn Ludwig und der Kaiser von Konstantinopel mit großer Heermacht in sein Land eingebrochen seien. Da befahl er seinen Leuten, sich zu versammeln. Die Männer von Troye wollten nicht gegen Ludwig kämpfen und ließen ihn sogleich in die Stadt und übergaben ihm die Schlüssel. So gelangten sie unter großen Freuden in die Stadt. Warakir dachte an seine Frau und seine Kinder und begann heftig zu weinen. Er sagte:

"Ach ewiger Gott, wie mag es jetzt meiner Frau und meinen Kindern ergehen? Das muß ich herausfinden, koste es, was es wolle."

So ging Warakir zu Ludwig und fiel vor ihm auf die Knie und sprach: "Gnädiger lieber [Herr], ich bitte Euch, laßt mich jetzt meine Frau und meine Kinder sehen."

"Warakir," sagte Ludwig, "wenn Ihr jetzt von mir weggeht, so werde ich nie mehr froh, denn wenn Euch die Feinde erwischen, werden sie Euch viel Leid antun."

"Herr," sagte Warakir, "darüber macht Euch keine Sorgen, solange ich einen guten Knüppel in der Hand habe."

Als das die Königin hörte, sagte sie:

"Lieber Warakir, wollt Ihr Euch von uns trennen?"

"Nein, Herrin," sagte Warakir, ich wäre nur gerne in Amiens und möchte meine Frau und Kinder sehen, denn es ist sehr lange her, daß ich sie sah."

"Wenn es so ist," sagte die Königin, "will ich Euch gerne Urlaub gewähren. Warakir," sagte die Königin, "sagt Eurer Ehefrau: Wenn Gott mir hilft, wieder Königin zu werden, werde ich Euch so reich machen, daß davon Eure Kinder ein besseres Leben haben werden. Nehmt diese zwanzig Mark und diesen Rock und bringt das Eurer Ehefrau."

Dafür bedankte sich Warakir sehr, nahm von Ludwig und der Königin Urlaub, verkleidete sich als Pilger und so lange, bis er nach Amiens kam. Als Warakir zu seinem Haus gelangte, die Tür aufmachte und reinging, fand er seine Frau bei den Kindern in großer Armut, und diese sagte zu ihnen:

"Ihr lieben Kinder, wie lieb ich euch habe. Aber verflucht sei euer Vater, denn er hat mich hier in großer Armut zurückgelassen. Ich habe weder zu essen noch zu trinken. Ich sehr nur zu gut, daß es keine größere Trübsal gibt als Armut."

Damit legte sie ihren Kopf in ihre Hände und begann heftig zu weinen. Als Warakir seine Ehefrau so sah, begann er auch zu weinen und sagte:

"Gute Hausfrau, gebt mir heute um Gottes Willen Herberge."

XL. "Kommt herein," sagte die Frau, "ich will Euch um Gottes Willen einen Platz geben, auf daß ich noch vor meinem Tod meinen Mann wiedersehen möge. Aber ich fürchte, er ist tot. Denn wenn er noch lebte, wäre er längst zurückgekehrt. Er hatte einen Esel, mit dem er ständig zum Wald ging und so für uns viel Brot verdienten, so daß wir zu essen hatten. Ich bin jetzt sehr bedrückt, denn ich habe Euch nichts zu essen zu geben."

"Liebe Frau," sagte Warakir, "wie heißt Ihr?"

Sie sagte:

"Ich heiße Merie, und der, von dem ich Euch erzählt habe, hat mir vier kleine Kinder gegeben. Eins davon habe ich in die Stadt geschickt, um für uns um Brot zu betteln. Eins ist in den Wald gefahren, um auf dem selben Esel, mit dem auch sein Vater in den Wald fuhr, uns Holz zu holen."

Da griff Warakir in seinen Beutel und gab seinem Kind Geld und sagte zu ihm:

"Liebes Kind, kannst du uns Wein und Brot kaufen?"

"Ja," sagte das Kind, "das kann ich wohl."

XLI. Das Kind nahm das Geld und ging fröhlich davon, denn es war sehr froh, daß es ihm so gut gehen sollte. Es kaufte Fleisch und Brot, und dazu auch genug Wein. Warakir nahm Holz und machte ein gutes Feuer. Inzwischen kamen seine Söhne aus dem Wald mit dem Esel. Als der Esel Warakir sah, began er sehr zu schreien. Darüber wunderten sich die Frau und die Kinder sehr. Warakir bereitete ihnen zu essen, so daß sie alle genug hatten und vergnügt speisten. Da wurden die Kinder alle froh und sagten:

"Liebe Mutter, wir haben einen anderen Vater gefunden."

"Lieber Bruder," sagten die Kinder, "bleibt hier bei uns und geht nicht mehr weg."

Warakir sah seine Frau and und sagte:

"Liebe Frau, wo soll ich heute nacht liegen?"

Sie sagte:

Ich habe hier unten einen Keller, dorthinein will ich Euch genug Stroh bringen, daß Ihr gut dort liegen könnt. Ein anderes Bett habe ich nicht."

"Laßt uns beisammen schlafen. Ihr habt keinen Mann, und ich habe keine Frau. Ich will Euch genug Geld geben. Laßt mich heute nacht bei Euch schlafen."

Als die Frau das hörte, rief sie:

"Du Schalk und Bösewicht, Gott bringe dir viel Unglück. Geh gleich aus meinem Haus, und wenn du nicht bald gehst, so will ich meine Nachbarn rufen und dir deine Haut tüchtig schlagen."

Als Warakir dies hörte, fing er zu lachen an. Die Frau sah ihn an und fragte:

"Guter Freund, sage mir, wer bist du?"

Er sagte:

"Liebe Frau, ich bin Euer Ehemann Warakir, den Ihr früher sehr lieb gehabt habt. Mein Esel erkannte mich gut, aber Ihr habt mich nicht erkannt. Hörtet Ihr nicht, wie er schrie, sobald er mich sah?"

Als die Frau ihren Ehemann hörte, fiel sie ihm weinend um seinen Hals, umarmte und küßte ihn. Da konnte man Zeichen großer Freude sehen.

"Liebe Frau," sagte Warakir, "redet nicht davon, denn ich bin jetzt heimlich hier. Seht, das sind zwanzig Mark Silber und ein Rock, den hat euch heute meine Herrin geschickt."

Darüber freute sich die Frau sehr, denn sie hatte lange Zeit in Armut gelebt.

Als Warakir gute zwei Nächte bei seiner Ehefrau gewesen war, sagte er zu ihr:

"Liebe Hausfrau, ich muß nach Paris und die Verräter sehen, die meine Herrin verjagt haben. Ich möchte den Tag gerne erleben, an dem ich dazu beitragen kann, die Bösewichte aufzuhängen."

Sie sagte:

"Lieber Ehemann, hütet Euch, daß Ihr nicht in Ihre Hände fallt."

Er sagte:

"Ich will mich, wenn Gott will, gut vorsehen."

Damit zog Warakir seinen Pilgerrock an, nahm seinen Stab in die Hand und ging so lange, bis er nach Paris kam. Als er dort eintraf, sah er eine große Schar Männer, die sich alle rüsteten und mit dem König hinausreiten wollten. Als Warakir das sah, begann er sehr zu weinen und sagte:

"Ewiger Gott, gib König Karl die Vernunft, daß er seine Ehefrau, die Königin, wieder aufnimmt!"

König Karl ging am Rand des Flusses mit seinen Fürsten und Räten und besprach sich mit ihnen. Er nahm Nimo von Bayern unter seinen Mantel und sagte:

"Lieber Nimo, was ratet Ihr mir? Meine Leute sind nun alle gekommen."

"Herr," sagte Nimo, "ich will Euch einen guten Rat geben. Wenn Ihr mir folgen wollt, so rate ich, daß Ihr wieder meine Herrin annehmt, denn ich weiß wirklich, daß ihr Unrecht geschehen ist. Euer Sohn Ludwig ist jetzt in die Champagne gekommen und führt mit sich seinen Großvater und seinen Onkel sowie ein großes Heer, wie ich gehört habe. Wenn es zu einem Kampf kommt, so fürchte ich, daß Ihr schlecht davon kommen werdet. Deshalb, lieber Herr, bitte ich Euch um Gottes Willen, daß Ihr wieder meine Herrin annehmt. Damit verdient Ihr Euch viel Dank von Gott und der Welt."

Bei ihnen stand ein Verräter namens Maucion und hörte diese Rede.

"Herr," sprach Maucion, "wenn Ihr die Herrin wieder aufnehmt, dann seid Ihr nicht ein tapferer Mann, denn ich weiß sehr gut, daß sie sehr gemein ist. Es gibt keinen Kerl, mit dem sie nicht in den Gräben gelegen hätte und dem sie nicht seinen Willen erfüllt hätte."

Warakir hörte diese Worte und sagte:

"Du lügst wie ein Schalk und ein Bösewicht, und würde ich jetzt nicht König Karl fürchten, würde ich dich jetzt so schlimm mit meinem Stock schlagen, wie es dich noch nie geschmerzt hat.

Über diese Rede begannen König Karl und die anderen sehr zu lachen.

"Begarde," sagte König Karl, "woher kommst du?"

"Herr," sagte Warakir, "ich komme vom Heiligen Grab und bin auf dem Weg beraubt worden. Ich kam vor die Stadt Troye und habe noch niemals so ein großes Heer gesehen wie das, welches dort lagert. Man sagt, daß der Kaiser von Konstantinopel da sei und seine Tochter mit sich bringt, dazu ihren Sohn Ludwig, der auch Euer Sohn ist und hier der Erbe sein sollte. Von dem habe ich gehört, daß er schwor, er wolle die Schurken alle aufhängen, die seine Mutter so verraten hatten."

XLII. "Begarde," sagte der König, "drohen die Leute von Konstantinopel meinem Land und mir sehr?"

"Herr," sagte Maucion, "ich sage Euch fürwahr, der Begarde ist ein Spion. Ich bitte Euch, laß ihm seine Augen ausstechen und dann aufhängen."

Der König antwortete:

"Das will ich nicht tun, denn ich will mehr erfahren, was er zu machen versteht."

"Begarde," sagte der König, "was kannst du? Kannst du etwas, womit du dich zu ernähren verstehst?"

"Ja, Herr," sagte Warakir, "ich kann gut mit Pferden umgehen. Es gibt keine Pferdekrankheit, die ich, sobald ich das Tier untersucht habe, nicht bald erkenne, und ich getraue mich auch, sie mit Gottes Hilfe gut zu heilen."

"Begarde," sagte der König, "wenn du diese Kunst verstehst, willst du dann bei mir bleiben, ich will dir auch guten Lohn geben. Ich haben ein sehr edles Pferd, das so stolz ist, daß es sich nicht anfassen lassen will außer von mir. Könntest du ihm das austreiben, wollte ich dir eine große Belohnung geben."

"Herr," sagte Warakir, "laßt das Pferd bringen, dann will ich schnell erkennen, was ihm fehlt."

Der König sagte:

"Das soll sogleich geschehen."

XLIII. Der König ließ sein Pferd holen, und vier Knechte brachten es ihm. Als das Pferd herbeikam, hob es seinen Kopf und begann laut zu wiehern. Alle sagten zueinander:

"Wer hat je ein schöneres Pferd gesehen?"

Als Warakir das Pferd sah, dachte er bei sich:

Ach ewiger Gott, gib mir die Kraft, daß ich dieses Pferd meinem Herrn König Ludwig bringen kann. Wenn ich mich ohne Sattel darauf setze, und habe ich ja noch nie in meinem Leben auf einem Pferd gesessen, sorge ich mich, daß ich falle. Doch wenn mir Gott hilft, komme ich gut davon.

König Karl befand sich auf einer schönen Wiese und sah sich das Pferd an, das ihm sehr gut gefiel.

"Begarde," sagte der König, "du bist weit herumgekommen. Hast du jemals ein schöneres Pferd gesehen?"

"Herr," sagte Warakir, "wenn Ihr mir einen Sattel bringt und mich darauf sitzen laßt, so werde ich bald herausfinden, wie man ihm helfen kann."

"Das soll geschehen," sagte der König.

Man brachte sogleich einen Sattel und legte ihn auf das Pferd. Als Warakir sich daraufsetzen wollte, schlug das Pferd aus und verhielt sich so gräßlich, daß Warakir fast auf die Erde gefallen wäre. Alle sprachen zueinander:

"Wir werden hier einen großen Spaß erleben. Der Begarde wird gleich am Boden liegen."

Dies hörte Warakir und sagte leise zu sich selbst:

Das werde ich nicht, wenn Gott es so will.

Warakir hielt sich stark am Haar des Pferdes fest und blieb oben.

XLIV. Als er oben auf saß, trabte er einmal die Wiese hoch und wieder runter zum König und sagte:

"Herr König, ich bin Warakir, der mit Eurer Ehefrau der Königin weggegangen ist, und ich will Euerm Sohn Ludwig dieses Pferd bringen. Ich sage Euch: wenn Ihr nicht meine Herrin wieder als Königin annehmt, so wird dieses ganze Land zu Schanden."

Nach dieser Rede drehte sich Warakir um und ritt davon. Der König rief:

"Eilt dem Verräter nach, der mir [m]ein Pferd gestohlen hat, denn wer mir mein Pferd wiederbringt, und dazu den Verräter, dem will ich hundert Mark geben."

Da liefen sowohl Ritter als auch Knappen und Bürger, alle, die reiten konnten, hinterher. Warakir rief Gott aus ganzem Herzen an, daß er ihn behüten möge und nicht falle. König Karl und Otger von Dänemark, dazu Nimo von Bayern eilten hinter ihm her mit dreihundert Pferden. Wen sie begegneten, fragten sie, ob er irgendwo einen alten Mann mit einem schönen Pferd gesehen habe.

"Ja," sagten sie, "er läuft sehr schnell davon."

"Eilt hinterher," rief der König, damit ich den Verräter fange.

Warakir ritt so lange, bis er nach Amiens kam, wo er einem seiner Söhne begegnete und zu ihm sprach:

"Lieber Sohn, grüß mir die Mutter und sage, daß ich sie, wenn es Gott wolle, sofort zu sehen wünsche."

Darauf versteckte er sich so lange hinter seinem Sohn, daß ihn der König nicht sehen konnte, der nahe an ihm vorbei kam. Dieser sagte:

"Du alter trügerischer Verräter, du wirst noch, bevor es abend wird, am Galgen hängen."

"Ich werde es nicht, wenn Gott so will," sagte Warakir.

Damit trieb Warakir das Pferd mit seinen großen Schuhen an, und dieses rannte behende davon. Er ritt durch die Nacht bis an den Morgen. Der König ritt auch die ganze Nacht, und am Morgen kam er in die Stadt Apryemenis. Dort fragte er die Bürger, ob sie irgendwo einen alten Mann mit einem Pferd gesehen hätten. Sie sagten nein, sie hätten keinen gesehen. Warakir ritt so lange, bis er zum Heer von Ludwig, König Karls Sohn, kam. Zu diesem sagte er:

"Herr, seht dieses Pferd bringe ich Euch, das ich Eurem Vater, König Karl, entführt habe." Damit erzählte Warakir dem König Ludwig und seinem Heer, wie es ihm ergangen war.

"Wollt Ihr Euren Vater Karl finden, geht, er ist kaum sieben Meilen entfernt."

XLV. "Warakir," sagte Ludwig, "ist das wahr, was ihr mir berichtet?"
"Ja, Herr," antwortete Warakir, bei meiner Treue. Wenn Ihr Euren Vater
fangen wollt, dann könnt Ihr das jetzt tun, er kann Euch nicht entgehen."

"Wohlan, ihr Herren," rief Ludwig, "ich würde sehr gerne meinen Vater
gefangen setzen, auf daß er meine Mutter wieder aufnimmt."

Darauf wappnete sich das ganze Heer und ritten dem König entgegen.

"Ewiger Gott," sagte Ludwig, nun gib meinem Vater die Bereitschaft,
daß er meine Mutter wieder akzeptiert."

Nimo von Bayern bemerkte, daß sich der König [Ludwig] mit seinem
ganzen Heer näherte. Deshalb sagte er:

"Herr König, es steht mit uns schlecht, denn Euer Sohn und das ganze
Heer kommen auf uns zu. Wir sind dem alten Schalk zu weit nachgeeilt. Ihr
wollt den Verrätern folgen und Eure Ehefrau nicht wieder aufnehmen, und
wenn uns nun etwas deswegen geschieht, dann geschieht es uns ganz zu
recht. Wie sollen wir uns wehren, da wir keinen Harnisch haben, und nur
unser nacktes Schwert. Wir sind niemals in größere Not geraten. Wir haben
nichts zum Essen in diesem Schloß und können uns auch nicht halten."

"Nimo," sagte der König, "der Kaiser haßt mich sehr, es ist ratsam, zu
fliehen, als sich schandhaft gefangen nehmen zu lassen."

Ich sage euch mit voller Wahrheit, es gab niemals einen Franzosen,
dessen Leib mehr vor Furcht zitterte, denn sie hatten große Angst vor diesem
Heer.

"Herr," sagte Nimo, ich kenne hier in der Nähe ein Schloß ungefähr
sieben Meilen entfernt, das sehr stark ist. Wenn wir dort oben zusammen
sind, werden wir wohl eine Weile sicher sein."

"Wie heißt es?" fragte der König.

"Herr," sagte Nimo, "es heißt Hattwil."

"Nun denn," antwortete der König, "reiten wir dorthin."

Aber ehe der König dorthin gelangte, traf sein Sohn Ludwig und das
ganze Heer ein und eilten ihm nach. Sie fingen etwa fünfundzwanzig Ritter,
unter denen ein Teil der Verräter war, die geraten hatten, daß man die
Königin verjagen sollte. Einer von ihnen hieß Maucion.

"Ihr Herren," sagte Ludwig, "sagt mir, wer ihr seid."

"Herr, wir sind Franzosen und bitten Euch in Gottes Namen, daß Ihr unser Leben verschont, denn wir verpflichten uns Euch."

Da kam Warakir, sah die zwei Verräter und sagte:

"Herr, ich kenne zwei von ihnen gut. Es sind zwei schlimme Schalke, denn es sind diejenigen, die zum König sagten, daß man mich aufhängen sollte, denn ich wäre ein Spion. Sie sind es auch, die gesagt hatten, daß meine Herrin die Königin nicht tugendhaft wäre, denn sie gäbe sich mit anderen Männern ab. Herr, ich bitte Euch, laßt die Schurken zum Galgen schleifen."

"Das ist mir nur lieb," sagte Ludwig.

Darauf schleifte man sie sofort hin und hing sie in Richtung zum Schloß auf, wo der König sich aufhielt.

XLVI. Ludwig lagerte sich in der Nähe vom Schloß. Als König Karl das sah, sagte er:

"Ach ewiger Gott, wie tut es mir leid, daß ich mit eigenen Augen sehen muß, daß meine Männer aufgehängt wurden."

XLVII. Ludwig sagte zu den anderen Gefangenen:

"Ihr Herren, ich lasse euch frei. Reitet wieder zu meinem Vater, König Karl, und grüßt mir herzlich Nimo von Bayern und Otger von Dänemark. Obwohl ich sie nie gesehen habe, so habe ich doch viel Gutes von ihnen gehört. Ich möchte gerne den Tag erleben, daß ich sie voll Freuden sehen kann. Sagt ihnen, ich bäte sie um Gottes Willen, daß sie meinem Vater raten, meine Mutter wieder anzunehmen."

Die Gefangenen dankten Ludwig sehr und ritten zurück zu König Karl. Als sie zu ihm kamen, sagten sie:

"Herr König, Euer Sohn König Ludwig läßt Euch freundlich grüßen und bittet Euch um Gottes Willen, daß Ihr seine Mutter wieder annehmt. Wir haben auch gehört, daß der Papst gesagt hat, daß er Euch, wenn Ihr es verlangt, zu Füßen fallen wolle. Der alte Begarde hat veranlaßt, daß Maucion und seine Brüder aufgehängt wurden."

"Ach ewiger Gott," sagte König Karl, "in welche Schande bringt mich der alte Narr."

Darauf nahm König Karl Otger und Nimo zur Seite und sagte: "Ihr Herren, was soll ich nach Eurer Meinung tun?"

"Herr," sagte Nimo, "wir haben hier nicht für einen Heller zu essen. Ich rate, daß wir hinausreiten. Vielleicht gibt uns unser Herrgott einen Rat."

"Dies ist mir recht," sagte der König, vielleicht kann ich den alten Narr fangen, den ich lieber [in meiner Gewalt] hätte als mein Königreich."

Darauf ritten sie heimlich den Berg hinab und ritten so lange, bis sie zum Heer kamen. Dort zogen sie alle ihr Schwert und riefen:

"Montigoy, König Karl!"

Als die Männer von König Ludwig das hörten, wappneten sie sich sogleich. Als die Franzosen das bemerkten, zogen sie sich zurück, denn sie waren für sie nicht stark genug. Als die Franzosen wieder zurück ritten, begegneten ihnen König Ludwig, der Kaiser und Warakir, der auch auf einem Pferd saß. Er näherte sich Otger von Dänemark und schlug ihm heftig mit einem Stock auf seine Hände. Als Otger den Schlag verspürte, ergriff er Warakir und zog ihn schnell an seinem Bart den Berg hinauf. Warakir schrie laut:

"Helft mir, denn wenn ich dorthin komme, muß ich sterben!"

Ludwig und seine Männer hörten das und rannten heftigst hinterher, aber sie kamen nicht rechtzeitig dorthin. Otger zog [Warakir] in die Burg. Als Ludwig sah, daß er Warakir nicht befreien konnte, schrie er jämmerlich auf, denn er fürchtete sehr, daß man Warakir töten würde. Otger führte Warakir vor König Karl. Die Franzosen liefen ihm alle nach. Da stand einer namens Alories, der auch einer der Verräter war. Er sagte zu König Karl:

"Herr, das ist der alte Schalck, der mit Eurem Pferd wegritt, ich kenne ihn sehr gut."

[Warakir] biß seine Zähne zusammen, rollte mit seinen Augen und schlug dem Verräter ins Gesicht, so daß er vor dem König niederfiel. [Warakir] sagte:

"Du böser Kerl, ich vernehme recht gut, daß du auch einer derjenigen bist, die es zuwege gebracht haben, daß meine Herrin, die Königin, verjagt wurde. Dafür wird dich mein Herr, König Ludwig, büßen lassen. Er wird euch Verräter allesamt aufhängen lassen."

Als der König das sah, wurde er sehr zornig und befahl sogleich, einen Galgen errichten zu lassen und Warakir daran aufzuhängen. Er sagte:

"Ich werde nicht einen Wagen voll Geld dafür annehmen, daß ich den alten Narren gehen lasse."

"Ewiger Gott," sagte Warakir, "der du am Kreuz gestorben bist, nun erbarme dich meiner. Ach Ludwig, lieber Herr, möge Jesus Euch die Gnade gewähren, daß Ihr Euch wieder mit Eurem Vater versöhnt!"

Sogleich brachte man eine Leiter und warf Warakir ein Seil um den Hals.

"Du alter Schalck," sagte Alories, "jetzt kann dir weder Gott noch Mann oder Frau helfen. Du mußt hängen."

Bei diesen Worten begann Warakir heiße Tränen zu weinen.

XLVIII. Warakir bat Gott von ganzem Herzen, daß er ihm barmherzig sein möge. Unterdessen kamen Nimo von Bayern und Otger von Dänemark herbei.

"Begarde," sagte Nimo, "du hast dem König sein Pferd gestohlen, dafür mußt du am Galgen hängen."

"Lieber Herr," antwortete Warakir, "seid gnädig mit mir, denn ich habe Frau und Kinder verlassen meiner Herrin, der Königin willen. Ich ging mit ihr bis in die große Stadt Grymmes, wo sie meinen Herrn, König Ludwig, gebar."

"Begarde," sagte Nimo, "bist du derjenige, der, wie ich gehört habe, mit der König wegging?"

"Ja, lieber Herr. Ich ließ meine Arbeit sogleich wegen der Königin fallen."

Als Nimo dies hörte, lief er zu ihm und schnitt ihm mit dem Schwert das Seil ab und band ihm seine Augen auf. Die Neuigkeit, daß Nimo und Otger verhindert hatten, daß Warakir aufgehängt wurde, gelangte sogleich zum König, der allsbald nach Nimo schickte. Der König sagte:

"Herr Nimo, sagt mir, wie wagt Ihr es, Euch so zu erkühnen, daß Ihr den alten Narren nicht aufgehängt habt?"

Als Nimo darauf antworten wollte, achtete der König nicht auf ihn, denn er rief zwei andere Diener herbei, denen er ganz streng befahl, daß sie auf Warakir aufpassen sollten.

"Er muß doch hängen," sagte König Karl, egal, ob es jemandem lieb oder leid sein möge."

König Ludwig saß [inzwischen] beim Kaiser von Konstantinopel und beim Papst. Aber er konnte nicht essen vor lauter jammern, so sehr bedauerte er Warakir.

"Lieber Sohn," sagten der Kaiser und der Papst, "quält Euch nicht so sehr. Gott wird ihn wohl behüten."

"Liebe Herren," antwortete Ludwig, "dann würde ich für den Rest meiner Tage froh sein."

Während sie so redeten, trat der Dieb Grymmener in das Zelt und sah, daß König Ludwig heiße Tränen weinte. Dies betrübte ihn sehr und er sagte:

"Herr, wer hat Euch etwas getan, sagt mir das! Vermag ich es, so will ich es rächen."

"Das will ich dir sagen," antwortete Ludwig, "mein Vater hat Warakir gefangen und ich fürchte, er wird ihn töten."

"Herr," sagte Grymmener, "trauert deswegen nicht, denn ehe es Morgen sein wird, will ich Euch Warakir zurückbringen."

"Wenn Ihr das tun könntet," sagte Ludwig, "will ich Euch dafür hoch belohnen."

"Ja Herr," sagte Grymmener, "bevor ich aber zurückgekommen sein werde, will ich an die zwanzig getötet haben."

Als der Papst dies hörte, sagte er:

"Lieber Sohn, tue dies um Gottes Willen nicht, denn es sind viele gute Leute unter ihnen. Wenn du aber Warakir retten kannst, wäre das genug." Als Grymmener den Papst angehört hatte, drehte er sich sogleich um und ging den Berg rauf. Aber der Wächter auf dem Tor sah ihn gleich und rief: "Was suchst du hier oben? Geh sofort zurück, oder ich erschieße dich." Als Grymmener dies vernahm, bewerkstelligte er es mit seiner [Zauber]Kunst, daß der Wächter sogleich tief einschlief. Darauf trat Grymmener weiter auf die Burg zu. Da begegneten ihm vor dem Tor zehn Bewaffnete, die er ebenfalls zum Einschlafen brachte, und ging dann weiter hinein und schaffte es mit seiner Kunst, alle, die sich in der Burg aufhielten, sogleich einschlafen zu lassen. Bald kam er in die Kammer von König Karl, wo er diesen, Nimo und Otger schlafend vorfand, und dazu viele andere Leute. Dort brannten vier Wachskerzen.

"Ach ewiger Gott," sagte Grymmener, "wo soll ich nun Warakir suchen, denn beim allmächtigen Gott, "wenn ich ihn nicht finde, so will ich die Burg und alles, was darin ist, sogleich verbrennen."

Damit suchte er weiter überall in der Burg nach Warakir und fand ihn zuletzt an eine Säule gebunden. Grymmener weckte ihn auf, und dieser sagte:

"Lieber Herr, habt Gnade mit mir!"

Er meinte nämlich, er sei einer, der ihn töten wolle.

"Warakir," sagte Grymmener, "steht auf, ich will Euch mit Gottes Hilfe retten."

"Herr," sagte Warakir, "redet leise, damit die nicht erwachen, die in der Nähe sind, denn wenn sie erwachen, dann töten sie mich und auch Euch."

"Kommt mit," sagte Grymmener, wir wollen gehen und uns den König ansehen."

"Auf meine Treue," sagte Warakir, ich nehme nicht [ganz] Paris als Besitz, wenn ich ihn dafür ansehen muß."

XLIX. Darauf ging Grymmener [allein] in die Kammer des Königs und hob dessen Decke auf, so daß er ihm direkt in die Augen sah.

"Ewiger Gott," sagte Grymmener, der König hat ein Gesicht wie ein grimmiger Löwe. Herr, gewähre mir deine Gnade, daß er seine Ehefrau wieder annimmt."

Damit rief er Warakir herbei, aber dieser hatte Angst deswegen gehabt, daß er zum König gegangen war. Grymmener sah das Schwert von König Karl, nahm es und brachte es [später] König Ludwig. Grymmener und Warakir verließen die Burg und begegneten [bald] dem Kaiser und König Ludwig. Als König Ludwig Warakir sah, umarmte und küßte er ihn und sagte:

"Gott sei gelobt, lieber Vater, daß ich Euch wieder habe."

Grymmener trat hervor und sagte:

"Herr, hier bringe ich das Schwert Eures Vaters."

König Ludwig antwortete:

"Lieber Grymmener, was du mir Gutes getan hast, das will ich dir alles sehr belohnen."

Im Heer herrschte große Freude, daß sie Warakir wieder hatten. Die auf der Burg schliefen so lange, bis es Tag wurde. Als der Wächter erwachte, sah er, daß das Tor offenstand und rief deswegen:

"Auf ihr Herren, das Tor steht offen. Wir sind verraten." Da griff der König nach seinem Schwert, fand es aber nicht. Er sagte:

"Ihr Herren, wohin ist mein Schwert gekommen?"

"Herr," sagte Nimo," das weiß niemand besser als Ihr."

Bei diesen Worten kamen die Knechte, die auf Warakir aufpassen mußten und sagten:

"Herr, Warakir ist uns entlaufen."

"Auf meine Treue," sagte Karl, "dann hat mir der Schalk auch mein Schwert gestohlen. Wie ist mir geschehen? Ich habe noch nie so tief geschlafen. Ihr aber habt bei meiner Treue töricht gehandelt, daß ihr den alten Narren laufen ließt. Damit rief er Nimo von Bayern und Otger von Dänemark herbei und sagte:

"Hängt mir diese zwei Kerle auf, sie haben Warakir fliehen lassen."

Sie wurden sofort aufgehängt. Darauf sagte König Karl:

"Wer ist unter euch, der für mich heimlich nach Paris zu den Männern reiten will, die mir zur Hilfe kommen?"

"Herr," sagte Otger, "das will ich tun."

Damit wappnete sich Otger und ritt hinaus. Da begegneten ihm die Männer des Kaisers und sagten:

"Ritter, Ihr entkommt uns nicht."

Otger schwieg, zückte sein Schwert und erstach einen von ihnen. Die anderen rannten ihm alle nach, aber er entkam ihnen und ritt so lange, bis er nach Paris kam. Dort fand er ein Heer vor, das gerade bereit war und am nächsten Morgen zum König reiten wollte.

L. Otger sagte:

"Ich will zur Normandie reiten und dem Herzog sagen, daß auch er dem König zu Hilfe kommen muß."

Damit ritt er sogleich zur Normandie und sagte dem Herzog, daß der Kaiser und König Ludwig den König [Karl] auf der Burg Hattwil belagerten. Da antwortete der Herzog:

"Mir tut es leid, daß der König seine Ehefrau verjagt hatt, denn ich habe gehört, ihr sei großes Unrecht geschehen, und sie habe einen schönen Sohn von ihm. Lieber Otger, will jetzt der König, daß ich ihm zu Hilfe komme gegen seinen eigenen Sohn, oder ist das Euer Rat? Ich will meine Leute nicht zusammenrufen, [statt dessen] will ich zu ihm reiten, ihn trösten und ihm helfen."

"Otger sagte:

"Lieber Herr, dann bitte ich Euch, daß Ihr jedenfalls zum König reitet und ihn bittet, seine Ehefrau wieder aufzunehmen."

"Wenn ich irgend etwas Gutes dazu leisten könnte,"sagte der Herzog, "würde ich das gerne tun."

Damit bereitete er sich sogleich und ritt allein zum König. Die Franzosen schlugen ihr Lager eine Meile von Hattwil entfernt auf. Als das der König vernahm, freute er sich sehr darüber.

LI. König Ludwig bemerkte die Franzosen und zog ihnen sogleich entgegen, um mit ihnen zu kämpfen. Der Kampf währte bis in die Nacht, bis auf beiden Seiten sowohl Ludwig als auch die Franzosen große Verluste erlitten hatten. In der Nacht zogen sich beide Seiten wieder in ihr Lager zurück. Nimo ging zum König, kniete nieder und sprach:

"Edler König, nehmt Eure Ehefrau wieder an, denn so weit das ganze Land ist, so findet man doch keine schönere und tugendhaftere Frau als sie."

Als der König Nimo anhörte, begann er heftig zu weinen und sagte:

"Ach ich Armer, ich weiß nicht, was ich tun soll."

Am Morgen als es graute, hielt der Papst die Messe und rief Ludwig, seine Mutter und ihren Vater, den Kaiser zu sich und sprach:

"Ihr Herren, es steht geschrieben, daß Gott die Demut am meisten liebt. Wenn ihr mir jetzt folgen wollt, dann wollen wir im Heer ausrufen, daß sich alle Männer bis auf ihr Hemd ausziehen sollen. So wollen wir zum König gehen, und dann müßt er ein wirklich hartes Herz haben, wenn er nicht seine Ehefrau wieder annimmt. Denn es ist völlig unangemessen, wenn ein Vater gegen seinen Sohn kämpft."

Für diesen Rat bedankte sich der Kaiser sehr beim Papst und sagte:

"Dies scheint mir ein gutes Vorhaben zu sein."

Sogleich ließ man es im ganzen Heer ausrufen. Als sich alle entkleidet hatten, gingen stets zwei nebeinander zum König Karl. Der Papst und seine Kardinäle schritten voran.

LII. König Karl sah die Menge auf sich zukommen und sagte:

"Welches Volk ist das. Schaut hin. Sind sie wahnsinnig?"

"Herr," sagte Nimo, "es ist Euer Sohn König Ludwig, der zu Euch mit seinen Männern kommen will. Er möchte Euch um Gnade bitten. Mit ihm sind der Papst, der Kaiser und Eure Ehefrau."

Da fielen die zwölf Räte auf ihre Knie und sagten:

"Edler König, nehmt Eure Ehefrau wieder an, denn es gibt keine tugendhaftere Frau als sie. Ihr ist Gewalt und Unrecht angetan worden, wie Ihr sehr gut von dem Verräter Mayrkar gehört habt."

Der König besann sich ein wenig, weinte und trat dann zur Königin. Sie fiel auf ihre Knie nieder und sagte:

"Herr, laßt Euren Zorn gegen mich arme Frau, denn mir ist Gewalt und Unrecht angetan worden."

Der König hob sie wieder auf und schlug den Mantel um sie, küßte und umarmte sie vielmals. Darüber freute sich das Volk. König Karl ging zu seinem Sohn Ludwig, umarmte und küßte ihn ebenfalls. Ludwig sah neben sich Warakir. Er sagte über ihn zu seinen Vater:

"Herr," das ist derjenige, der meine Mutter im Wald fand, an dem Tag, als Ihr sie aus Frankreich verjagt habt. Er hat sich stets um meine Mutter gekümmert bis auf den heutigen Tag. Lieber Herr, deshalb bitte ich Euch, daß Ihr ihm verzeiht, was er gegen Euch gemacht hat."

Der König sagte:

"Das ist möglich. Er hat wie ein tüchtiger Mann gehandelt."

Darauf verzieh ihm der König gänzlich, und rief darauf Nimo und Otger zu sich und sagte:

"Ergreift die Verräter, die sich an mir vergangen haben, bindet jeden an einen Pferdeschwanz und schleift sie zum Galgen und hängt sie alle auf."

Sie sagten:

"Herr, das wird geschehen."

Damit suchten und fanden sie an die zehn von ihnen, die sie alle gut kannten. Es waren aber noch mehr, die jedoch sogleich entflohen. So wurden König Karl und seine Ehefrau miteinander versöhnt und gewannen danach einen Sohn, der Kaiser zu Rom wurde und Lohir hieß. Danach hatten sie eine Tochter, die eine Gräfin von Pontue wurde. Dann hatten sie einen Sohn namens Isenbart. Er war derjenige, der seinen Vetter König Ludwig aus allen christlichen Ländern vertrieb, wie ihr später erfahren werdet. Damit kommt das Buch ans Ende. Gott möge alle Not von uns wenden.

Hier schließt das Buch von König Karl von Frankreich und seiner Ehefrau Sibille, die wegen eines Zwergen verjagt wurde.

FRAGEN ZUM TEXT

— *Welches Schicksal erleidet die Protagonistin?* *Sind es typische Schicksale?*

— *Wird die Königin anders behandelt als die männlichen Mitglieder des Hofes?*

— *Von wem erhält sie Hilfe? Warum kommen diese Personen zu ihrer Hilfe?*

— *Wie wird Karl der Große als Persönlichkeit beurteilt?*

— *Welche politische Situation ergibt sich an Karls Hof?*

— *Welche Rolle übt der Zwerg aus?*

— *Welche Bedeutung besitzt Warakir?*

— *Inwieweit, wenn überhaupt, handelt es sich um einen "typischen" Frauenroman?*

— *Reflektiert Elisabeths Roman eine eigenständige weibliche Ästhetik? Wäre solch eine Frage grundsätzlich berechtigt?*

— *Was sagt der Roman über die politischen Verhältnisse im Spätmittelalter aus?*

— *Welche ethischen und moralischen Tugenden finden besondere Berücksichtigung?*

10. Argula von Grumbach (1492–1568?)

Während der frühen Reformationszeit äußerten sich eine Reihe von sprachgewaltigen Frauen in der Öffentlichkeit entweder in Verteidigung von Luthers Lehren oder in heftiger Kritik dagegen. Argula von Grumbach darf als eine der herausragendsten und literarisch am umfassendsten gebildeten und mutigsten Literatinnen gelten, zu denen auch Katharina Zell, Ursula Weydin, Florentina von Oberweimar und Ursula von Münsterberg gehören.[48] Argula hatte von früher Kindheit an die Bibel studiert und war eine glühende Anhängerin von Martin Luther. Als ein Ingolstädter Student, Arsacius Seehofer, am 7. September 1523 wegen Thesen, die denen des Reformators ähnelten, zum Widerruf verurteilt und ins Benediktinerkloster Ettal verbannt wurde, ergriff sie die Feder und veröffentlichte in kurzer Zeit bedeutsame Briefe, Pamphlete und ein Gedicht, d.h. gedruckte Flugschriften, die sie an den bayerischen Herzog, den Pfalzgraf am Rhein, den Kurfürsten von Sachsen, an die Universität von Ingolstadt und den Rat der Stadt richtete. Ihre Texte verursachten eine große Aufregung unter den Intellektuellen und wurden vielfach nachgedruckt.

Ein konservativ gesinnter Magisterstudent der Universität Ingolstadt attackierte 1524 Argula in einem bösen Spottgedicht, auf das sie mit einem gleichartigen Text antwortete. Dieses Gedicht wird nachfolgend als Ausschnitt in moderner deutscher Fassung geboten. Die Beschränkung auf zwei Textauszüge rechtfertigt sich von daher, daß Argula beginnt, sich zu wiederholen bzw. in ähnlichen Ausdrücken ihre Thesen vorbringt. Wichtig ist aber auf jeden Fall, daß sie energisch die für ihre Zeit typischen feministischen Argumente vorbringt, ohne sich jemals von der Bibel zu entfernen. Zum Verständnis der Auseinandersetzung um ihre Person und ihr Schrifttum erscheinen hier zunächst die Eingangszeilen des Spottgedichts des Ingolstädter Magisters auf Argula. Der Text wird weitgehend in neuhochdeutscher Übersetzung geboten, damit sich der Leser an den Stil und Ausdrucksweise der deutschen Reformationsschriftstellerinnen gewöhnen kann. Als zweites Beispiel für Argulas literarische Tätigkeit folgt dann ein Auszug aus ihrem Schreiben an die Universität Ingolstadt.[49]

Argula von Grumbach

Textausgabe:

Der erste Druck findet sich in der Herzog–August–Bibliothek Wolfenbüttel unter der Signatur Yv 2208. Helmst. 80. Danach wird hier zitiert.[50]

Text

Zunächst der Beginn des Spottgedichts des Johanns von Landshut:

Ein Spruch von der Staufferin wegen ihres Disputierens

[1] Frau Argel, arg ist euer Name,
Viel ärger aber, daß ihr ohne Scham
und alle weibliche Zucht mißachtend
so frevelhaft handelt und so vermessen,
[5] daß ihr euren Fürsten und Herrn
einen neuen Glauben lehren wollt
und euch dazu aufwerft,
eine ganze Universität
zu kritisieren und zu bestrafen
[10] mit euren närrischen Hinweisen
auf hundert zusammengeflickte Stellen,
von denen keine zueinander paßt.
Dazu habt ihr falsch zitiert,
als ihr auf Paulus hinweist,
[15] auf das erste Kapitel Timotheus.
Ihr verkauft uns Hafer für Gerste,
dennoch werdet ihr nicht damit beweisen,
daß er den Frauen einfach zu schweigen befiehlt,

sondern ihnen zu lehren verbietet.

[20] Zugleich befiehlt er ihnen, die Männer zu ehren,

durch Furcht, Gehorsam, Zucht und Scham,

weil Eva den Adam

gleich zu Beginn verführt hat.

....

Antwort der Argula von Grumbach

[1] In Gottes Namen beginne ich,

zu antworten dem kühnen Mann,

der sich Johann nennen tut.

Er zeigt mir an, er sei von Landshut,

[5] auf daß ich weiß, wer er sei.

Ich merke wohl, es hat einen anderen Sinn,

so daß das Licht nicht richtig scheint.

Der selbige Student zu Ingolstadt

ist nicht ganz so frei, wie er sich rühmt,

[10] ihr hättet sonst euren Namen nicht so versteckt.

Christus bezeichnet uns als ganz hell und frei.

Ein jeglicher, der böse ist,

derselbe haßt das Licht und den Tag,

wovon ich euch berichten will.

[15] Mit diesem Namen sind viele getauft,

ei Lieber, kommt doch heraus,

wenn ihr ein redlicher Christ seid.

In Ingolstadt tretet auf

zu einem Tag, der euch gefällt.

[20] Wenn ich mich geirrt habe, dann sagt das.

Wenn ihr mir Gottes Wort zeigt,

folge ich wie ein gehorsames Kind.
Zeigt mir ehrlich meinen Irrtum,
wie es sich einem christlichen Mann gebührt.
[25] Drei oder vier Wochen zuvor
nennt mir den genauen Tag,
damit auch andere herbeikommen können,
um zuzuhören, was mein Anliegen dabei ist.
Gar fröhlich will ich dann zu euch kommen,
[30] denn dies betrifft meinen Herrn Gott.
Christus gibt mir tröstliche Auskunft,
daß ich mich nicht fürchten soll,
auch wenn ich vor Gericht gestellt werde.
Sein Vater selbst gibt uns die Lehre,
[35] schickt uns seinen Geist in unseren Mund,
der redet für uns in dieser Stunde.
Ihr seid nicht derjenige, der redet.
Ja, dieses Wort erfreut mein Herz,
auch wenn ich nicht eine Schriftgelehrtin bin.
[40] Ich habe keine Angst davor.
Ich will ohne Sorgen zu euch kommen,
zum Lobe von Gottes Namen und Ehren,
die ihr jetzt so sehr lästert.
Bildet eure Abgötter nach eurer eigenen Vorstellung.
[45] Ich hoffe, Gott werde in mir Schwachen wirken
und mir meinen Geist zu seinem Lob stärken,
wie mir Christus laut Matthäus zu wissen gibt:
Fürchtet nicht den, der euren Körper hinwegnimmt
und dennoch nicht mehr kann oder vermag.
[50] Fürchtet aber denjenigen, wie ich euch sage,
der Macht über den Körper und die Seele besitzt
und beide in die Hölle versenken kann.
Das Fleisch eines Menschen hat keine Kraft,

wenn nicht der Geist Gottes darin wohnt,
[55] den er uns auch versprochen hat
im zweiten Kapitel von Joel.
Dort findet ihr ebenso geschrieben,
wovon weder Frau noch Mann ausgeschlossen sind,
wie Gott seinen Geist ausgießen will
[60] auf alles Fleisch. Nicht daß er
seinen Geist in einen engen Stall stellt.
So mancher, der nur ein geschwätziges Maul hat,
meint, nur er verstünde dies.
Gott redet in vielerlei Form davon.
[65] Eure Söhne und Töchter, Mägde und Knechte
werden davon unterrichtet, lest nur recht die Schrift.
Ihr werdet auch das von Gott verstehen.
Ihr Alten werdet davon träumen.
Wunder im Himmel und auf Erden
[70] werden kurz vor dem Tag des Herren auftreten.
Ihr findet es bei Johannes geschrieben,
im siebten Kapitel lest ihr davon,
das gleiche verkündet uns auch Christus:
Schreie laut derjenige, den es dürstet, zu mir zu kommen.
[75] Wer an mich glaubt, folge meiner Lehre.
Lebendige Wasser fließen hervor
von ihm. Das redet der Herr vom Geist,
der uns alle belehrt.
Darüber solltet ihr Auskunft erteilen,
[80] denn Gottes Wort liegt tageshell vor uns.
Wenn der Bauer, die Bäuerin davon ausgeschlossen sein sollen,
so zeigt mir, wo ihr es geschrieben findet.
Wer sind denn die Aposteln gewesen?
Wo habt ihr es auf der Universität gelesen?
[85] Johannes war auch ein Fischer,

der dennoch so großartig und klar schreibt.
Desgleichen ist Petrus
ein Fischer gewesen, wie wir von ihm lesen.
Weiterhin verkündet uns Paulus,
[90] Gott habe seinen Geist in uns gesandt,
daß er uns in unserer Schwachheit helfen könne,
wie es im achten Kapitel des Römerbriefes steht.
Wir wüßten nicht, was wir beten sollten,
wenn uns der Geist nicht vertreten würde,
[95] oder wie es sich für uns als Christen gebührte.
Nehmt gut wahr, daß uns der Geist doch führt.
wie es in Korinther eins steht,
falls ihr das recht gelesen habt.
Im zweiten Kapitel schreibt Paulus,
[100] daß Gottes Geist zur Erkenntnis treibt,
der ja alle Dinge erforscht.
Auch die Kräfte der Gottheit schwinden,
niemand weiß, was in dem Menschen ist,
nur der Geist weiß es, der in ihm wohnt.
[105] Zudem weiß niemand zu irgendeiner Zeit,
was in Gott verborgen ist,
außer Gottes Geist, den er da preist
und mit diesen Worten unterrichtet.
Wir haben nicht empfangen
[110] den Geist aus dieser Welt.
Von Gott ist er zu uns gesandt,
auf daß er uns bekannt gebe,
und uns jetzt berichtet,
was uns von Gott gegeben ist.
[115] Im dritten Kapitel steht,
wie der Tempel Gottes genannt wird.
Sprecht: Gottes Geist ist in euch, außer dort,

wo die Frau von der Welt der Männer ausgeschlossen ist.
[120] Im dritten Kapitel Korinther steht,
was Paulus über die Buchstaben denkt,
wie sie den Menschen töten,
es sei denn, Gottes Geist wohnt beim Menschen.
In diesem Kapitel unterrichtet er uns,
[125] sagt klar, der Herr ist selbst der Geist.
So hat mich auch selbst Christus gelehrt.
Zu Gott wird niemand gelangen,
wenn der Vater uns nicht anzieht,
zu dem ich auch fliehen muß.
[130] Wir müssen von Gott unterrichtet werden.
Wie mich Christus selbst stärkt,
finde ich im sechsten Kapitel Johannis.
Jesaja schreibt auch klar davon,
im vierundfünfzigsten Kapitel.
[135] Lest diese Worte und nehmt sie wahr,
sie werden alle vom Herzen gelehrt.
Dennoch wollt ihr uns die Worte Gottes verkehren.
Bittet Gott um seinen Verstand.
Hört, wie ich abermals geschrieben fand,
[140] im siebzigsten Psalm stehen.
David lobt Gott auf dem höchsten Thron.
Sagt: oh Herr, du hast mich gelehrt
von meiner Jugend an hier auf Erden.
Im dreiundneunzigsten vernimmt man,
[145] an wen sich David wendet.
Oh Herr, der Mensch ist wohl selig,
den du persönlich unterrichtest,
dem du auch deine Gesetze beibringst.
Sagt nicht nach, was ein jeder schwätzt.
[150] Deswegen achtet nicht auf euer Dekret

ganz gleich, wieviel darin geschrieben steht.
Verfluchen und Verbannen
bewirken nichts, als die Seele und den Leib verdammen
und Fallen zu legen, mit denen ihr uns fangt,
[155] durch eure Geldgeschäfte und euren Geiz.
Christus hat euch doch gelehrt.
Dennoch richtet ihr euch nicht danach.
Ihr sollt in alle Welt ausziehen,
wie ich in Matthäus geschrieben finde,
[160] ohne Sack oder Geld.
Ich weiß wohl, daß es euch nicht gefällt,
es heißt nur dies: Verkündet!
Uns sind göttliche Worte gesandt worden.
Im fünften Buch Moses könnt ihr lesen,
[165] im vierundzwanzigsten Kapitel,
daß Gott sorgfältig verbietet,
daß ihm irgend jemand sein Wort verfälscht.
Setzt nichts dazu, nehmt nichts davon weg.
Wie wird euer Dekretal bestehen,
[170] oder der Scotus mit seiner Gelehrsamkeit,
weil wenige göttliche Worte darin stehen?
Auch der tief gelehrte Meister
bringt wie die anderen solches Geschwätz hervor,
was doch Gott verboten hat.
[175] Im dreißigsten Kapitel bei Jesaja steht,
weh über euch, daß ihr nicht
den Rat aus meinem Mund beachtet habt.
Vergeblichen Dienst nach menschlichen Geboten
verwirft Christus als nichtig.
[180] In diesem Kapitel steht weiterhin,
daß das, was Gott nicht gepflanzt hat,
ausgejätet werden soll.

Wie könnt ihr aber Christus hören,
sagt und gebt uns Bescheid,
[185] wenn ihr wie ein Blinder dem anderen ein Leid tut—
beide werden in die Grube fallen.
Herr, hilf all den Armen heraus.
Laß uns hier deine Gnade erwerben,
daß wir nicht wie sie verderben.
[190] Gott befiehlt uns auch, die fahren zu lassen,
die so verblendet und verstockt gewesen sind.
Im fünfzehnten Kapitel lest ihr,
so schreibt uns Matthäus klar davon,
laßt euch zum Vater bringen,
[195] flieht nicht zum Menschen hin,
zu Aristoteles und dem Dekretal.
Gott gibt euch nicht die Freiheit,
mit seinen Worten zu dichten oder zu komponieren,
sie zu verdunkeln oder zu verletzen,
[200] wie ihr es bisher getan habt.
Gott will es nicht länger dulden,
daß ihr Arm und Reich betrügt.
Niemand ist euch darin gleich,
wie ihr kauft, finanziert, umherstolziert.
[205] Dazu führt ihr ein Leben
gewidmet dem Zins, geistlich genannt,
ist aber vielmehr geizig und schändlich.
Ihr treibt auch viel Betrug.
Mit Gottes Wort treibt ihr Handel.
[210] Hört, was Paulus verkündet
im zweiten Kapitel Korinther:
es sind sehr viele Menschen,
die ihr Streben auf zeitlichen Gewinn richten.
Gott spricht durch Christus das folgende Wort:

[215] Sucht weder hier noch dort Gewinn.
Sprecht all seine Worte nur ganz aufrichtig.
Vor Gott redet man mit Wahrheit.
Wenn ihr auch so handelt,
wollen wir euch gerne folgen.
[220] Ihr wollt uns aber sehr verführen.
Es ist Zeit, daß sich auch die Steine bewegen.
Während ihr Gottes Wort verdrängt
schändet ihr Gott, und die Seele eilt zum Teufel.
Ich will es gar nicht unterlassen,
[225] im Haus und auf der Straße zu reden.
Wieviel Gnade mir Gott davon schenkt,
soviel will ich es mit meinem Nächsten teilen—
Paulus hat mir nicht verboten,
dort, wo Gottes Wort nicht weit verbreitet ist, zu predigen.
[230] Leider herrscht bei uns nun diese Situation.
Ei lieber Hans, spart eure Worte,
nehmt euch ein Beispiel daran,
wie Balaams Eselin getan hat.
Als Gott den Mund der Eselin öffnete,
[235] redete sie zugleich mit menschlicher Stimme
und strafte Balaam den weisen Mann.
Im vierten Buch Moses lest ihr davon,
wie er sie mit Reitersporen schlug,
dennoch wollte sie nicht weitergehen,
[240] wie es auch jetzt oft geschieht.
Davon habe ich erfahren, bin gut unterrichtet.
Deswegen kämpft nicht gegen Gott,
ihr werdet wirklich vor ihm zu Spott.
Von Judith lese ich im achten Kapitel.
[245] Die Heilige Schrift berichtet mir davon.
Da lag Holofernes' Heer

mit allen Wagen, Pferden und Waffen.
Aus Kleinmut und Angst
vertrauten sie [die Juden] nicht auf Gottes Gelübde.
[250] Sie hatten auf einen bestimmten Tag Gott ein Ziel gegeben,
an dem er sie von ihrem Leid befreien sollte.
Wenn ihnen bis dann nicht Hilfe gekommen wäre,
wollten sie sich Holofernes unterwerfen
und ihn als ihren Herrn anerkennen,
[255] ihm mit Leuten und dem ganzen Land gehorsam sein.
Sobald Judith dies vernahm,
ging sie sogleich zu den Priestern
und belehrte sie gut.
Gott habe auch ihren Vätern viel geholfen
[260] und sie überall aus der Not geführt.
Sie zeigte ihnen die Heilige Schrift,
ging auch zu den Obersten von ihnen,
sagte zu ihnen mutig: Was tut ihr,
daß ihr das Volk so in Schmerzen laßt.
[265] Richtet wieder euer Herz auf.
Von Abraham stammte Isaak, von ihm dann
Jakob. Moses behob schließlich ihre Not.
Das war die Probe von Gott dem Herrn,
ob sie auch gutgläubig waren.
[270] Sie sollten damit auch verstehen,
daß die Bedrückung viel weniger sei,
als ihre Sünde, ja auch als ihre Schuld
und daß sie nicht ungeduldig werden sollten.
Gott schlägt mit seiner Geißel auf uns ein,
[275] auf daß wir uns verbessern.
Judith ergab sich dem Tod
und wagte für das Volk ihr geringes Leben.

.... [mehrere Seiten werden hier ausgelassen, weil sie
thematisch nichts Neues bieten]

Dieser hochkluge Meister [Johann]
will mich Haushalten und Spinnen lehren.
[280] Damit gehe ich doch täglich um
und kann es kaum vergessen.
Auch Christus sagt mir deutlich,
daß ich seinem Wort zuhören soll, das sei die beste Wahl.
Herr und Gott, sprich zu mir,
[285] das ist mein größter Wunsch.
Wie sollte ich von euch lernen,
wenn ihr die Leute [von Gott] wegdrängt.
Ihr fordert uns dazu auf,
in Gehorsamkeit zu dienen
[290] und unseren Mann in Ehren zu halten.
Es wäre mir leid, wenn ich es ins Gegenteil kehren würde.
Mein Herz und meine Seele neigen sich dahin,
ihm hier zu dienen,
ganz voller Freuden und Gehorsamkeit.
[295] Wenn ich es nicht täte, wäre es mir leid.
Ich achte auch darauf, selbst am hellen Tag,
daß er sich nicht über mich beklagt.
Ich hoffe, Gott wird mich gut unterrichten,
wie ich mich ihm gegenüber verhalten soll.
[300] Wenn er mich aber zu zwingen
und von Gottes Wort zu vertreiben beabsichtigte,
davon würde ich gar nichts halten.
Genau das aber strebt ihr an.
In Matthäus finde ich geschrieben,
[305] im zehnten Kapitel lest davon,
ja, daß wir uns trennen müssen

von Kind, Haus, Hof und was man hat.
Wer diese Sachen mehr liebt als Ihn, der ist ausgeschlossen,
derselbige wäre Seiner nicht würdig.
[310] Wenn ich Gottes Wort verleugnen sollte,
würde ich, bevor ich das aufgäbe,
meinen Körper und mein Leben eher hingeben,
weil mir meine Seele nicht lieber ist,
als mein Herr und Gott.
[315] Dann würde ich nämlich vor seinem Gericht zu Spott,
gestellt zu seiner linken Hand,
wo die Böcke und Kitze stehen.
Stattdessen wähle ich die rechte Tür.
Wie Christus sagt: wenn ihr an mich glaubt,
[320] seid ihr von der Verurteilung befreit
und gelangt durch den Tod ins wahre Leben.
Im 3. und 5. Kapitel lese ich es,
Johannes schreibt davon.
Hoffe, Gott werde mir beistehen,
[325] daß mir das alles möglich sei.
Ihr erzählt den Frauen Lügen,
denn ich habe es ja bereits berichtet,
daß ihr mir diese Lehre gegeben habt,
von einem Meister namens Palatin;
[330] dieser Name ist mir auch unbekannt.
Ihr habt ihn schändlich verführt,
wie ihr es auch mit mir getan habt,
wie es in eurer Fabel zu lesen ist.
Ihr lauft unverschämt mit euren Schellen umher,
[335] quält so viele andere Frauen damit,
wollt mich sogar lächerlich machen,
obwohl es mir nichts ausmacht.
Ihr greift mich ganz entsetzlich dafür an,

daß ich meinem Fürsten geschrieben habe.

[340] Ich merke, ihr macht euch große Sorgen deswegen,

sie könnten euer Handwerk legen,

womit ihr die Leute so verführt habt.

Ihr habt Angst, daß eure Bosheit aufgespürt werde.

Ich hoffe, sie werden es bald erkennen,

[345] daß euch der Teufel sogar besessen hat.

Voll Freuden habe ich vernommen,

daß [die Leute] jetzt zu lesen anfangen,

möge ihnen Gott darin Beistand leisten,

daß sie Gottes Wort annehmen,

[350] indem er ihnen seinen Heiligen Geist schickt,

der ihnen die rechte Wahrheit vermittelt.

Ja, diese Botschaft erfreut mein Herz.

Wie Christus sagt: Ihr seid selig,

wenn ihr meinetwegen verfolgt werdet

[355] und wenn euch die Menschen hassen,

ja sogar verschmähen und verstoßen

und euren Namen beschmutzen,

nur wegen des Menschensohns,

erfreut euch an diesem Tag.

[360] Euer Name gilt viel im Himmelreich.

Weh über euch, die ihr jetzt lacht,

ihr werdet bald klagen und weinen.

Weh über euch, selbst wenn euch alle Menschen loben,

lästert ihr doch Gott. Euer Toben

[365] wird von Gott ganz und gar zunichte gemacht,

wenn ihr vor das strenge Gericht kommt.

Im sechsten Kapitel Lukas steht das.

Deshalb laßt ab davon und besinnt euch.

Für diesmal ist es genug davon,

[370] bis er in der Öffentlichkeit auftritt.

Von Balaams Eselin lernt nur gut,
Mein lieber Johannes aus Landshut.

Wenn es Gott so will. Später mehr davon.

A. V. G. Geborn von Stauffen

FRAGEN ZUM TEXT

— *Wie wehrt sich die Autorin gegen die männlichen Vorwürfe?*

— *Welche Argumente benutzt Argula, um sich von dem Stereotyp zu befreien, das der Magister von ihr entworfen hatte?*

— *Welchen Stil benutzt sie, um ihre Argumente vorzubringen?*

— *Welche Autorität zitiert sie, um sich in der Öffentlichkeit zu behaupten?*

— *Was für ein Bewußtsein als Frau beherrscht Argula?*

— *Welchen Beitrag leistete sie mit ihren Schriften zur Reformation?*

11. Klagegedicht einer anonymen Dichterin[51] (Graserin) (16. Jh.)

Während in den Texten von Argula von Grumbach recht stark um der Verständlichkeit willen eingegriffen wurde, folgt hier ein anonymes Gedicht, das zur Illustration des Sprachstils im 16. Jahrhundert ganz in der Originalfassung belassen wurde. Die Glossen dürften aber ausreichen, um den Text dennoch gut zu verstehen.

Ein grosse Clag der armen
Leyen. Zü Gott dem Herren   *Leyen* = Laien
Von der Pfaffen wegen
Zuo ainem Faßnacht.
Kiechlin.

Die stoltze Graserin hats gemacht
Deren sye gehoffiert hand vff der Kindlin achst.   = um der Kinder willen

[hierauf folgt ein Holzschnitt mit Gott als thronende Erscheinung über zwei Scharen von Laien]

A ch Gott ist es nit ain arm ding
   das die Pfaffen so toub vnd blind sint.
Können weder sehen noch hören
   vnd sollent vns armen Leyen leeren
thün vns vil bedüten   5
   wie es by Iohannes Hussen Zeitten.
so seltzam vnd wild ergangen ist
   vermeinen das wir zü disser frist.
   sollen sein so schnel gerist
doctor Martin Luther zuo erkennen   10

vnd jn ein Ketzer nennen.
vartzuo glich jm Lauff verbrennen.   *vartzuo* = wobei
on alles überwunden
vnd haben nichts Args an jm funden.
vnd vermeinen in disen Sachen   15
    mir Leyen sollent vns des Adels Findt machen   *Findt* = Feind
als ob Luther wider vns hab gethon
    vnd wir es nit konden verston.
dorumb das er von irer Biebery seyt.   *Biebery* = Buberei/Übeltat
    das die heiligen Apostel vß haben geleyt.   20
vnd wolten vns in das Spil hetzen
    dörffent doch nit jre Zeen wetzen.   *Zeen* = Zähne
mit dem Luther vmb ein Zipfel rissen
    nit einen Buochstaben vß seiner Leer bissen.
weder in der Schuol noch in Arguwieren *Arguwieren* = Argumentieren 25
    ir keiner kan mit jm disputieren.
allein richtent si es vß mit Boch   *Boch* = Schmutz
    als ob Luther wer ein schmutz Koch.
der nit weißt was er seyte   *seyte* = *sagte*
    aber o Herr es ist jnen leyt.   30
das du in hast so wol gelert
    er seyts heruß wie es gehört.
vnd bringt sye yetz in Schand [A ii]
    das weiß menglich zuo hand.   *menglich* = *viele*
deßhalb so wolten sye gern   35
    der Leer der heiligen Appostlen entbern.
nur das jnen blib ir Stadt   *Stadt* = Stand
    achten nit wie es der Kirchen noch Leyen gadt.
allein sye des Gits vnd Hoffart achten   *Gits* = Gut
    und der jungen glatten Huoren Drachten.
                    Huoren = Huren; *drachten* = Kleider 40
wie sye das möchten vß richten schon

sye wolten die Kirchen gern lon.
jn jrem alten Wesen blyben
aber kein Huor von jnen triben.   *Huor* = Hure
sunder bey jrer Byeberey beharren.   45
schwig Luther still sye hielten in für ein Narren.
vnd meinen er hat michs gelert
sunst so er jnen die Worheit für kert.   *Worheit* = Wahrheit
jr Schand Schmoch vnd Leckery
die jnen alle Zeyt wonet bey.   50
dartzuo ir grosse Symony.
so kumpt ein jeder Pfaff gelauffen
wil sein Schand mit seinem nechsten Fründ verkeuffen
fohet an mit jm zuo haderieren   *fohen* = anfangen; *haderieren* = handeln
vermeint in mit Gewalt ins Garn zuofieren.   55
                                        zuofieren = zu führen
als ob er das weren solt
vnd ist in sunst weder trew noch hold.
ist derley schon vß seyner angeborner Art.
dannocht geheyt den Pfaffen die Hoffart.   *geheyt* = zukommen
vnd thuon die Weltlichen aber verachten   60
als ob sye das Vnglück machten.
kemm sollichs von den Leyen für
vff vnser Trew so glauben wir.
die Pfaffen wurden Roeck vnd Mantel wogen
so aber Luther geistlich dörffen sey nit fragen   65
dann sye erkennen das sye Narren sindt   [A iii a]
vnd wissen minder dan der Affen Kindt.
wir achten aber die Pfaffen haben zamen gesworen
könten sye vß vns machen Thoren.
das wir die Sachen griffen an   70
sye sprächen es hettens die Narren gethon.
wie sye sunst mit andern Sachen.

auch vil Hader vnd Zanck machen.

hüpen den Adel zuom höchsten vß   *hüpen* = erheben

     dartzuo manchen Frummen in seim Hauß.   75

lond sich auch des nit beniegen   *beniegen* = begnügen

     Weib vnd Kind sye Schand zuofiegen.

alles was sye können erdencken

     mag es anderst nit sein so thuon sye schencken.

einner alten Kupplerin   80

     zü der wochen zwo oder drey Moß Wein.

die muoß von Leüten Schant sagen

     das sye nie bey allen iren Tagen.

hand in iren Sin genommen

     dises Übel thuot alles von den Pfaffen kuommen   85

auch von Clöstren vnd Stifften

     köndten sye vnß armen Leyen vergifften.

das wir kämen in dise pein

     dorin die Pfaffen Luthers halben miessen sein.

so wurden sye vnser spotten   90

     vnd sich darnoch bald rotten.

die stoltze Graserin singen

     aber hundert Jor züm Tüfel springen.   *Tüfel* = Teufel

wie sye in den heyligen Festen vnd Tagen

     alle Tüfel vnd Münsch hüren vmb jagen.   95

wie sye hant gethon seidher des Hussen Zeyt

     der Tüfel laufft in jnn der Heüt.

darumb wir arman Leien

     liegen in grossem Spüen. [A iii, b]

sye thuon vnß alle Zeyt blenden   100

     wie sye vns köntten schenden.

mit irem vnzalbaren Geyt   *Geyt* = Geiz

     sye achten vns gantz für nüt.   *nüt* = nichts

frogten auch nit wie es vns gieng

wan ir yeder nit meer dann entpfieng.   105
des Jors fünff oder sechs hundert Gulden
   sye ächten keines Verschulden.
gegen Gott noch der Welt
   hetten sye nit meer dann das Gelt.
dorumb sye solten lesen vnd singen   110
   dann wurden sye aber an den Galgen springen.
gon in den Chor als Pfaffen
   können nit meer dann ander Wald Affen.
weder lesen singen noch sagen
   man solt inen Dreck in die Müler schlagen.   115
das sye synd also vngelerdt
   vnd sich nicht dann der Geyt an in Nerdt.   *Nerdt* = ernährt
   o Herr hast du sye das auch gelerdt.

C Antwurt von Gott dem Herren den
      armen Leyen wider die Pfaffen.

C Or ir lieben gewilligen Armen
   zuo sagen wil ich mich eüwer erbarmenn.
   Pfi pfi dich ir Pfaffen vnd wiesten Narren[1]   *wiesten* = wüsten
   wann die Leyen wider den Luther wolten beharren
ir solten sagen es gieng sye nicht an   5
   sunder Luther wer ein geystlich Man.
vnd sagt von geistlichen Sachen
   jr Pfaffen solten das Spil selb vßmachen.

---

[1]Vor dieser Zeile findet sich eine Hand aufgemalt, die mit ihrem
Zeigefinger auf diesen Vers aufmerksam macht.

mit der heyligegen Schrifft vnd Leren[2]
   die armen Leyen nit also verkeren. [Aiii, a]   10
den heiligem Christlichen Glauben zieren
   mit guoten Wercken vnd heylsamen Studieren.
den rechten Glauben zuo erkennen
   nit bald also einen Ketzer nennen.
vnd die Leyen nit also in das Spil hauwen   15
   vnd so gar vnder die Fuoß Frawen.
dann die Leyen sind eüch zuo schlecht
   vnd glauben bald man sag innen recht.
sig wor was ir sagen   *sig* = sei
   thuond darnoch mit Füsten drin schlagen   *Füsten* = Fäusten 20
das ist wider mich dann ein armer Paur
   ist glich als wol mein Creatur.
als ir grossen Pronosen vnd Pfaffen
   sehent doch ettlich vnder vch wie die Affen.
mit eüwer Zierd vnd Berden   *Berden* = Gebärden 25
   die ir triben [wider mich] vff Erden.
hetten jr nit Zins Gült vnd hohe Pferdt
   jr wären jnn Orden nit eines Furtz werde.
vnd hand die armen Leyen betrogen
   vnd ist doch allsamen erlogen.   30
darumb gebeüt ich vch von wegen der Leyen
   thuon sye nit zuo einem Bluotuergiessen bewegen.
dann ich wil sye nit lon
   vnd inen allzeit treüwlich beyston.

[..................................]

    [2] Offensichtlich liegt hier ein Druckfehler vor; es müßte heißen: heyligen gegenschrifft.

Dancksagung Gott dem Herren
von den armen Leyen.

C O Herr das begeren wir alle samen.

vnd sprechen mit Andacht vnsers Hertzen Amen. [B ii, b]

FRAGEN ZUM TEXT

— *Welche Kritik wird gegen die Kleriker erhoben?*

— *Wie verteidigt die Dichterin Martin Luther?*

— *Was sagt sie über die Laien aus?*

— *Inwieweit hat Geld die katholische Kirche verdorben?*

12. Liederbuch der Ottilia Fenchlerin (1592)

Obwohl das 16. Jahrhundert, will man den gängigen Literaturgeschichten glauben, ganz von der Reformation und nachfolgenden Gegenreformation bestimmt gewesen zu sein scheint, hat die breite Leserschicht trotzdem großes Vergnügen an unterhaltenden Romanen, "Volksbüchern," wie *Königin Sibille* [s.o.] sowie an erotischen Liebesliedern, politischen Balladen, historischen Volksliedern u.dgl. mehr gefunden, die entweder als einzelne Flugschriften kursierten oder in sogenannten "Liederbüchern" gesammelt wurden. Eine größere Anzahl davon ist uns in gedruckter Form überliefert, andere sind nur als Handschriften erhalten. Einige von diesen "Liederbüchern" sind das Produkt von weiblichen Autorinnen, so der Augsburgerin Clara Hätzlerin [1471], andere entstanden als eine Art Poesiealben [*Darfelder Liederbuch*], und noch andere wurden im Auftrag von Frauen von männlichen Schreibern zusammengestellt. Ein gutes Beispiel dafür ist das "Liederbuch" der Ottilia Fenchlerin, in dem zwar die meisten Lieder anonym überliefert wurden, bei denen wir aber mit großer Sicherheit ausgehen dürfen, daß sie von Frauen verfaßt wurden—insbesondere diese Anonymität spricht für weibliche Autorschaft!

Praktisch nichts ist uns bis heute über die Straßburgerin Ottilia Fenchlerin bekannt geworden, außer daß ein Schreiber Caspar Schröpfer ein Liederbuch für sie zusammenstellte. Er schloß seine Arbeit am 22. Mai 1592 ab, wie wir aus seinem eigenen Zeugnis vernehmen: "Ottilia Fenchlerin von Strassburg. Anno 1592 angefangen geschriben worden von mir Caspar Schröpfer denn 22. tag Mey. Alle ausserlessene lieder in diss büchlin geschriben der Ottilia zuehren." Früher lagerte die Handschrift in der Fürstlich Fürstenbergischen Hofbibliothek in Donaueschingen, aber 1994 gelangte sie in die Badische Landesbibliothek Karlsruhe, wo sie seitdem unter der Signatur Cod. Don. 121 aufbewahrt wird.[52] Diese Liedersammlung wurde zwar auch für das *Repertorium der Sangsprüche und Meisterlieder des 12. bis 18. Jahrhunderts* konsultiert, doch liegen darüber hinaus praktisch keinerlei einschlägige Forschungsarbeiten vor.[53] Ein Unbekannter entfernte zu einem unbestimmbaren Zeitpunkt die Blätter 40–47 aus dem Liederbuch, so daß uns heute die Lieder Nr. 32–39 fehlen. Von Lied Nr. 39 sind immerhin noch die ersten drei Strophen erhalten geblieben. Überall dort, wo im Text das Wort Herz auftauchen sollte, ist es durch eine entsprechende Federzeichnung ersetzt worden.[54]

Arthur Kopp hat sich als einziger bisher zu Ottilia Fenchlerins Liederbuch geäußert und dabei mit Mißmut den bewußten "Rollentausch der Geschlechter" konstatiert, wodurch nach seiner Meinung die Lieder "in gezwungenen, verlegenen und schiefen Wendungen des Gefühls und Ausdrucks" einen schlechten Eindruck hinterlassen.[55] Gerade dieser kritische Kommentar verrät aber, daß sich tatsächlich neuartige Stimmen vernehmen lassen, die sich nicht mehr dem typisch männlichen Tonfall auf dem Gebiet der Liebeslyrik beugen. Kopps Verurteilung der Lieder als minderwertige Liebeslyrik wirft weiterhin nur ein schlechtes Licht auf den Kritiker, dem es gar nicht schmeckte, daß sich auch Frauen des 16. Jahrhunderts explizit über Liebeserfahrungen äußern konnten. Damit besitzen wir zwar immer noch nicht einen Beweis dafür, daß die für Ottilia gesammelten Lieder tatsächlich von Frauen verfaßt wurden, könnte es sich ja wie auch sonst schlicht um eine spezifische lyrische Gattung handeln, die ebensogut von Männern gehandhabt wurde. Trotzdem dürfen wir davon ausgehen, daß sie gerade wegen ihrer "feministischen" Perspektive beim männlichen Literaturwissenschaftler Kopp Irritation auslösten. Die Gründe dafür wären im einzelnen zu untersuchen, hier genüge es vorläufig, eine Auswahl der Texte selbst vorzustellen.

Wenn man die hier versammelten Lieder etwa mit denen der provenzalischen Sängerinnen, der *Trobairitz*, aus dem 12. Jahrhundert vergleicht, ergeben sich überraschende Parallelen im Tonfall, in der Beurteilung der Geschlechtsbeziehungen und in der Haltung der weiblichen Stimmen. Ein Vergleich mit den Liedern der mittelhochdeutschen Minnesänger würde weiterhin einen deutlichen Kontrast vor Augen führen und unserer These zusätzliche Beweiskraft liefern. Vorläufig reicht es aber, diese Lieder überhaupt dem modernen Leser wieder zur Verfügung zu

stellen, denn sie gehören zweifellos in unsere Textsammlung, weil in ihnen
explizit weibliche Perspektiven von weiblichen Stimmen dargestellt
werden.[56] Trotz des oftmals recht sentimentalen Tonfalls, der aber durch den
Gattungstyp festgelegt ist, gewinnen diese Lieder besonderes Interesse für
uns, weil sich in ihnen resolut und selbstbewußt Frauen zu Wort melden und
ihre Liebhaber dazu auffordern, ihre Treue zu bewahren.

Nr. 1 [Nr.I].

1. Brinnende lieb du heysser flamm,
wie gar hast mich vmbgeben,
als durch ein jüngling. milt heysst sein stamm,
ohn ihn mag ich nicht leben,
   das edle blutt,   5
   mein seel leyb vnd mutt
gib ich im ganz zeygen,
   als er dann wol
   noch sehen soll
das es die werck anzeygen.   10

2. Alle welt must eh zu scheytern gon,   gon = gehen
eh dann ich ihn sollt meyden,
in nöthen will ich für in ston,   ston = stehen
vnd solt ich darumb leyden
   denn grimmen todt,   15
   wann ihms thut noth,
dieweil ich leb auf erden,
   geschicht ihm ütt,
   in solcher zeyt.
es soll gerochen werden.   gerochen = gerächt 20

Stadtansicht von Straßburg, Kupferstich von Johann Daniel
Schoepflinus, 1751

3. Kein zarter jungling daran gedenk
vnd lass dichs auch nicht gerewen.
dein lieb vnd trew keinem andern schenk,
dann ich dir thu vertrawen,
      haltestu an mir,   25
      als ich an dir
stätt ewiglich will halten,
      so lebt kein man,
      der mag noch kan
solliche lieb von eynander spalten.   30

4. Betracht, herzlieb, den ersten kuss,
denn ich thett frölich wagen,
das macht als des Jupiters schuss,
die göttin thet mich plagen,
      wezt ihren pfeyl,   35
      in schneller eyl
thet sie mich hart verwunden,
      das klag ich dir,
      zu helfen mir,
auf daz ich werdt entbunden.   40

5. Dann mir möcht helfen sonst kein kunst,
die alle arzet geben,
mir brist allein dein lieb vnd gunst,   brist = fehlt
damit hast mir mein leben
      wider erquickt   45
      vnd mich verstrickt
als durch dein grosses zusagen.
      solches bandt lass zu,
      so hab ich ruh,
ich will kein schmerzen mer klagen.   50

6. Reyss nimmer entzwey daz thuch der lieb,
damit ich bin verbunden.
in stetter trew dich ewig üb,
du machst sonst frisch die wunden.

    das thut erst wee   50
    jey mehr so meh,
vnd würdst fast übel beyssen
    verbachen ding,
    so schnell vnd ring,
aufs lezst von eynander spalten[57]   55

* * *

Lieb ist fahrende hab,   hab = Besitz
heüt lieb, morgen schabab.   schabab = verloren
so geschieht mir alle tag.

Nr. 2 [Nr. VI].

Die Situation im folgenden Lied erweist sich als etwas kompliziert, denn zunächst und auf lange Strecke scheint wirklich nur eine Frau über ihre Liebesempfindung zu sprechen, zitiert dann sogar, was ihr Freund zu ihr gesagt habe. Am Ende, in der achten Strophe [V. 59], scheint aber das Personalpronomen den gegenteiligen Fall anzudeuten, nämlich daß doch ein Mann das Lied verfaßt haben könnte. Möglicherweise bediente sich aber die Dichterin, sollte es eine gewesen sein, zuletzt noch der männlichen Perspektive, um Kritik seitens des Publikums vorzubeugen oder das von ihr gewählte Spiel fortzusetzen. Insgesamt jedoch fällt auch dieses Lied in die Kategorie der "Frauenlieder."

1. Das ich von ihm muss scheyden,
mein herz das was gar krank,
das ich vor grossem leyde
zur erden nidersank.
o wee der grossen noth!   5
soll ich vnd muss von ime,
so krenckt mirs gemüeth vnd sinne,
vil lieber wer ich todt.

2. Herzlieb vnd du vil schöner,
mein trost mein augenschein.   10
bey mir trag ich verschlossen
das frisch junge herze dein,
dein herz vnd dein gemüth,
alda muss ich iez wandern,
ein kuss gieng über den anderen,   15
das mir ihn Gott behüet.

3. Ein klein weyl thett ich rasten,
wol auf den selbigen tag
fraw Venus teht nit fasten   teht = tut
mit freüdt der liebe pflag   20
rnit ganz freüdenreychem schnall,
er ist mir der liebst auf erden,
kein lieberer soll mir werden,
er liebt mir überall.

4. Wann ich iezundt gedencke   25
an den herz allerliebsten mein,
auch an sein lieblich schwencken,
vnd an sein stolzen leyb,
            vnd an sein eüglin glar,   eüglin = Äuglein

so redt ich das vngefärdt,   vngefärdt = offen 30
meines herzens ist er ein beschwerdt,   beschwerdt = Last
ein grosse pein für war !

5. Ob ich in iezundt nicht bin bey im,
er ist der liebste mein,
mein sinn stet allezeyt zu im,   35
kein lieberer soll mir sein,
vor anderen jüngling zart,
sein trew man gar wol spüert,
ganz wol ist er formiert
nach adelicher art.   40

6. Und ob ich in iez meyden solt   iez = jetzt
den herzallerliebsten mein,
im elendt ich eh sterben wolt.
wie kündt mir weher sein!   weher = schmerzlich zumute
wolt eh meyden weltliche freüdt,   45
biss er mein frisch jung herz,
mit leydt, mit grossem schmerz,
ein seg im leyb zerschneydt.

7. Vnd als der jungling das erhört,
rnit ganz kläglicher stimm   50
sprach er zu mir ein freündtlich wort:
herz aller liebste mein,
komm her mit grosser freüdt,
das dich der liebe Gott behüet
vnd theyl dir mit sein gnadt vnd güeth   55
in lieb vnd auch in leydt.

8. Sie hub an heyss zu weinen sehr: hub = begann
herzlieb vergiss nit mein!
sie sprach zu mir: herwieder ker!
dein eygen will ich sein,   60
stett wil ich mit dir leben
in lieb vnd auch in leydt,
biss vns der bittere todt scheydt.
will ich dich nicht aufgeben.

Nr. 3 [Nr. VII].

Obwohl der Inhalt altbekannt ist und schon in Ovids Metamorphosen 4,
55–166 [Pyramus und Thisbe] zu finden ist, bedient sich doch eine
weibliche Sängerin des Themas, um sich an diesem Stoff zu üben und ihn
für ihre eigene Zwecke einzusetzen.[58]

1. Die jungfraw thett sich zieren,

                       zieren = kleiden, schmücken
in einen mantel weyss,
ihr brüstlein thett sie einschnieren,

                       einschnieren = schnüren
vermachts mit ganzem fleiss.
ach, sprach die edtle jungfraw schon: 5
kein mann soll mich aufpreysen,
dann eines graffens sohn.

2. Da sie kam zu dem brunnen,
sie fandt gross freüdt vnd lust,
sie dacht: ich hab gewunnen   10
mein trawren ist verdust,
auss aller noth wer ich erlost,

ach das ich sehe herreyten,
mein hoffnung vnd mein trost.

3. Gott gesegne dich mon vnd sonne, 15
dessgleichen laub vnd grass!
Gott gesegne dich freüdt vnd wonne
vnd was der himmel beschloss!
sein schwerdt das stach er durch sein herz,
es soll kein weybesbilde, 20
durch mich mehr leyden schmerz.

4. Da es wardt vmb denn abendt,
die jungfraw wider kam,
zu dem brunnen: glaubet,
kein tödtlich herz vernam 25
so bitterliche klag!
sie wandt ihr schneeweysse handt,
rauft aus ihr gälbes haar. gälbes = gelbes

5. Die jungfraw fiel darnieder,
gar oft ihr da geschwandt, 30
wenn sie aufblicket wider,
ihr onmacht sie empfandt!
das trib sie also dick vnd vil,
biss an den lichten morgen:
ihr klag ich kürzen will. 35

6. Die jungkfraw thett sich neygen,
wol auf das bilde schon:
Gott gesegne dich erb vnd eygen, erb = Erbe
Gott gesegne dich königliche kron!
dessgleichen feür, wasser, luft, vnd erdt, 40

in dem thett sie aufspringen,
vnd zog im auss sein schwerdt.

7. Das schwerdt bekundt sie stechen,
durch ihr betrüebtes herz:
herr Gott thu in mir rechen,   45
die ding zu bitterem schmerz,
so es warlich am tage leyt,
die liebe überwindt,
alle ding in disser zeyt!

8. Hastu durch mich aufgeben   50
leyb, seel, ehr, vnd auch muoth,
verzehret hie dein leben,
vnd auch veröhret dein bluott,
du hast gemeint ich sey ermordt,
will ich bey dir bleiben,   55
ewiglich hie vnd dort.

9. Damit will ichs beschliessen,
die schöne tageweyss,
her durch dein bluttvergiessen,   her = Gott
gib vns das paradeyss!   60
das liedt schenk ich einem jüngling rein,
durch ihn wolt ich auch sterben
auf erdt, möcht es gesein!

Nr. 4 [Nr. XI].

1. Selig ist der tag vnd auch die stundt,
darinn mir dein lieb erstlich war kundt,

niemans scheydet mich von dir,
dann der todt auf disser erdt,
der hoffnung sey von mir gewerth.   5

2. Wendt nicht von mir dein lieb, das bitt ich dich.
auf erdt weyss ich kein lieberen dann dich,
mein trost erbarm dich mein!
So würdt mein herz in freuden kert,
so du mir, feins lieb, bist beschert!

3. Vil sindt die mich hassen thun,
vermanen mich[,] ich soll ablon,   gehen lassen
ist als des klaffers schuldt:
wo das gescheh ich stirb vor leydt,
lass nicht geschehen mein herzliche freudt.   15

Nr. 5 [XIII].

1. Sonst keiner ohn dich
      erfrewet mich,
allhie auf disser erden:
      dann dein allein
      beger ich zusein: 5
ob du mir möchtest werden?

2. Dein zucht vnd ehr
      bezwingt mich sehr,
für alles gutt vnd gelt,
      fürwar du bist   10
      ohn arge list,
der feinst auf disser erden [welt].

3. Allein dein sein,
     merck wie ichs mein,
mein herz in ganzen trewen,   15
     ohn alle schandt
     biet mir dein handt:
es soll dich nicht gerewen!

4. Zu keiner schmach
     stell ich dir nach,   20
dein ehr will ich bewaren.
     das wer mein bitt,
     versag mirs nicht,
lass mich dein gemüeth erfahren.

5. Reich war [wer?] ich schier,   25
     so ich bey dir
in zucht vnd ehren möcht bleiben,
     darum mein herz
     leydt semlich schmerz,   semlich = sehnlich
mein leydt bey dir zuvertreiben.   30

6. Das du dann
     deinen willen thust
gegen mir ganz freündlich wenden,
     das wer mein bitt,
     versag mirs nit: 35
thu mir dein bottschafft senden.

7. Das wer das best,
     das niemandt wüsst,
darbey lass ichs bleiben,
     ohn allen spott,   40

der ewige gott
wöll vns zusammen schreiben.

8. Wann disses geschicht
so hatt es mir gelungen;
vnsere herzen fein zusammen gericht,   45
                                          gericht = gebracht
die lieb hatt mich bezwungen.
   nur stet vnd still,
   daz ist mein will,
   dabey man mich erkennet.
   ein L vnd S,   50
   mein nit vergess,   nit = nicht
   also bin ich genent.

Nr. 6 [Nr. XV].

1. O trauren über trauren,
wie möcht ich frölich sein!
hab ich doch verlohren
den allerliebsten bulen mein,   bulen = Geliebten
so will ich doch nicht trawren,   5
ich will iezt frölich sein.
ich weiss mir einen schönen jungen knaben,
der ist so lieb als du.

2. Urlaub hastu mir geben,
ich hoff es sey mein glück   10
er wolt mich gern verführen,
an einem narren strick.
da sag ich dir immer recht:

er findt noch wol ein reychere,
ich bin von armen geschlecht.   15

Nr. 7 [Nr. XXIII].

1. Gross lust hab ich zu singen gehabt,
              darumb hab ich das liedtlein gemacht.
              I
ch sing es dir, auf das du mir
der liebste seyst vnd darbey bleib!
ich sing es einem jüngling fein,   5
ich hoff, er soll mir nicht feindt sein,
ach grüss mir Gott den zarten jüngling.

2. Seine adeliche geberden gefallen mir wol,
gleich wie sich ein jüngling halten soll,
er hat hatt zwey eüglein die seind klar,   10
darzu ein hüpsches grauses haar,   grauses = krauses
gleich wie ein adelicher ghett er herein,
er hat ein rottes mündelein
ach grüess mir Got den zarten jüngling.

3. Ach herziger schatz vergiss nicht mein.   15
vnd lass mich dir befohlen sein,
bey dir wer ich doch allzeyt gern,
vnd was du wilt, thu mich gewehren.
ach gieng es nach dem willen mein
so müsst dein mutter mein geschwig sein.   20
                          geschwig = Schwiegermutter
ach grüess mir Gott den zarten jüngling.

4. Wolt Gott das ich erlebe das jahr!
das ich dir wünsch, das werde war,
ja wenn es nicht soll waar werden,
wolt Gott ich leg vnder der erden!   25
ich wünsch feiner jüngling, dass ich were dein,
vnd wärstu mein.
ach grüess mir Gott den zarten jüngling.

5. Ich bin ein hirschlein wildt,
mich jagt ein schönes holz[d]seliges bildt,   30
freündtlich reden, das kann ich nit,
schön wer ich gern. das bin ich nicht.
fromm bin ich wol, das hilft mich nicht,
darumb hab ich kein stättigen bulen nicht!   35
                                    stättigen = festen
ich bin für war ein hirschlein wildt,
mich jaget ein schönes holtzseliges bildt
wann ich in an sein ehr werdt fellen,
so würdt er mil auss dem garn entspringen,
vnd dir schöns lieb ein liedlin zu singen.

6. Allde feins lieb! ich fahr von hinnen   40
ich hoff du solt mir bald antwort bringen,
der mir also gefallen würdt,
das mich kein falscher kläffer nicht irt,
dem vngenanten vnd wolbekanten,
dem hochgebornen, vnd ausserkornen,   45
ich hoff mein lieb soll nicht sein verlohren.

7. Feiner jüngling: dir hab ich das liedtlein gedacht
ich wünsch dir vil tausent gutter nacht,
do ich das liedtlein hab gemacht.

hab gar oft an dich gedacht,   50
du bist meines herzen ein eynige zier,
gefell ich dir, so sag es mir,
grüss mich, es ist iezunder an dir.

Nr. 8 [Nr. XXIV].

1. Nhun grüess dich Gott im herzen,
du ausserwölter mein,
du würdest mir wenden vil der schmerzen,
auch manche schwere peyn,
so du hieltest die trewe dein,   5
so würdt ich nichts dann fröhlich sein,
vnd leben wolgemuth;
das frew ich mich noch von herzen grundt,
der liebe Gott spar dich lang gesundt,
halt dich in seiner hutt!   10
darumb gut achtung auf dich gib,
das dich der kläffer nicht betrüeb,
traw nicht den worten sein,
dann seine wort sindt mit gall vermischt,
sein herz steckt voller hass und list,   15
darumb folg der warnung mein!

2. Mein trew hab ich dir geschworen,
das weystu herzliebster mein,
vor anderen dich erkohren,
in mein herz geschlossen ein,   20
nimmermehr zulassen dich,
also beharr beständiglich,
biss kompt die liebe zeyt,

so will ich dir dann für vnd für
aufschliessen der liebe thier,   25
bey dir leben in freüdt,
ich glaub nicht das deines gleichen lebt,
der so rechtschaffen der liebe pflegt,
dann du herzliebster mein!
du bist meines herzen aufenthalt,   30
ich gib mich gar in dein gewalt,
biss an die hinfardt mein.

3. Kein vntrew soltu spüeren,
dieweyl ich leb auf erdt,
ich will dich auch nicht verführen,   35
will dich halten lieb und werdt,
ich versprich dir hiemit bey der handt,
dir mein trew zu einem pfandt,
auss wohlbedachtem sinn,
von dir will ich nicht lassen ab,   40
biss das man mich legt in das grab,
das soltu werden inn:
das ich so gar nicht komm zu dir,
geschicht niemandt weher dann mir,
das wiss herzliebster mein,   45
in deinem verdient trag ich gedult,
weyl ich erwerben solt dein huldt,
nichts mehr mich krencken solt.

4. Nachtigall thu dich erschwingen,
mein bott soltu sein,   50
das liedtlin soltu bringen
dem herzallerliebsten mein.

nun schwing dich eylendts für sein hauss,
sieh richt mir die sachen fleyssig auss
sag niemandts nichts darvon,   55
wann du dann vor sein fensterlein
kompst mit deinem guldenen schnäbelein,
klopf also leys doran,
grüess mir ihn Gott meines herzen eine kron,
gib ihm das lied vnd flieg darvon   60
vnd bring mir antwort baldt,
wan du dann wider kompst zu mir,
gar trewlich will ich lohnen dir
dort in dem grüennen waldt.

5. Schön's lieb halt dich feste,   65
wie der baum sein äste!
ich lass von der liebe nicht ab;
man trag mich dann hin zum Grab.

Nr. 9 [Nr. XXV].

1. Mein freüdt wiewol sie verloschen ist,
so hoff ich doch zu disser frist,
sie werdt mir widerkommen,
würstu auss dem herzen mein,
feins lieb nimmer genommen.   5

2. All mein hoffnung ich zu dir stell,
halt fest du allerliebster gesell,
in rechter lieb vnd trewen,
. . . .
dich würdt es nimmermehr gerewen.   10

3. Rein zarter jüngling daran gedenk,
dein herz und treu keinem anderen schenk,
du bist allein mein leben,
minn hilf vnd trost in aller noth,
dir kann ich nicht widerstreben.   15

4. Ich muss, feins lieb, weyt von dir sein,
bringt meinem herzen schwere pein,
vnd kan nicht fröhlich werden,
dieweyl ich muss beraubet sein
meines höchsten trost auf erden.   20

5. Ach bedenk herzlieb die grosse noth,
die mir iezundt zuhanden ghott:
das ich mit grossem schmerzen
dich ganz vnd gar nicht sehen kan,
das macht betrüebte herzen.   25

6. Freüdt vnd wollust ist all dahin,
betrübt ich für war allzeyt bin,
das mir jezt ist genommen
mein einiger trost in disser welt,
wo soll ich in wider bekommen?   30

7. Recht lieb in meinem herzen trag,
vnd denck ann dich tag und nacht,
dein schön hat mich gefangen

vnd mit brinnender lieb verstrickt,
nach dir trag ich verlangen.   35

8. Ihn nöthen will ich für dich sthon   stohn = stehen
vnd solt mir vil zuhanden ghon,
                                zuhanden ghon = passieren
vmb dich mein jünglinge,
für dich will ich ghen in den todt:
wann mir nur möcht gelingen!   40

9. Du bist allein, der mir bringt freüdt,
vnd mir vertreyben thut mein leydt,
solt ich dich wider sehen.
soltestu widerumb sein bey mir vnd ich bey dir,
was könt mir höheres geschehen?   45

10. Es muss doch eh zu scheytern ghon,
eh ich dich mein herz wolt verlohn,
all ding auf disser erden,
du bist allein mein freüdt vnd wonn,
soltestu mein eygen werden!   50

11. Reyss nicht ab das thuch der lieb,
[damit ich bin verbunden,]
in sthätter trew dich ewig üb,
du machst sonst frish die wunden.
nimm mit von mir das herze dein,   55
ich werdt sonst nimmer gesunde.

12. In deinen willen zarter jüngling,
setz ich alzeyt das herze mein
vnd alles mein vertrawen:

halt fest an mir, wie ich an dir,   60
lass mich fest auf dich bawen.

13. Christo dem seligmacher fein,
befihl ich dich herzliebster mein,

                                 befihl = anvertraue
der würdt dich wol behüetten,
er würdt deinn eygner tröster sein,   65
er is voll grosser guotten.   guotten = Güte

14. Von mir weich nicht, das bitt ich dich,
sthe mir bey allezeyt festiglich!
dein trew thu du auch halten,
die du mir versprochen hast: 70
so würdt uns niemandt spalten.

15. So vns das liedtlein new gesang,
ein zarte jungfraw ist sie genant,
gross lieb hatt sie bezwungen,
ein feiner jüngling hatt sie lieb,   75
zu dem kundt sie nicht kommen.

Nr. 10 [Nr. XXVIII].

1. Feins lieb ich muss dich meyden:
ist als des klaffers schuldt!   klaffer = Neider, Spion
zu dir trag ich heymlichs leyden,
herzlieb ich hab mit dir gedult,
mein herz das leydt gefangen   5

so hart nach deiner lieb,
zu dir sthett mein verlangen,
du herziges eyniges lieb!

2. Mein herz das ist betrüebet,
verwundt biss in den todt,   10
dein lieb mich so hart übet,
das schafft dein munde rot.

der stundt thu ich mich frewen,
wenn ich dich feins lieb anesieh,
ein kalte lieb würdt newe.   15
so du mir freundtlich zusprichst.

3. Feins lieb ich will dich nicht lassen,
weyl du das leben hast,
far hin dein weg vnd strassen,
da du zu schaffen hast: 20
mein leyb der ist dein eygen,
soll dir sein vnterthon,   vnterthon = untertan, ergeben
du liebst mir ob ihn allen.
bist meines herzen eine kron.

4. Feins lieb halt mir dein trewe,   25
der du mir verheyssen hast,
es würdt dich nicht gerewen,
redt ich ohn allen hass:
ich schenck mich dir für eygen,
das glaub du mir für war,   30
du geliebst mir ob in allen,
in aller jüngling schar.

5. Feins lieb das sey gesungen
dir zu tausend gutter nacht,
zu dir kan ich nicht kommen,   35
das hab wol bedacht,
ach scheyden über scheiden,
aus freüden in trauren bracht.

FRAGEN ZU DEN LIEDERN

— *Gibt es Hinweise darauf, daß diese Lieder wirklich nur von Frauen verfaßt wurden?*

— *Welche Argumente sprächen für die These, daß es sich um "Frauenlieder" handelt, die von männlichen Dichtern geschrieben wurden?*

— *Was sind die dominierenden Themen dieser Lieder?*

— *Was sagen einige der Frauenstimmen über ihre literarischen Aktivitäten aus?*

— *Welche Meinungen über Männer werden von den Sängerinnen geäußert?*

— *Um welche zentralen Probleme und Erfahrungen geht es in diesen Liebesliedern?*

Barockliteratur von Frauen

Hinweis auf die nachfolgenden Texten und ihr Druckbild: In den Drucken des Barock fehlte noch der moderne Umlaut; statt dessen bediente man sich der Superscripta wie å, ô oder û. Meistens setzte man dazu die Virgel "/" an Stelle des Kommas ein. In dieser Anthologie werden die Superscripta aufgelöst, die Virgeln hingegen beibehalten. Öfters erscheinen die Verse von Liedern oder Gedichten im fortlaufenden Text, getrennt durch Virgeln. Diese Form wird hier um des historischen Charakters willen teilweise bewahrt. Der doppelte senkrechte oder schräge Strich für das Zeilenende fällt hingegen stillschweigend weg. Es wird aber meistens doch der Wunsch der Dichterinnen gewesen sein, ihre poetischen Texte nicht von Rand zu Rand zu drucken, aber Kostenfaktoren haben dies meistens verhindert. Die Unregelmäßigkeit der Orthographie wird nicht ausgeglichen und normiert, statt dessen bleiben die Texte weitgehend so, wie sie im Original gedruckt wurden.

---

13. Anna Ovena Hoyers [1584–1655]

Anna Ovena, geborene Anke Hanß, wurde 1584 in Koldenbüttel/Schleswig in eine reiche und gebildete Bauernfamilie in der Landschaft Eiderstedt des Herzogtums Schleswig–Holstein–Gottorf geboren. Ihr Vater starb im Jahr ihrer Geburt, gefolgt von seiner Frau nur drei Jahre später [1587], und hinterließ Anna ein für jene Zeit und jenen Raum ungeheuer großes Erbe, das sie zu einer sehr begehrten Partie machte. 1599 heiratete sie Hermann Hoyer, der das höchste Verwaltungsamt des Landes, das des Stallers, innehatte. Sie gebar neun Kinder, von denen drei nicht das Erwachsenen-alter erreichten. Ihr Mann starb 1622 mit großen Wechselschulden, was einen längeren Prozeß um das Erbe für sie und ihre Kinder nach sich zog.

Zu dieser Zeit begann Anna, sich dem Schrifttum der Reformatoren und Wiedertäufer zu widmen, und versuchte sich dann selbst in Gedichten und Versen, zuerst 1628 gedruckt, die aber oftmals stark satirisch gegen die orthodoxe Geistlichkeit gerichtet waren. Der Konflikt mit der Kirche zwang sie schließlich, mit ihren Kindern nach Schweden zu emigrieren, wo sie 1655 auf Gut Sittwick bei Stockholm auf Ladgardslandt, das ihr die schwedische Königinmutter geschenkt hatte, den Rest ihrer Tage verbrachte.[59]

Zur Einleitung ihrer *Christliche[n] und Weltliche[n] Poemata* bietet Anna Ovena dem Leser eine Erklärung für ihr Dichten:

An den Christlichen Leser

Dies Buch durch eine Frau beschribn	
Wird man gwiß darumb mehr beliebn	*beliebn* = mögen
Weiln dergleichen nie gesehen	
Von Fraun so geistrich ausgehen:	
Man wolls nur lesen und betrachtn	5
Und auff der Spötter Red nicht achtn	
Die da sagen: es sey nicht fein	
Das ein Frau ein Scribent will sein:	*Scribent* = Schreiber
Christus ja meist Mariam preist	
Ob schon Martha ihm Kocht und Speist	10
Weiln sie erwehlt das beste Theil	
In dehm sie gesucht der Seelen Heil:	
Wie diese Frau auch hat gethan	
Als dar von diß Buch zeugen kan	
Das auch die Weißheit nicht zuholln	15
Von Welt–gelehrten und Hohen–Schuln	*Hohen–Schuln* = Universitäten
Sondern vom Heyligen Geist allein	

Mus erbeten und gelernet sein
GOtt woll das sich niemand wol schämn
Von Fraun guth Exempel zu nehmn: 20
Wollst nur Leser diß perlegirn *perlegirn* = durchlesen
Und darnach darvon Iudicirn *iudicirn* = urteilen
Der Heyliger Geist dich illustrir *illustrir* = erleuchte
Und dich zum Reich Gottes recht führ.

Amen

Schreiben von
I. O. T. A.

An die
Herrn Titultrager von Hohen Schulen

O Ihr verkehrte Pfaffenknecht
Fritz Hannsen und Fritz Dame[60]
O Schlangen art / Ottern geschlecht
Ja Satans eigner same
Wie dürfft ihr euch so keck und frey 5
Der warheit wiedersetzen?
Und mit euer Schulfuchserei
So mannig Seel verletzen?
Dem g'meinen Mann nehmt ihr das liecht
Setzt ihm auff euer brillen 10
Bildt ihm ein er hab sein gesicht
Klar auß euren Postillen. *Postillen* = Predigtsammlung

Anna Ovena Hoyers um 1650

Weh' euch die ihr das recht verkehrt
Daß gute böse nennet
Daß ihr nicht seyt von Gott gelehrt   15
Man klar dabey erkennet.
Und welches geistes kinder ihr
Ist scheinbar hie zusehen.
Das best in eurem buch ich spühr
Ist schelten / lästern / schmehen   20
Die Schrifft verkehren freventlich
Das Geistlich fleischlich deuten.
Blindt seyt ihr warlich/ das sag' ich
Wollt dennoch ander leiten.
Habt in euch nicht das ware liecht   25
versteht nicht Geistlich sachen.
Fleischlich ihr seyt / fleischlich ihr richtt
Eur thorheit muß man lachen.
In den Schulen habt ihr studirt,
Das kan niemand verneinen   30
Da kein heilger gefunden wird
Noch soll man von euch meynen
Daß ihr die heiligsten allein
Die Gott ja hat geschaffen;
betriegt die leut mit euerm schein   35
O Ihr fleischliche Pfaffen.
Wer hat zu lehren euch gesant?
Wer hat euch promoviret?
Hats Gott gethan? ey seyts bekant   *bekant* = wißt
Wer hat euch doch vociret?   40
Mich dünckt furwar ihr seyt vexiert   *vexiert* = verzaubert
Es merckens schon die kinder
Daß ein Blinder den Blinden führt
Ein Sünder lehrt die Sünder.

Sagt mir / das fragen steht ja frey   45
Solt von den Hohen schulen
Da man lernet all' Büberey
Gassaten gehn und Bulen   *Gassaten gehn* = flanieren
Fressen / sauffen / dergleichen mehr
Das ihr nicht dürfft bekennen   50
Die ware Weisheit kommen her
Nach der ihr euch lasst nennen:
Ehrwürdig / hoch- und wolgelehrt?
Ja wol / ohn allen zweiffel:
Wer das glaubet der ist verkehrt   55
Es bildt euch ein der Teuffel;
Der Pfaffen frißt / Soldaten scheißt
Des geist hat euch gesalbet
Denn wie die Kuh' / das sprichwort heist
Leufft / also sie auch kalbet.   60
Der Probst gibt genug zu verstehn
Daß er fleißig gelesen;
Man kans am lincken aug ihm sehn
Wie andächtig er g'wesen;
hat auch des nachts wol bey der leucht   65
Nicht geschont seiner augen
Man sichts sie sind ihm itzt noch feucht
Solt er dennoch nicht taugen?
Ohn zweiffel ja / wer sagt das nicht?
keiner kan es verneinen   70
Daß die Welt nach dem ansehn richtt
Die nur fein prächtig scheinen
Im langen Priesterlichen kleid
haben ein groß ansehen:
Wann sie in ihrer Ehrbarkeit   75
Da auff dem Höltzlein stehen.   *Höltzlein* = Kanzel

Den schalck bedeckt ihr Pfaffen Rock   *schalck* = Vergehen
Fein artig sie agiren
Wann sie da stehn im holen block   *holen block* = Kanzel
Das Maul den leuten schmieren   80
Lästern ohn scheu die Warheit frey
Keiner darff wiedersprechen
Er mag auch gleich seyn wer er sey
Sie wissens bald zurechen:
Die Furnehmsten auff ihrer seit   85
Willig auff ihr begehren
Sind / zu vertreiben solche Leut
Die gutes thun und lehren:
Auff daß man ihre thorheit nicht
Zum bösen möge deuten;   90
Oder ihr schalckheit komm' ans liecht
Und kunt werd' allen leuten.
Aber ihr Herren thut gemach
Man muß es dennoch wagen
Zu straffen euch in dieser sach   95
Und frey die warheit sagen.
Ja / soltens auch die kinder thun
Das Weiber=volck imgleichen   *imgleichen* = genauso
So muß es doch gesagt seyn nun
Der Warheit müßt ihr weichen;   100
gebt euch gutwillig nur darein
Sie wird doch Meister bleiben
Und bald durch ihren hellen schein
Eu'r finsternuß vertreiben
Und euch zu schanden machen gar   105
Mit euerm Kuckuck Meyer.[61]
Sein Kram hat auch kein gute wahr
Nur faul und stinckend Eyer;

Die er im Eyderstetschen land
Vermeynte zu verkauffen 110
Und do er nicht sein' Kauff=leut fand
Mußt ers wiedrumb verlauffen.
Mit dem Kuckuck er fliegen kam
Ließ sich in Tönning nieder
Auch mit dem Kuckuck abscheidt nam 115
Floh hinweg mit ihm wieder.
Solten diese recht' Priester seyn
Und von Gott ordiniret
Die so verlauffen ihr gemein? *gemein* = Gemeinde
Heist das nicht leut vexieret? 120
Noch soll glauben ein jedermann
Sie seyn des Herr Gesanten:
Wer sie nicht will dafur sehn an
Sondern nennt sie Vaganten
Die lauffen kommen ungesant 125
Denselben sie abschaffen;
Damit friedlich in Stät und Land
Bleiben die Herrn Gottes affen.
Habt guten muth ein' kleine zeit
Er wird euch bald vergehen; 130
Die ihr so sehr habt außgeschreit
Werden dennoch bestehen.
Es helffet eur vertreiben nicht
Daß ihr sie abgesondert.
Warheit kompt doch endlich ans liecht 135
Wird dadurch nicht gemindert.
Gott steht allzeit auff ihrer seit
Lesst sie nicht untertrücken:
Weiß sie / wens euch wer noch so leit
Mit g'walt herfur zuzücken. 140

Er furdert der gerechten sach
Die ihr meynt zuvertreiben;
Eur thun muß durch sie an den tag
Kan nicht verborgen bleiben.
Heran ihr Pfaffen all heran   145
Lasst euch zur Schulen führen
Von Herrn Tetinge und Lohmann
Lernet weißheit studiren
Und gebt euch unter Gotts gewalt
In ihrer Lehr beyzeiten;   150
Sonst wird sich euer ansehn bald
Verlieren bey den Leuten.
Diese beid werden euch gewiß
Also Examiniren
Daß jedermann glaubet mir diß   155
Euern betrug wird spühren.
Einer zum andern sagen dann
In den bald künfftign tagen
Seht / lieber seht die Pfaffen an
Wie sie itzt sind geschlagen.   160
Ihr eigen ruth hat sie verletzt
Die sie andern gebunden:
Ihr eigen Schwert das sie gewetzt
Hat sie gantz überwunden:
In die grub sie gefallen sind   165
Die sie andern gegraben.
Gott lob / itzt sicht / der nicht ist blindt
Wie sie gelehret haben.
Dann wird Eu'r gantze Priesterschafft
Fallen üb'r einen hauffen   170
Verliehren ihr ansehn und krafft
Den Pfaffen Rock verlauffen

So wollen frölich singen wir
Und unserm Gott dancksagen
Wenn überwunden ist das thier 175
Das fromme pflegt zuplagen.
halleluja in sußem thon
der Herr sey hochgelobet:
Da liegt die Hur zu Babylon
Die so sehr hat getobet. 180
Der Herr bekehr noch in der zeit
Wo bessrung ist zu hoffen;
Weil noch seine Barmhertzigkeit
Und gnadenthür steht offen.
Gott laß euch euer blintheit sehn 185
eröffne euer augen:
Geb' euch eu're thorheit zu verstehn
So ihr begehrt zu taugen:
wünsch und bitt diß von hertzen ich.
Wo nicht / so ist verhanden 190
Der bald an euch wird rächen sich
Und machen euch zuschanden:
Wird sehen lassen seine macht
Im zorn euch bald zerstören.
Diß ist gesagt / es nehm' in acht 195
Der Ohren hat zu hören.

Posaunenschall /[62]

> Vom Abendmahl
> Ins Königs Sahl
> Nach Babels fall.

Auffmunterung und Einladung zur Hochzeit des Lambs / auf der Burg Zion
/ am tage Allerheiligen. An alle / die Gott fest vertrawen und auff seine
Verheißung bawen.

Hört wunder / hört /
Nun wird zerstört
Vnd gantz zu grunde fallen:
Die Große Statt /
Da Satan hatt /   5
Das Regiment in allen.
Man nimbt die Cron
Von Babylon /
Ihr letster tag ist kommen;
Wir sind nun frey   10
Der Tyranney;
Dancket dem Herrn ihr Frommen.
    Zions Elend /
Hat nun ein end /
Sie wird bald herrlich werden   15
Im Ehrenkrantz /
Vnd hellen glantz /
Fur allen Volck auff Erden.
    Heran / heran /
Beid Fraw und Mann /   20
Ihr freuden fest zuzieren;
acht euch bereit /

Man wird sie heut /
Ihrem Breut'gamb zuführen;
Sie ist geschmückt /   25
Ihr kleid gestickt /
Mit Gold und reiner Seiden;
Drumb soll man gern /
Auch ihr zun Ehrn /
Sich schön und köstlich kleiden /   30
Vnd mit außgehn /
Die pracht zusehn /
Des Königs Sohn empfangen:
Der Breutigamb /
Auß Davids stamb /   35
Zeucht ein mit großem prangen /   *Zeucht* = zieht
Will seiner Braut /
Die ihm vertrawt /
Reichs Cron und Scepter bringen:
Dazu dann wir /   40
Von hertzen ihr
Glückwünschen mit lobsingen.
Sie ist die zart /
Von Edler art /
Auffs schönst geziert inwändig /   45
Keusch / fromb / gerecht /
Demütig / schlecht /   *schlecht* = einfach/schlicht
Vnd in der Lieb beständig.
Wird nun nicht mehr
Seyn / wie bißher /   50
Im Elend alß verlassen:
All' die sie ehrn /
Sind lieb dem Herrn /
Weh' denen die sie hassen.

Wolauff ihr Gäst /   55
Zu diesem fest /
Breutgamb und Braut zun ehren:
Brautlieder singt /
Spielt / hüpfft und springt /
Thut fleiß die freud zu mehren.   60
    Die Spiel=leut all /
Mit Lautem=schall
Blasen schon dieTrompetten;
Heut / heut ist zeit /
Werfft von euch weit /   65
Spieß / Degen und Mußquetten /
Vnd legt beyseyt /
Das blütig kleid /
Helfft nicht mehr Stät zerstören;
Nun werden wir /   70
Das glaubet mir /
Von andern dingen hören.
    Ein starcker held /
Hat in der Weld /
Sich eingestellt zustraffen: 75
Wird steuren bald /
Ewrer gewalt /
Abschaffen die Kriegs=waffen.
Helt nun Gericht /
Schertzt warlich nicht /   80
Diß mercket ihr boßwill'gen /
Sein starcke hand
Wird alles Land /
Drinn boßheit wohnt / vertill'gen.
    Die zeit ist da /   85
Wir sehn es ja /

Sein Schwerd ist scharff gewetzet:
Weh' dem / sag ich /
Der sich bößlich /
Seiner Macht wiedersetzet!   90
Seht seine stärck /
Vnd Wunder=werck:
Geht hinauß in den Wälden /
Wie brennt das feur
So ungeheur /   95
Wie fallen die Kriegshelden!
Viel Fursten blut /   *Fursten* = Fürsten
Ist in der glut /
Auch mit hinweg geflossen.
Der siedend topff /   100
Wird übern kopff
Des Keysers außgegossen.
Babst / Cardinal /
Abt / Bischöff all /
Auch Münchesche dreckpatzen /   105
Werden fur leid /
In traurigkeit /
Die Haer und Ohren kratzen /
Denn ihr gewinn
Ist schon dahin /   110
Ihr hoffnung ligt in bronnen;
Keiner ist der
Nun tröstet mehr /
Die hochbetrübte Nonnen.
     O Pfaffenvolck!   115
Ein dunckel wolck /
Von Donner und Feurstralen /
Bringt dir unglück /

Wird deine tück /
Vnd bubenstück bezahlen.   120
   Du Baals hauff /
Steh eilend auff /
Vnd lauff / du must doch weichen;
Die zeit ist hir /
Es gilt dem Thier /   125
Auch dir und deines gleichen.
Ihr habt zuvorn
Gemacht verwohrn
Den Armen und Elenden;
Diß kan der Herr /   130
Nicht leiden mehr /
Er muß bezahlung senden
In voller maß;
Ja eben das /
Was ihr beweist den frommen   135
Mit ewerm thun /
Wird wieder nun
Zu ewern thüren kommen.
Der Streit im Reich
Ist erst von euch /   140
Alß eine seuch / außgangen;
Nun wird der stanck
Von ewerm zanck
Wieder an euch gelangen.
   Der Wind braust sehr   145
Auß Norden her /
Wird hohe Stühl umbkehren;
Mittag gib acht /
In Mitternacht
Sind / die dich demut lehren.   150

   Merckt was ich sag /
Heut sind die tag /
Euch gilt es ihr Nacht=Eulen:
Itzt werdet ihr /
Nichts hilfft dafür / 155
Alß Hunde müssen heulen.
Chor=Rock und Capp
Auch legen ab /
Weil sie nunmehr nicht taugen.
Ein scharffer rauch 160
Kompt daher auch /
Stost euch hart unter augen.
   Es ist gewagt /
ich habs gesagt /
Ders hören will / mag hören; 165
Der Herr wird beid /
Soldaten streit /
Auch Pfaffen neid zerstören /
Er macht zu spott
Der Spötter Rott; 170
Der frommen blut zu rächen
Wird er in eil /
Durch seine pfeil /
Schwert / Spieß und Bogen brechen.
Ein jedermann 175
Wird sprechen dann:
Der Herr sey hochgeehret /
Sein ist der sieg /
Er hat den Krieg
Gesteurt und fried bescheret; 180
Es geht nicht mehr
So scharff daher /

Denn Pax ist nun geboren;   *Pax*= Frieden
Die Charitas   *Charitas* = Mildtätigkeit
Vertreibt den haß /   185
Der Kriegs=mann hat verlohren.
Im Regiment
Gehts Excellent,
Concordia floriret;   *Concordia* = Eintracht
Justitita,   *Justitia* = Gerechtigkeit 190
Ist wieder da /
Pietas Gubernieret.   Frömmigkeit regiert
In unser Grentz
Wohnet Scientz;   *Scientz* = Wissenschaft
Wolstehts in allen Landen.   195
Fides und Spes   Glaube und Hoffnung
Frewen sich des /
Sind worden nicht zuschanden.
Veritas ist   *Veritas* = Wahrheit
Zu dieser frist   200
Wieder ans tag=licht kommen /
Thut auff den mund
Vnd macht sie kund;
Sprecht nun frey auß ihr stummen /
Sie steht euch bey /   205
Wird machen frey
Die auß Gott sind geboren;
Vnd in der zeit
Zur Herrlichkeit
Erwählt und außerkoren.   210
    Solch Red' wird gehn /
Vnd man wird sehn /
Was wir nach wunsch begehren:
Denn wunderlich

wird alles sich   215
In allerWelt verkehren.
   Ein Newes Jahr
Wird offenbar /
Wie die Propheten deuten:
Ein zeit ohn streit /   220
Da Lieb ohn Neid
Seyn wird bey allen Leuten
Beständig trew;
Das Alte New /
Vnd alles restauriret.   225
O Freuden=tag /
Drinn niemand klag
Mehr führet oder spühret!
Der Newe Bund
Wird allen kund /   230
Vnd in der Newen Erden /
Die Creatur
Auch schon und pur
Vom eiteln dienst frey werden.
   Solch Herrlichkeit   235
Ist Propheceyt;
Wol dem der in den tagen
Mit leben mag /
Der wird ohn klag /
Fröhlich mit Warheit sagen: 240
Das mein ist dein /
Dein wieder mein /
Nichts wir für eigen haben /
Kein eigen nütz
Hat bey uns sitz /   245
Gemein sind Gottes gaben.

Das Wild ist zahm /
Man sicht das Lam
Bey Wölf' und Bähren weiden.
Der Löw frisst Hew /   250
Das Vieh ohn schew
Geht frey dabey ohn leiden.[63]
Das Adam hat
Durch Satans rath
Im sünden fall verlohren /   255
Hat wiederbracht
Vnd gut gemacht
Der ohn sünd ist gebohren.
O Gülden zeit
Voll frölichkeit /   260
O Tag gemacht vom Herren!
Ohn End wird seyn
Dein heller schein /
Vnd biß ins Ewig wehren.

*Das Gedicht wird noch über mehrere hundert Verse fortgesetzt, in denen
die Dichterin das Lob Gottes singt.*

Erstdruck 1650

Christus Rex Crucis[64]

C.
D.
C.D.K.D.C.
D.
C.

Christus Der König Des Creutzes.

Meinen Hertzlieben Kindern / Söhnen und Töchtern. . .

Christus des Creutzes König ist /
Nach dem genennet wird ein Christ /
Wie ihr mein' Kinder allzusamen
Auch seyt genant nach seinem Namen /
Vnd in der Tauff darauff getaufft /   5
Mit seinem teuren blut erkaufft;
Daß ihr ihm sollt seyn unterthan.
Darumb Caspar und Christian,
Auch Friedrich–Hermann, komm't heran /
Seyt willig / Gott wird helffen dann.   10
Maria und Christina beid /
Macht euch zu folgen mir bereit.
Gehorcht ewer Mutter Rath /
Begebt euch auff den engen pfath.
Führet würdig im Christenthum /   15
Den Edlen Namen Gott zum ruhm;
Lebet alß Christen und Christinnen
Vnd folget nicht mehr ewern sinnen
In eigen will'n / nutz / lieb und Ehr /
Wie von euch ist geschehn bißher: 20

Sondern geht unserm König nach /
Ohn zorn und rach / durch schimpff und schmach /
In Lieb / gedult / zucht und demut:
So ihr das thut / wird alles gut.
Gebet auff ewer sachen acht /   25
Betet und wacht bey tag und nacht.
Lasst euch von freund / Mann / Weib und Kindern
An ewern guten Lauff nicht hindern;
Ew'r eigen Leib und Leben hasst /
Nemet auff euch des Creutzes last;   30
Sie ist leicht dem / der sich drinn übet /
Ja sueß dem / der den König liebet /
Der für uns alle hat gestritten /
Vmb unsernt willen viel gelitten:
Darumb seyt willig unterthan /   35
Vnd stanthafft unter seiner Fahn /
Alß tapffer Helden in dem streit /
Beweiset ewer Mannlicheit
Wieder die drei haubt=freind zu kempffen /
Satan / Welt / eigen fleisch zu dempffen /   40
Goliat / Saul und Absolon /
Wie uns die Schrifft fürbildet schon.
Leset sie fleißig mit bedacht /
Klaubt auß den kern / gebt darauff acht /
Bleibet nicht an den schalen hangen /   45
Es ist ein bessers zu erlangen.
Ich sag' es euch in rechter trew /
Das alte ist ein bilt auffs new:
Was dort außwendig ist geschehn /
Das muß inwendig hir angehn: 50
Kehrt umb die augen / seht einwertz /
Gebt acht auff ewer eigen herz /

Da wohnt der Schalk / da helt er hauß /
Seyt fleißig / treibt denselben auß /
So werdet ihr noch hir auff Erden /   55
Freyherrn und Freyherrinnen werden.
In die Rustkammer Pauli geht /
Die bey seinen Ephesern steht.[3]
Zieht an den harnisch / nemt das Schwert /
Setzt auff den Helm / thut was er lehrt /   60
Vnd seyt gestiefelt an den beinen /
Der rechten Krieger art lasst scheinen.
Trett frisch her an / steht Mann bey Mann /
Greifft keck den Alten Adam an /
Der sich in euch täglich auffricht /   65
Wehrt tapffer euch / schont seiner nicht /
Leidt und vertragt / sey unverzagt /
Bey ewerm Köning alles wagt /
Er ist ew're schutz und Auffenthalt /
Wird helffen bald; drumb thut gewalt: 70
Fasst einen starcken helden muth /
Setzet daran leib / gut und blut.
Gleich wie die Kriegs=leut in der Welt /
Nur umb vergänglich Ehr und gelt
Bey ihrem Haubtmann alles wagen /   75
Kein last ist ihnen schwer zu tragen /
Sie folgen willig an den orth /
Da Leib und Seel offt wird ermordt:
Solt dann nun nicht ein Christ viel mehr /
Zu erlangen die Ewig Ehr /   80
Von diesem Herrn sich lassen führen?
Ist doch bey ihm nichts zu verliehren /

---

[3] Anmerkung von der Dichterin: cap. 6, v. 11.

Er gibt die allerbeste beut /
Ewig Reichtumb und Herrlichkeit /
Dazu ihr seyt geladen heut / 85
Nemet in acht die Gnaden zeit /
Vnd machet euch darin bereit.
Zu lohn ein Cron und Ehrenkleit /
Auch Ewigwehrend freud ohn leit
Werdt ihr empfangen nach dem streit. 90
Dafur sey Gott beid nah' und weit
Gelobt und hoch gebenedeit / *gebenedeit* = gesegnet
Von Ewigkeit zu Ewigkeit.
Amen.

FRAGEN ZU DEN TEXTEN

— *Wie beurteilt sich Anna Ovena selbst als Dichterin und Gelehrte?*

— *Welche Kritik übt sie am protestantischen Klerus?*

— *Welche religiöse Sicht macht sich in ihren Gedichten bemerkbar?*

— *Welche Gesellschaftskritik vernimmt man in ihren Texten?*

— *Die Dichterin ist von utopischen Hoffnungen erfüllt? Worin bestehen diese, und woher rühren sie?*

Anna Ovena Hoyers, *Geistliche und Weltliche Poemata*

14. Sibylla Schwarz (1621–1638)

Sibylla Schwarz wurde am 14. Februar 1621 in Greifswald an der Ostsee (heute an der Grenze zu Polen) als jüngstes Kind einer wohlhabenden Familie geboren. Ihr Vater übte das Amt eines Stadtrates von Greifswald aus und wurde 1631 zum dortigen Bürgermeister gewählt. Sibylla erwarb sich eine gute Ausbildung teils durch intensive Schulung, teils durch persönliche Kontakte mit ihren Brüdern und Freunden, die auf der Universität in Greifswald studiert hatten. Im Gegensatz zu den meisten anderen Dichterinnen ihrer Zeit griff sie weitgehend auf weltliche Themen zurück und folgte relativ eng den poetologischen Empfehlungen, die Martin Opitz 1624 in seinem *Buch von der Deutschen Poeterey* entwickelt hatte. Sie verfaßte viele Sonette, Gelegenheitsgedichte, ein *Susanna*–Drama nach biblischem Vorbild (*Altes Testament, David* 13), eine bukolische Novelle und viele Briefe, in denen sie ihre große Bildung reflektierte. Ihre Familie litt beträchtlich unter den Folgen des Dreißigjährigen Krieges. Die Mutter starb bereits 1630, und zwischen 1629 und 1631 mußte der Vater einen Verwaltungsposten in Stettin übernehmen, ohne sich um die Kinder kümmern zu können. Sibylla erwarb sich hohes Ansehen für ihre umfangreichen literarischen Produkte, die posthum 1651 von ihrem Lehrer Samuel Gerlach in den Druck gegeben wurden.[65]

Sibylla Schwarz

Sonet 2

ISt Lieb ein Feur / und kan das Eisen schmiegen / *schmiegen* = schmelzen
bin ich voll Feur / und voller Liebes Pein /
wohrvohn mag doch der liebsten Hertze seyn?   *wohrvohn* = woraus
wans eisern wär / so würd eß mir erliegen /
    wans gülden wär / so würd ichs können biegen   5
durch meine Gluth; solls aber fleischern seyn /
so schließ ich fort: eß ist ein fleischern Stein:*fortschließen* = schlußfolgern
doch kan mich nicht ein Stein / wie sie / betriegen.
    Ists dan wie Frost / wie kalter Schnee und Eiß /
wie presst sie dan auß mir den Liebesschweiß?   10
    Mich deucht: Ihr Herz ist wie die Loorberblätter /
die nicht berührt ein starcker Donnerkeil /
sie / sie verlacht / Cupido / deine Pfeil;
und ist befreyt für deinem Donnerwetter.

Erstdruck 1650.[66]

Wahre Freundschafft ist beständig

EIn Freund / ders treulich meint / kan seinen Freund nicht lassen /
er lieb ihn mundlich dan / und tuh ihn herzlich hassen;
                             mundlich = unermüdlich
Kein Strick ist ihm zu stark / sol er zum Freunde gehn /
das zugeschlossne Tohr wird allzeit offen stehn;
Wenn er nuhr durch Begier wil zu dem Freunde dringen /   5
so hält ihn nichtes auff / kein Seitenspiel / kein singen /

das sonsten angenehm in allen Ohren klingt:
Kein Tod ists / der ihn auch vohn seinem Feinde dringt;
Der süssen Liebe Gifft kan manchen zwahr betöhren /
daß er / auß böser Lust / nicht will vohn Freundschaft hören /   10
ohn / derer er begehrt; doch lis't man weit und breit /
daß einer eines mahls / nuhr auß Vertrauligkeit /
dem anderen sein Weib / sein Lieb / sein Liecht / sein Leben /
als ers vohn ihm begehrt / selbselbsten hab gegeben;
drümb gläub ich / daß kein Ding so stark eß immer sey /   15
ohn Gottes Macht / den Band der Freundschaft reiß' entzwey.

Erstdruck 1650.[67]

Ein Buß–Lied[68]

   Ach daß mein Haupt von Thränen,
Mein Geist von Ach und Sehnen
Doch überladen wer![69]
Ach daß ich doch die Sünde,
So ich in mir befinde,   5
Beweinen künte mehr!

   Zu wem sol ich mich wenden,
Weil ja an allen Enden
Die Missethat erscheint?
Zu GOTT komm ich geschritten: 10
Ach laß dich doch erbitten,
Du thewrer Menschen Freund!

Den Todt hab ich verdienet,
Dein Sohn hat mich versöhnet,
Gestillet deinen Zorn;   15
Der ist für mich gestorben,
Hat mir das Heyl erworben,
Sonst wer ich gantz verlohrn.

Auff Ihn setz ich mein Hoffen,
Drumb lest er mir auch offen   20
Die tieffe Gnadenquell;
In seinen rohten Wunden
Hab ich mir Ruh gefunden,
Trotz Teuffel, Welt und Hell.

Du trewer Samariter,   25
Du Gnad= und Trost=Anbieter,
Dich bitt ich inniglich:
Du wollest mir doch geben
Ein gantz gebesserts Leben,
So will ich preisen dich.   30

Dein Lob sol bey mir klingen,
Ich wil dir Opfer bringen;
Bey dir wird nur verlacht
Der hohen Wörter Prangen,
Du trägst allein Verlangen   35
Nach fewriger Andacht.

Drumb laß dir doch belieben,
Was ich allhier geschrieben;
Behüte mich hinfort.
Laß mich in Sünd nicht stecken,   40

Sonst würde mich erschrecken
Der Hellen weite Pfort.   *Helle* = Hölle

  Und wenn nun meine Seele
Auß diser finstern Höle
Des Leibes weichen sol,   45
So wolst du bey mir stehen
Und nimmer von mir gehen,
So ist mir ewig wol.

Poëten gehn dem unadelichen Adel weit vohr[70]

Ob zwar mein schlechter Leib zu deme sich muß halten
was schlecht und niedrig ist / und lassen alles walten
was reiche Güter hat / was grossen Titul führet   *Titul* = Titel
was Weißheit / Kunst und Lob mit blassem Ansehn zieret.
So bleibt dennoch mein Sinn allzeit am Himmel kleben   5
da ein Poëte kan ohn Schimpff und Schaden leben
da niemand sagen kan: Sih / diser geht dich für!
da keine Leumder sein / da bloß des Himmels Zier *Leumder* = Verleumder
mit ihnen Sprache helt / da alles muß erbleichen
da ein vom Adel muß dem schlechsten Diener weichen.   10
Und wenn ein hoher Heldt bey seinem Degen geht
der sehe sich wohl für / daß er ja feste steht;
denn wer / auß Hoffahrt nur / den Degen ungehencket   *ungehencket* =
                                    umgehängt
dem wird gemeinlich auch der Schwerdter Schmach geschencket
wird der Poëten Volck doch immer oben stehn.   15

Sonnet Nr. 12[71]

Ist Lieben keusch? wo kompt denn Ehbruch her?
Ist Lieben guht / nichts böses drinn zu finden
wie kan sein Feur dan so gahr viel entzünden?
Ist Lieben Lust / wer bringt dan das Beschwär?   *Beschwär* = Leid

   Wer Lieben liebt / fährt auf der Wollust Meer   5
und lässet sich ins Todes Netze binden
das nicht zerreist / er lebet nuhr den Sünden
liebt Eitelkeit / und ist der Tugend leer.

   Das ewig lebt / dem stirbt er gäntzlich ab
sieht seine Noht erst / wan er siht sein Grab.   10
   Wer dan nuhn wird in Liebes Brunst gefunden

   der fliehe bald / und hasse / die er liebt;
ist Lieb ihm süß? so werd er drumb betrübt;
ist sie sein Brodt? so geb er sie den Hunden.

FRAGEN ZU DEN TEXTEN

— *Was sagt sie über die Kraft der Liebe aus?*

— *Wie beurteilt sie wahre Freundschaft?*

— *Welche religiöse Sicht beherrscht Sibylla?*

— *Welche Funktion besitzt für sie Dichtung schlechthin?*

15. Ludaemilia Elisabeth von Schwarzburg–Rudolstadt (1640–1672)

Ludaemilia wurde am 7. April in Schwarzburg–Rudolstadt geboren und wuchs am dortigen gräflichen Hof auf. Ihre Eltern Ludwig Gunther und Emilie Antonie hatten selbst eine gute Ausbildung genossen und waren viel in der Welt herumgekommen. Ludaemilias Vater starb, als sie erst sechs Jahre alt war, aber ihre Mutter kümmerte sich gründlich um ihre Tochter und ermöglichte ihr eine umfassende Ausbildung. Am 20. Dezember 1671 verlobte sich die zukünftige Dichterin mit Graf Christian Wilhelm von Schwarzburg–Sonderhausen, doch starb sie schon 1672 genau wie all ihre Schwestern an den Masern.[72] Ludaemilias Lieder erschienen erst posthum 1687 unter dem Titel *Die Stimme der Freundin*. Ihre Schwägerin und zugleich Kusine Aemilia Juliane Schwarzburg–Rudolstadt (1637–1706) schuf ebenfalls eine beachtliche Anzahl von geistlichen Liedern und Gedichten, die vielleicht noch eine höhere literarische Qualität besitzen, von denen aber aus Platzmangel nur ein Beispiel geboten werden kann.[73] Diese erschienen 1683 unter dem Titel *Geistliches Weiber–Aqua–Vit / Das ist / Christliche Lieder und Gebete*.

Von guter Glücks–Hoffnung[74]

(Das Zeichen // wird eingesetzt, um das jeweilige Versende anzudeuten; die Virgel / repräsentiert das moderne Komma. Diese Erscheinungsweise wäre als typisch für den Barock anzusehen. Die folgenden Gedichte werden aber gemäß moderner Editionsvorstellungen wiedergegeben, um den poetischen Charakter deutlicher hervortreten zu lassen und auch stilistische Elemente wie das Akrostichon klar erkennen zu geben.)

1. ACh! wer weiß / wo mir noch hier mein Glück liegt verborgen? // Bricht nicht alles heut herfür / ey! es kömmt wohl morgen; // kömmts auch gleich

den Morgen nicht / der zu erst erscheinet / wart / erwarte / es geschicht // ehe
man es meinet.

2. Wer weiß / wer nach meinem Heil itzo [jetzt] gleich muß streben // wer
für mein bescheiden Theil muß in Sorgen schwe=ben // wer weiß / wo
meinStücklein Brod // GOtt mir hingeleget / wer mir / für des Hungers Noth
// Speis und Nahrung heget.

3. Wer weiß / wo das Schifflein läufft // das mir noch zuführet / wo die
Frucht wohl wächst und reifft [//] die den Tisch mir zieret / wer weiß auch
/ was darauf doch mir hier wohl muß schmecken // ja wer weiß / wo solchen
noch mir mein GOtt wird decken.

4. Wer weiß / wo itz ist das Thier / wo die Vöglein stimmen // wo die Fische
/ welche mir dienlich seyn / her schwimmen // wer weiß / wo das Wasser
qvillt // wo der Brunn entspringet // der den Durst / HErr! reichlich stillt /
und mir Labung bringet.

5. Wer weiß / welcher Ort mir Raum und Platz muß verstatten // wo zu
finden sey der Baum / der mir gibet Schatten // wo das Kräutlein wächst und
grünt // wo das Blümlein blühet / das mir zur Gesundheit dient // und man
itzt nicht sihet.

6. Wer weiß / wo das Würmlein sitzt // das mir spinnt zur Decke // wo darzu
das Schäflein itzt mit der Wolle stecke // wo der Berg / wo das Metall lieget
in der Erden // und wo alles überall / das noch mein muß werden.

7. Hat mich doch schon solches Glück häuffig müssen laben [erfrischen] //
ist darvon noch was zurück / und soll ich mehr haben // ; So wird es zu
rechter Zeit des Glücks Meister senden // was mir nutzt zur Seligkeit / wird
GOtt mir zuwenden.

8. Mit GOtt wil ich trauen GOtt / iederman wird sehen // wie im Leben und
im Tod mirs so wohl wird gehen // denn es gehe / wie es wil // bleibt mir
GOtt zur Beute / so hab ich hier gnug und viel // und dort ewig Freude.

Christliche Gedancken im Creutz Labyrinth[75]

1. WAs / meine Seele! denckst du doch?
Daß du allhier must leben noch
da es offt geht so wunderlich
und wunderlich / Gott rettet dich.
Was denckst du in dem Labyrinth?
Ich dencke / ich bin GOttes Kind.

2. Wenn dir die Sonne scheinet itzt [jetzt]
wenn es bald regnet / schneyet / blitzt
bald Freude da ist / bald auch Noth
und also mit dir wechselt GOTT
was denckst du in dem Labyrinth?
GOtt spielet wohl mit seinem Kind.

3. Wenn aber GOtt die Ruthe dir   Ruthe = Stock, Prügel
hält öffters / als den Zucker / für [hin]
wenn Er dich tränckt mit Wermuth Wein
und täglich mehret deine Pein
was denckst du in dem Labyrinth?
Je schärffer Ruth / ie lieber Kind.

4. Wenn du auch fleißig schauest an
was Gott dir thut / und hat gethan
da Er dich durch das Creutze übt
darbey Gedult und freude gibt
was denckst du in dem Labyrinth?
Nimm / Vater! Danck von deinem Kind.

5. Wenn du noch länger hier solt seyn
wenn Freud und Leid sich stellet ein
wenn dich der Tod wil holen ab
und du dich legen solst ins Grab
was denckst du in dem Labyrinth?
Ich bin und bleibe GOttes Kind.

Bey Schlaff–losen Nächten / Ein Lied.   Im Thon: Singen wir aus Hertzens Grund

1. Hüter! ist die Nacht schier hin
mit der ich umgeben bin?
bricht der Morgen noch nicht an?
stehen dort auf ihrem Plan
doch die Sterne groß und klein
wenn dringt denn einmahl herein
der erwünschte Sonnenschein?

2. Düncket dich die Nacht zu lang
ist dir denn / mein Hertz! so bang
daß du sitzen must im dunck'ln?
sieh doch nur die Sternlein funck'ln
warte noch ein wenig gern

vielleicht ist der Morgenstern
und die Sonne nicht mehr fern.

3. Ach! die schwartze Creutzes–Nacht
 hat sich starck um mich gemacht
daß ich wohl gewünscht den Tag
doch hat dieses Ungemach / auch ein ieder schöner Strahl
derer Sternlein überall
mir versüsset offtermahl.

4. Ich will nun zufrieden seyn
hat manch helles Hertz–Sternlein
manchen Trost mir GOTT geschickt
und mein JEsus mich erquickt
in sehr grossem Creutz und Leid
will ich warten auch der Zeit
wenn sich Tag und Nacht nu scheidt [scheiden, trennen]

5. Ich will gäntzlich schweigen still
denn / wenns mein GOtt haben wil /
muß die Sonne scheinen mir
und mein Leid sich kehren hier
in die mir bestimmte Freud
oder muß in Traurigkeit
morgen leben / gleich wie heut.

6. Vielleicht will der fromme GOTT
daß die Creutzes–Nacht / der Tod
wird verkürtzt / und ich das Licht s
sein holdselges [holdseliges] Angesicht
nach entnommnen Lebens–Joch

etwa heut soll sehen noch
ach! wenn diß geschehe doch.

7. Lieber Gott! was willst du nu?
soll ich denn bald haben Ruh /
oder hier mich quälen mehr?
so gib nur Gedult zur Wehr
 ich will mich an deine Treu
durch dich halten immer frey
wie du willst / so bleibts darbey.

Ergebung in Gottes Willen[76]

1. JEsus / Jesus / nichts als Jesus
soll mein Wundsch seyn und mein Ziel
 itzund [jetzt] mach ich ein Verbündniß
daß ich wil / was Jesus wil
denn mein Hertz / mit Ihm erfüllt
ruffet nun Herr! wie du wilt.

2. Einer ist es / dem ich lebe
den ich liebe früh und spat.
Jesus ist es / dem ich gebe
was Er mir gegeben hat.
Ich bin in dein Blut verhüllt
führe mich / Herr! wie du wilt.

3. Scheinet was / es sey mein Glücke
und ist doch zu wider dir;
Ach! so nimm es bald zurücke
Jesu! gib / was nützet mir.

Gib dich mir / mein Jesu mild!
nimm mich dir / Herr! wie du wilt.

4. Und vollbringe deinen Willen
in / durch und an mir / mein Gott!
deinen Willen laß erfüllen
mich im Leben / Freud und Noth
sterben als dein Ebenbild
Herr! wenn / wie und wo du wilt.

5. Sey auch / Jesu stets gepriesen
der du dich / und viel darzu
hast geschencket und erwiesen
daß ich frölich schreye nu:
mir geschehe / GOTT / mein Schild!
wie du wilt / Herr! wie du wilt.

FRAGEN ZU DEN TEXTEN

— *Welchen Einfluß übt das Schicksal auf ihr Leben aus?*

— *Was für eine Beziehung zur Natur läßt sich erkennen?*

— *Welche Rolle spielt Gott in ihrem Denken?*

— *Von welcher Hoffnung wird die Dichterin getragen?*

— *Welche religiöse Einstellung bestimmt Ludaemilia?*

16. Aemilia Juliana von Schwarzburg–Rudolstadt (1637–1706)

Ein ander Lied / nach glücklich überstandenen Creutze. Melod. Wer nur den lieben Gott läst walten[77]

1. Wie spielst du doch mit deinem Kinde /
du Himmels–Weisheit / Jesu Christ /
bald ich dein Sauersehn empfinde /
bald schmeck ich / wie du freundlich bist:
Bald gibst du Creutzes–Galle mir /
bald Freuden–Zucker auch dafür.

2. Du mengst so artig süß und bitter /
daß Leid und Freude wird verkehrt /
verbirgest dich / und siehst durchs Gitter/
wie ich mich nur dabey geberd /
ob mir auch das sey angenehm /
was du gut achtest und bequem.

3. Ach Herr / du kennst mein kindisch Wesen /
ich nehme das / was mir wohl schmeckt /
denck nicht / daß mein Heyl und Genesen
sey in den bittern Trunck versteckt.
Ich nehm den Zucker überall
viel lieber / als die bittre Gall.

4. Wie offt hab ich hierinn gefehlet /
vergibs / mein Jesu / deinem Kind:
Hinführo soll das seyn erwehlet /

was dein Hertz für mich gut befind:
Ich will von dir mit will'gen Muth
annehmen Zucker oder Ruth.   Ruth = Rute, Stock

5. Indeß hab Danck / daß du gezogen
mich auch zu deinen Vaters–Spiel /
nach deiner Hand mich hast gebogen;
und meinem Creutze Maaß und Ziel /
zu meinen Vortheil / hast gesetzt /
und nach den Trauren mich ergetzt.

6. Hab weiter Lust / bey mir zu wohnen /
und spiele dein Spiel immer fort /
regiere mich mit viel Verschonen /
und such mein Bestes aller Ort:
Hilff darbey / daß ich offt und viel
dir dancke / für dein Liebes–Spiel.

7. Ich lasse dich in allem walten /
ich weiß / daß deine Absicht gut:
Wenn nur die Seele wird erhalten /
obs gleich dem Leib nicht sanffte thut.
Führ ferner weit mich wunderlich /
nur selig / selig / bitte ich.

17. Catharina Regina von Greiffenberg (1633–1694)

Die wohl bedeutendste deutsche Barockdichterin dürfte Catharina Regina von Greiffenberg gewesen sein. Sie wurde am 7. September 1633 auf Schloß Seisenegg in Niederösterreich als Tochter einer protestantischen Familie geboren. Ihr Vater starb, als sie erst sieben Jahre alt war, und hinterließ große Schulden. Ihr Onkel Hans Rudolf Linsmayr, Freiherr von Greiffenberg, kam der Familie zur Rettung und sanierte den Familienbesitz. Der Tod von Catharinas jüngerer Schwester 1651 stürzte die Dichterin in tiefe Depressionen und brachte ihr die ersten mystischen Erfahrungen. Sowohl die Texte Martin Luthers als auch Jakob Böhmes vermittelten ihr starke Eindrücke. Ihr Onkel und ein Nachbar, Johann Wilhelm von Stubenberg, halfen der zukünftigen Dichterin, eine umfassende Bildung zu erwerben. 1662 wurde Catharinas erste Gedichtsammlung veröffentlicht. 1663 zog die Familie nach Nürnberg um, wo sie als Protestanten einen wesentlich besseren politischen Stand hatten. Ein Jahr später heiratete Catharina ihren Onkel, freilich erst, nachdem sie zum Katholizismus konvertiert hatte. 1665 kehrte die Familie nach Österreich zurück, wo ihr Ehemann unter Anklage auf Inzest inhaftiert und erst durch Einspruch des Kaisers davon wieder freigesprochen wurde. 1677 starb Rudolf, ohne sich rechtzeitig großer Schulden entledigt zu haben, wodurch seine Frau in langwierige finanzielle Konflikte verwickelt wurde. Sie verfaßte eine Reihe von wichtigen, stark mystisch beeinflußten Gedichtsammlungen, die sowohl von Protestanten als auch Katholiken gerne gelesen wurden. Sie starb am 8. April 1694.[78]

Catharina Regina von Greiffenberg

Ein Baum / und eine Schlang / im ersten Garten Eden[79]

Ein Baum / und eine Schlang / im ersten Garten Eden
   uns üm das Leben bracht.
Die Schlange von dem Baum loßfuhre / uns zu töden
   durch Sünd–vergiffte Macht.
Die Sünden / ihre Brut / von Höllenfeuer gleissen: 5
   das Lager Israel /
Das Volk der Christ–Gemein / zu plagen und zu beissen /
   zu morden an der Seel.
Was thäte GOttes Sohn? Er lässet ihme hauen
   ein Creutz / aus diesem Baum.   10
Er lässt / an diesem Holz / als einen Wurm sich sehen:
   bedenk's / es ist kein Traum.
In Gottes Zornes=glut / war er / wie Erz gegossen
   zum rothen Purpur=Wurm.
Ihn unsre Sünde hat / die Schlangen=art /ümflossen/   15
   in seinem Martersturm.
Da hängt er in der Luft: des Todes Tod zu werden /
   des Giftes Gegengift.
Ja! diese todte Schlang den Tod nimt von der Erden:
   den jene lebend stift.   20
Also die Schlang' am Baum uns konte wiedergeben /
   was Schlang und Baum verscherzt.
Schau jene glaubig an: so wirst du seelig leben.
   Für dich / ward sie geerzt.

So wirst du endlich dann / unsterblichs Leben! sterben /   25
   und doch unsterblich seyn / und zwar zu einer Zeit.
Den sterblichen / ô Gnad! Unsterblichkeit zu werben /
   giest du / ô Lebens=brunn! dich in die Sterblichkeit.
Du lebst und stirbst zugleich ô wunder=volles werke!

Es lebet JEsus / und stirbt JEsus doch dahin. 30
Ist doch ein JEsus nur ! O Erd und Himmel! merke:
    derselbig JEsus stirbt / der war von anbeginn;
und eben dieser lebt / der hier den Geist aufgibet.
    Er lebt / und stirbet doch; stirbt / lebt zugleicher frist /
der jedes wesentlich / doch unvermänglich / übet. 35
    In jedem völlig er / doch unzerteilet / ist.
Der Glaub und Geist uns lehrt. Der wahrer GOtt ist / stirbet:
    und lebet GOtt doch noch. Der wahrer Mensch ist lebt /
und stirbet doch der Mensch. Uns er hierdurch erwirbet
    der freud unsterblichkeit / in der er ewig schwebt. 40
Das Leben hätte uns sonst niemals können werden / ‚
    wann nicht wär in den Tod gesunken / der es war.
Sein Tod allein belebt die sterblichen auf Erden.
    Vor alle /einer stirbt / und hilft der ganzen Schaar.

Erstdruck 1672.

"Über das unaussprechliche Heilige Geistes–Eingeben!"

Du ungeseh'ner Blitz du dunkel–helles Licht
du herzerfüllte Kraft doch unbegreiflichs Wesen.
Es ist was Göttliches in meinem Geist gewesen
das sich bewegt und regt: Ich spür ein seltnes Licht.

Die Seel ist von sich selbst nicht also löblich licht. 5
Es ist ein Wunder–Wind ein Geist ein webend Wesen
die ewig' Atem–Kraft das Erz–Sein selbst gewesen
das ihm in mir entzünd dies Himmel–flammend Licht.

Du Farben–Spiegel–Blick du wunderbuntes Glänzen!
du schimmerst hin und her bist unbegreiflich klar   10
die Geistes Taubenflüg' in Wahrheits–Sonne glänzen.

Der Gott–bewegte Teich ist auch getrübet klar!
es will erst gegen ihr die Geistes–Sonn beglänzen
den Mond, dann dreht er sich und wird Erden–ab auch klar.

"Auf meinen bestürmeten Lebenslauf"

Wie sehr der Wirbelstrom so vieler Angst und Plagen
mich drehet um und um, so bist du doch mein Hort,
mein Mittelpunkt, in dem mein Zirkel fort und fort
mein Geist halb haften bleibt vom Sturm unausgeschlagen.

Mein Zünglein stehet stet, von Wellen fort getragen,   5
auf meinen Stern gericht. Mein Herz und Aug' ist dort,
es wartet schon auf mich am ruhevollen Port:
dieweil muß ich mich keck in Weh und See hinwagen.

Oft will der Mut, der Mast, zu tausend Trümmern springen.
Bald tun die Ruderknecht, die sinnen, keinen Zug.   10
Bald kann ich keinen Wind in Glaubenssegel bringen.

Jetzt hab ich meine Uhr zu richten, keinen Fug.
Dann wollen mich die Wind auf andre Zufahrt dringen.
Bring' an den Hafen mich, mein Gott, es ist genug!

Sehnlichster Weisheit=Wunsch /
Zu vorgenommenem löblichen Lobewerk.

ACh daß die Weißheit wär ein Pfeil / und mich durchdrüng' /
ein glantz und mich erhellt'; ein wasser / und mich tränkte /
ein abgrunds–tieff' / und sie mich ganz in sie versenkte /
ein Adler / der mit mir sich zu der Sonne schwüng;
    ein helle Quell' / so in die Sinnen rinnend sprüng'!   5
Ach! daß den Kunst=Geist sie mir aller Weißen schenkte!
daß nur was würdigs ich zu Gottes Lob erdenkte
und seiner Wunder Preiß nach wunsch durch mich erkling!
    Ich such' je nicht mein Lob / die selbst=Ehr sey verflucht!
GOtt! GOtt! GOtt! ist der Zweck / den ihm mein kiel erkohren.   10
                                          kiel = Schiff
Ich bin der Pinsel nur: sein Hand mahlt selbst die Frucht;
    Ihr zimt die Ehr / wird was aus meinen Sinn gebohren.
Aus GOttes trieb kan ja kein Teuffels Laster fliessen.
mein einigs flugziel ist / zu Jesus Christus Füssen!

Göttlicher Anfangs=Hülffe Erbittung

GOtt / der du allen das / was du selbst nicht hast / gibest!
Du bist des gantz befreyt / was du den andern bist.
mein und der ganzen Welt Vranfang von dir ist /   *Vranfang* = Uranfang
weil die mittheilend Krafft du uns erschaffend' übest.
    In deiner Vorsicht Buch du alles Welt–seyn schriebest.   5
dein' überschwenglichkeit mit wolthun war gerüst /
daß sie so göttlich=reich uns schenket ieder frist.
ob alles kam aus dir / du alles dannoch bliebest.

Sonst alles / als nur dich selbst nicht /anfahends Ding /

anfahends = anfänglich

sey mit / in / und bey mir / wann ich das Buch anhebe.   10
Dein Anfang=Schirmungs=Geist ob diesen Red=werk schwebe /
    der gebe daß ich rein von deinen Wundern sing'.
Mein GOtt / ich fah izt an / dich ohne end zu preissen:

fah izt an = fang jetzt an

Laß wol anfahend mich dich unanfänglich weißen.

unanfänglich = ohne Anfang

Uber GOttes unbegreiffliche Regirung /
seiner Kirchen und Glaubigen

WEr kan denen Sinn ersinnen / unersinnter GottheitsSchluß?
dein' Vnendlichkeit verschwämmt alle Fünklein der Gedanken.
dir ist gleich meinVrtheil=Liecht / wie dem Meer ein kleiner Fanken.

Fanken = Funken

All mein gründen / ist gegründet im ungrundbarn Gnadenfluß:
    Da ich / dir die Ehre gebend / mir auch Hoffnung geben muß.   5
weil dein' Allmacht ohne End' / ist auch dieser ohne Schranken:
weil die Grundfest nimmermehr / kan auch das Gebäu nicht wanken:
denn dein Ehr erhält' die Spitzen / auf der Gnad besteht der Fuß.
    Ach wie kan / was GOttes Hand bauet / hält und schützet / fallen?
kan auch seiner Allhülf steuren / einigs Erden widerspiel?   10
Aller weltlich Widerstand muß mit Schand zu rucke prallen /
    oder Kunst=verkehrt selbst dienen / zu dem GOtt=erwehlten Ziel.
faß dir tausend Herz / mein Herz! deine Sache treflich stehet /
durch viel tausend widerstand in ihr rechtes Ziel doch gehet.

Auf meinen bestürmeten Lebens=Lauff.

WIe sehr der Wirbelstrom so vieler Angst und plagen
mich drähet um und um / so bistu doch mein Hort /
mein mittel punct / in dem mein Zirkel fort und fort
mein Geist halb hafften bleibt vom sturm unausgeschlagen.
 Mein Zünglein stehet stät / von Wellen fort getragen /   5
auf meinen Stern gericht. Mein Herz und Aug' ist dort /
es wartet schon auf mich am Ruhe=vollen Port: *Port* = Tor
dieweil muß ich mich keck in weh und See hinwagen.
 offt will der Muht / der Mast / zu tausend trümmern springen.
Bald thun die Ruder=Knecht / die sinnen / keinen Zug.   10
Bald kan ich keinen Wind in glaubens=Segel bringen.
 jetz hab ich / meine Vhr zu richten / keinen fug.
Dann wollen mich die Wind auf andre zufahrt dringen.
bring' an den Hafem mich / mein GOtt / es ist genug!

Verlangen / nach der herrlichen Ewigkeit

SChwing dich / meine Seel' / in Himmel / aus der Eitlen Zeitlichkeit!
schwing dich hin / woher du kommst / wo du auch wirst wider bleiben.
Wollst mit süsser Denke–Lust deine weil dieweil vertreiben:
biß du wirst ergetzt / versetzet in die Zeit=befreyte Zeit.
 Ach ich meyn die Ewig=Ewig=Ewig=Ewig=Ewigkeit /   5
in die der belebend Tod wird entleibend einverleiben.
Vnterdessen soll mein' Hand was von ihrer Hoheit schreiben /
von der nie gefühlten Fülle / ihrer Erz=Herz=süssen Freud.
 Krafft und Safft der Ewigkeit / die aus und mit dir entsprungen /
der du Vnursprünglich lebest und dahero Ewig bist!   10
leg die künfftig Wunder–Wonn' in den Mund und auf die Zungen

daß ich klärlich herrlich schreibe / wie dein will ohn Ziel dort ist /
uns mit dir / dem höchsten Gut / zu vereinen unverdrungen.

unverdrungen = ungehindert

Komme wider / komm hernider / zum Gericht gerüster Christ!

Erstdruck 1692

ohne Titel

Ach drücke dich in mich / du Himmel=festes Siegel /
   Versigle meinen Sinn / versigle Hertz mit Hertz /
Versigle Mund mit Mund fest / über alle Siegel /
   Dein Leibes=Petschaft halt in aller Noth und Schmertz

Petschaft = Siegelstempel

Die tieff=begrabnen Ritz / in mir sich hoch erheben /   5
   Die ausgeholten Stich / sich sondern recht in mir /
Die hohen Gnaden sich in tieffsten Dank begeben /
   Es werd mein gantzes Ich ein rechtes Bild von dir /
Mein Leib von deinem Leib / Gestalt und Bildung mehre /
   Mein Sinn / von deinem Sinn / sich formen lasse hier /   10
Mein Wille gantz und gar nach deinem sich beqveme /
   Ein jedes Aederlein sich füg in deine Gier.
Das übrig wisch man weg / wie bräuchig in dem Giessen /

bräuchig = oft gebraucht

   Nur was in dir ist bleib' / und heisse mein in mir /
Ich will von keiner Lust / von keinem Willen wissen /   15
   Als nur der deinem gleich / und der von dir herrühr' /
Ach! mach mich durch dein Blut zur sigilirten Erden! *sigiliert* = gesiegelt
   Daß eher ich zerbrech' als aufhör sie zu seyn.
Laß' eher mich mein GOtt zu Staub und Aschen werden /

Als leben sonder dich / dein Bildnus prägen ein   *sonder* = ohne   20
Daß du in mich gedrückt. Mein Hertz das Capsel breche *Capsel* = Kapsel
   Bleibt nur dein Siegel gantz / dein lieber Leib und Blut.
Der Tod durch tausend Pfeil / das Leben mir absteche /
   Wann meinem Siegel nur im Hertzen er nichts thut /
Dem Leben / das du bist / kan er ja nichts angwinnen /   25
   Auch mir nicht / weil mit dir ich bin ein einigs Ein /
Es mag die gantze Erd der Himmel auch verbrinnen /
                                        verbrinnen = verbrennen
   ich bin in GOtt / und GOtt wird bleiben gantz allein.

Erstdruck 1693

FRAGEN ZU DEN TEXTEN

— *Welche religiöse Haltung nimmt die Dichterin ein?*

— *Wie sieht sie ihre Stellung in der Welt als Frau und als Dichterin?*

— *Was für eine Weltsicht beherrscht Catharina?*

— *Gibt es bemerkenswerte Unterschiede zwischen ihren Gedichten und den Texten der mittelalterlichen Mystikerinnen?*

— *Wie verbindet sie Religion mit Erotik?*

— *Was für typische poetische Bilder setzt sie überwiegend ein?*

18. Elisabeth Charlotte von der Pfalz, Herzogin von Orléans (1652–1722)

Die Herzogin Elisabeth Charlotte von der Pfalz, verheiratet mit dem Herzog von Orléans und damit die Schwägerin des Königs von Frankreich, gehört zu den bedeutendsten und fleißigsten Briefschreiberinnen des 17. und 18. Jahrhunderts. Ihr gewaltiges epistolare Oeuvre gehört zwar nicht im engen Sinne des Wortes zum literarischen Kanon, doch reflektieren ihre Briefe in höchst lebendiger Form die Welt des Absolutismus und vermitteln zugleich einen guten Einblick in das Leben einer Hochadligen am Königshof. Elisabeth wurde am 27. Mai 1652 als Tochter des Pfalzgrafen Karl Ludwig und seiner Frau Charlotte von Hessen–Kassel geboren. Diese Ehe scheiterte praktisch bald nach ihrer Geburt, aber ihre Eltern trennten sich nicht offiziell. Zur Ausbildung wurde das siebenjährige Mädchen an den Hof ihrer Tante väterlicherseits, Sophie, Herzogin von Braunschweig–Lüneburg, geschickt, wo sie vier glückliche Jahre verbrachte. 1671 verheiratete man sie mit dem Herzog von Orléans, Philippe, weil sich ihr Vater damit hoffte, die aggressiven Ausgriffe des französischen Königs auf die Pfalz zu verhindern—ein vergeblicher Plan. Elisabeth mußte zwar zum Katholizismus konvertieren, doch besaß sie genügend innere Freiheit, um sich dies nicht zu schwer zu machen. Bedrückend wirkte vielmehr die Tatsache, daß sich ihr Ehemann als homosexuell herausstellte und eine sehr bedenkliche Tendenz zur Hofintrige und zu einem ausschweifenden Leben bewies. Trotzdem entsprangen aus dieser Ehe drei Kinder, von denen der älteste Sohn bald starb. Der Krieg Ludwigs XIV. gegen die Pfalz (1688–1697) zerstörte ihre Heimat, wogegen sich Elisabeth nicht zu wehren vermochte. 1701 starb der Herzog von Orléans, worauf sich seine Witwe weitgehend aus der Öffentlichkeit zurückzog. Als ihr Sohn Philipp 1715 die Herrschaft antrat, veränderte sich diese Situation ein wenig, trotzdem blieb sie sehr zurückgezogen und starb am 8. Dezember 1722 im Alter von siebzig Jahren. Ihre damals schon erworbene Berühmtheit beruht auf dem Riesenkorpus von Briefen. Einige davon werden nachfolgend abgedruckt.[80]

Elisabeth Charlotte von der Pfalz

Texte

Versaille den 15 December 1708.

Hertzliebe Amelise, vor 4 tagen habe ich schon Ewern lieben brieff vom ersten dießes monts entpfangen, aber mitt fleiß nicht eher, alß heütte, drauff geantwortet; den einen tag ordentlich zu halten, ist daß rechte mittel, alle woche zu schreiben. Es ist mir lieb, daß unßer comerse [Verkehr] nun so woll establirt ist: hoffe, daß es dawern wird. Von Ewerem gehabtenn irtum will ich nichts mehr sagen, weillen Ihr desabussirt [vom Irrtum befreit] seydt, liebe Amellisse, undt es ist gar gewiß, das Ihr dem Wilhelmel unrecht gethan habt. So heist die fraw von Ratsamshaussen alß ihre zweyte dochter, die Ihr gesehen habt. Sie ist nun wider zu Strasburg bey ihren kindern, wirdt aber baldt wider herkommen. Liebe Amelisse, wir seindt einander zu nahe, umb unß, wie wir auch sein mögen, nicht vom weittem oder nahe lieb zu haben. Es ist kein mensch in der weldt perfect undt ohne fehler, eines muß deß andern seine entschuldigen; aber wo gutte gemühter sein, alß wie bey Louisse, Ihr undt ich, da kompt man alß woll zu recht, daß geblütt lest sich fühlen. Ewerserliche schönheiten seindt gutt, im verbey gehen wie ein gemähls zu sehen, aber ehrlichkeit, tugendt undt gutt gemühter daß ist gutt, bey denen zu finden, so man all sein leben lieben will. Ich weiß leyder woll, daß es nicht sein kan, daß wir zusammen leben; aber ich sage, daß ein solches ruhiges leben mir beßer ahnstehen undt ahngenehmer sein würde, alß daß hiesige hoffleben. Wie die leütte nun sein, ist meine sach gar nicht, mitt ihnen umbzu[gehen]; drumb lebe ich auch wie ein hermit undt einsidtler bey dießem hoff undt gehe mitt gar wenig leütten umb, bin von zwey biß 8 gantz allein in meiner cammer, doch endert mein leben nach den stunden. Ich will Eüch erster tagen beschreiben, waß ich von morgendst biß abendts thue. Wen unßere gutte ehrliche Teütschen folgen wolten, waß man guts in Frankreich thut, werden sie zu loben [sein], aber zu folgen. waß selber hir gethatelt wirdt, daß ist abgeschmackt undt ridicule. Der gottsfürchten undt die es wie eine profession folgen, seindt nur zu viel hir im landt undt alles, waß ahm schlimbsten ist, bedeckt sich mitt dießem mantel, welches der devotion selber schimfflich ist. Madame de Chasteautier ist nicht von dießen falschen devotten sondern eine gar ehrliche undt raisonable undt verstandige dame; sie weiß nicht, daß sie Teütschen charmirt hatt, ich wilß ihr aber sagen undt sie mitt vexiren [provozieren]. Daß teütsche liedt, so Ihr cittirt, hatte ich nie gehört. Der duc de Berwick [Marschall von Frankreich] ist wider zu straß [Straßburg], habt ihn also nicht zu förchten. Louisse rümbt sich monsieur de la Houssaye. Wie ist er den so geentert [geändert]? Wen Ihr oder Louise es vor nöhtig halt, daß ich ihm wider vor Eüch schreiben solt, könt Ihr mirs nur zu wißen thun, so werde ich nicht fehlen, zu schreiben. Der könig weiß solche sachen nie, lest die intendententen [Minister] gewehren. Auß meinem letzten schreiben ahn Lonisse soltet Ihr ersehen haben, daß mein sohn wider seyder donnerstag 8 tag hir ist undt, gott sey danck, in volkommener gesundtheit. Die andere printzen, alß duc de Bourgogne undt duc de Bery, seindt auch seyder montag wider hir undt der könig in Engellandt seyder dinstag; mittwog kame er mitt der künigin, seiner fraw mutter, her. Gestern bin ich nach st Germain gefahren. Es ist eine wunderliches unglück daß accident [Unfall, Krankheit], so Louisse ahn den augen hatt; sie jamert mich recht drüber. Aber da komen leütte; den alles, waß auß der armée kompt, muß man nun sehen, undt damitt ist es gethan, biß sie wider weg gehen. Adieu! ich muß schließen, den es ist zeit, in die commedie zu gehen habe. Ich kan mein brieff nicht überleßen, laß Eüch rahten. Ambrassirt [umarmt] Louise undt seydt versichert, daß ich Eüch allezeit lieb behalte!

Elisabeth Charlotte.

Versaille den 6 Januari 1709.

Hertzliebe Louisse. vergangen montag habe ich Ewer liebes schreiben vom 22 December entpfangen. Ich habe aber mitt fleiß nicht eher, alß heütte,

geschrieben, damitt dießer tag allezeit Ewer post-tag verbleiben mag den helt
man keinen rechten tag, zu schreiben, so kompt man ins auffschieben undt
kan darnach nicht mehr zum schreiben gelangen; helt man aber einen tag
sicher undt gewiß, zu schreiben, soweiß man, wen daß es der schreibtag ist,
fehlt also nicht, wie Ihr nun secht, liebe Louisse! Mich deücht [mir scheint],
vor dießem ging die post von Heydelberg öffter, alß zwey mahl die woch;
wo mir recht ist, ging sie auch donnerstag. Ich dancke Eüch, liebe Louisse,
daß Ihr Eüch über meines sohns, gott sey danck, glückliche ahnkunfft
erfrewet. Ich bin ruhiger, wen er hir ist; aber ich sehe ihn wenig, nur
morgendts eine halbe stundt undt abendts eine viertel stundt undt daß dazu
nur 2 mahl die woch, die überige zeit geht er sich nach Paris divertiren
[vergnügen]. Seine campagne ist die eintzige glückliche diß jahr geweßen,
gott lob! Ich wünsche den frieden woll von grundt meiner seelen, ich sehe
aber leyder gar keinen ahnstalt dazu [Anstalt]. Die alliirten haben ja nun so
gar eine glückliche campagne gehabt, daß sie itzundter [diesmal] woll
zufrieden sein konten undt solten nun frieden machen; thun sie es nicht,
weiß ichs ihnen recht undanck. Ich dancke Eüch, mir die zeittungen
geschickt zu haben; sie haben mich recht lachen machen, aber es ist kein
wort war, waß sie hir vom hoff sagen. Es mögt aber woll mitt gehen, alß wie
man in dem spilgen [Schauspiel] singt: "Von da kommen wir gecken undt
nonnen her, herr, dominé!" zu endt vom spiel nehmblich undt: "Waß nicht
ist, kan werden war, sede sede sancte, quid nostre domine?" Wen schon,
wie offt geschicht, jemandts meine brieffe sehen solte, schadts nicht undt
kan mir keine handel machenn; den ich sage es nicht, die zeitung sagts.
Drumb schickt mir sie nur immer fort! Ich wolte von grundt der seelen gern
der landtgraffin von Homburg dinnen [dienen], aber ich kan es ohnmöglich,
weill ihre sach gegen dem pfaltzgraffen von Zweybrücken, welcher eben nun
hir ist; also würde es mir gar zu übel stehen, vor dieße fürsten gegen einen
von meinem hauß zu solicittiren [sich einsetzen]. Hette sie ihre sach gegen
einen andern hir gehabt, were es auch sein mögen, wulde [wollte] ich mein
bestes vor sie gethan [haben], aber Ihr secht ja selber woll, daß es nicht
möglich ist. Die arme fürstin jammert mich aber ich kan I. L. nicht helffen.

Mein dochter hatt mir vor sie [von ihr] geschrieben, aber ich habe ihr eben geantwortet, waß ich hir sage. Mein dochter hatt mir ihre brieffe geschickt; weillen ich aber nichts guts zu andtwortten habe, deücht mir, daß es beßer ist, nicht zu andtworten. Aber ich bitte Eüch, seydt so gutt undt schreibt ihnen, wie leydt es mir ist, ihnen nicht zu dinnen können! Gegen sie werde ich aber nicht sein. Ich finde gar nicht übel, daß Ihr vor dieße fürstin undt graffin sprecht, contrarie ich lobe Euch, erkandtlich zu sein. Ewertwegen, graff Carllutz s. wegen ist es mir von hertzen leydt, daß ich ihnen nicht dinnen kan. Es erfrewet mich, daß Ewere augen beßer werden, undt wünsche von grundt meiner seelen, baldt zu hören, daß Ihr wider in volkommener gesundtheit seydt. Es ist war, daß ohne den frieden nicht zu rahten were, herr zu reißen, aber wen es frieden were, könte es incognito gar woll geschehen. Keine zeit in der weldt kan kommen, daß ich mein [eigener] herr sein könte undt auß Franckreich ohne urlaub. Die Christfeyertag zu wünschen, daß habt Ihr ahn den neuen heydelbergischen hoff gelernt; bey dem alten hilte man sich nur ahn den neüjahrstag; dancke Eüch aber sehr, liebe Louise, vor alle gutte wünsche, so Ihr mir thut, undt wünsche Eüch hergegen wider ein glückseeliges, friedt- undt freydenreiches neyes jahr, volkomene gesundtheit undt alles, waß Ihr selbsten wünschen undt begehren moget, undt ahn Amelisse auch. Hirmitt ist Ewer liebes schreiben durchauß beantwortet, bleibt mir nur noch zu versichern, daß ich in dießem jahr, wie all mein leben, Eüch von hertzen lieb behalten.

Elisabeth Charlotte.

Versaille den 12 Januari 1709.

Hertzliebe Amelise, heütte morgen habe ich Ewer schreiben vom 29 Devembris zu recht entpfangen; ist ein par tag alter, alß die vorigen wahren; daß nimbt mich aber kein wunder, den es ist so eine abscheülich raw [schlimmes] wetter undt so eine grimige kälte, daß die courier unmöglich renen können. Die leütte sterben hir vor kälte, eine sentinelle erfror gestern undt ein kerl zu pferdt; wen wir drincken wollen, wirdt waßer undt wein zu eyß bey dem fewer. Einen solchen winter, wie dießer ist, habe ich die tag meines lebens nicht erlebt; wens lang wehren solte, glaube ich, daß wir alle erfrieren werden. Ich bitte Eüch, sagt mir doch, ob es zu Heydelberg auch so abscheülich kalt ist, wie hir! Es ist just 8 tag heütte, daß es ahngefangen hatt; gott weiß, wen es enden wirdt. Meinen sondt meiner seelen, allein ich sehe leyder wenig ahnstalt dazu. Ich [Ihr] könt woll versichert sein, daß ich vor Eüch noch Louise mein tag deß lebens nicht endern werde. Ich fürchte, daß diß rauhe wetter Louisen kein gutt ahn den augen thun wirdt. Ich bin woll Ewerer meinung, lieb Amilise, daß von gottes handt mitt gedult ahnzunehmen, waß unß bößes zukompt; die beste gottesforcht ist aber glauben, undt supertitionen [Aberglaube] seyndt zu allen zeiten vor schwachheitten undt laster gehalten worden. Madame de Chasteautier spilt die hytte [hypocrite] gantz undt gar nicht. Hir aber kan man nicht sagen, daß zu nichts nicht nutzt, bigot zu sein: den es ist die große mode undt wer nicht auff den schlag sein kan, hatt nichts zu hoffen. Die heüchler lacht man nicht auß, sie lachen andere auß, so nicht sein wie sie; den sie haben die macht undt gewalt in den handen, sie dencken: "Die gotsforcht ist zu allen dingen nutz undt hatt die verheyßung von dießes undt jennes leben." Aber es ist woll war, das warhaffte Christen so nicht leben, aber daß ist die welt. Meine relation [Bericht] von waß ich alle stunden thue, werdet Ihr oder Louise [den ich [weiß nicht mehr], welche von beyden ich es geschrieben] schon haben. Mein leben ist schlegt [schlecht] undt gemein, nicht viel bößes, auch nichts absonderliches guts drinen, bin Eüch aber obligirt, liebe Amilise, so gutt opinion von mir zu haben. Sagt man itzunder in Teütsch tavac [Tabak]? Zu meiner [Zeit sagte] man tabac. Waß unzucht ahn[geht], so seind in allen landen die maner auff einen schlag, aber die faulheit undt unhofflichkeit seindt neüe aquisitionen [Erwerbungen], so sie woll unterlaßen können undt waß beßers davor lehrnen. Ich wolte von hertzen gern lenger schreiben, allein es ist mir ohnmöglich, die finger seindt mir zu star von der kälte, ich kan schir die feder nicht mehr halten, werde also nichts mehr sagen, alß daß ich Eüch sehr vor die frantzosche vers dancke, welche mich divertirt[vergnügt] haben. Seydt versichert, daß ich Eüch von hertzen lieb behalte!

Elisabeth Charlotte.

Ich kan meinen brieff nicht überleßen, muß muß mich wermen gehen.

Paris den 19 December 1717 [N. 34].

Hertzallerliebe Louise, gestern, alß ich auß der ittallien[is]che[n] commedie kommen, habe ich zwey von Ewern lieben schreiben auff einmahl auff meiner taffel gefunden, vom 4 undt 7 dießes monts [Monats], no 36. 37. Ich habe noch ein altes vom 30 November, so ich noch nicht habe beantwortten [können]; werde auff daß erste undt letzte heütte andtworten undt daß vom 4 biß donnerstag sparen; den ich habe keine zeit genung, sie alle 3 heütte auff einmahl alle 3 zu beantwortten; den ich habe noch etliche gar große schreiben von [meiner] dochter zu beantworten, muß heütte zum könig vor dem eßen, nach dem eßen fahre ich aux Carmelitten hernach, wen ich wider werde komme sein, gehe ich mitt madame d'Orleans ins opera. Also seht Ihr woll, liebe, daß ich wenig zeit vor mir zu schreiben habe; dazu bin ich ein wenig matt, den gestern hatt man mich wieder purgirt, bin 16 mahl zu stuhl [Toilette] gangen, daß matt ab [ermattet], der dockter aber versichert, [daß ich es nöthig] gehabt habe. Es ist aber auch zeit, daß ich auff Ewer liebes schreiben komme, fange bey dem frischten ahn vom 7, no 37. Bin fro, zu sehen, daß meine brieff nicht verlohren werden undt Ihr sie doch entlich entpfangt, liebe Louise! Wir hatten gehofft, daß mein sohns aug beßer werden solte, weillen daß schwartze pulver einen gutten effect gethan hatte: allein es ist dabey geblieben undt nicht weitter, ob mein sohn gleich daß pulver noch einmahl gebraucht hatt. Aber der man, so es gibt, verzweyffelt noch nicht [an] seinem remedes [Heilmittel]; den er sagt, er habe die experientz, daß, wenn man die geringste beßerung im ahnfang verspürt, daß man ohnfehlbar courirt wird. Aber es gehört lange zeit dazu undt in den ersten zwey monaten kan man keine beßerung verspüren, müßen unß also noch mitt dießer hoffnung abspeißen. Gott gebe, daß es so gehen, wie der dorffpfar es sagt! Es ist woll war, daß meines sohns metressen, wen sie ihn recht lieb hetten, vor sein leben undt gesundtheit sorgen [würden]. Aber ich sehe woll, daß Ihr, liebe Louisse, die frantzosche weiber nicht kent; nichts regirt sie, alß ihre desbeauchen [Ausschweifungen] undt interesse. Dieße leichtfertige maistressen p[r]eferiren [bevorziehen] ihr plaisir [Vergnügen] undt bezahlungen geht vor alles, nach der person fragen sie kein haar. Daß deücht mir eckelhafft, undt were ich ahn meines sohn platz, solte mir dieß[e]s gar nicht gefahlen; aber er ist dran gewohnt; daß ist ihm alles, wen sie ihn nur divertiren. Er hatt noch waß anderst, so ich nicht begreiffen kan, er ist nicht jalous [eifersüchtig], leydt [erlaubt], daß seine eygene bedinten bey seinen maitressen liegen. Daß deücht mir abscheülich undt weist woll, daß er keine rechte liebe zu ihnen trägt, könte sich also desto eher corigiren; aber er ist so sehr ahn dem luderleben [Lotterleben] gewohnt, bey ihnen zu eßen undt zu drincken, daß er sich nicht davon reißen kan, welches mir offt sehr zu hertzen geht. Aber ich will hoffen, daß unßer herrgott ihn auß dießem labirint einmahl erretten wirdt undt auß aller böße leütte hände ziehen, so ihm zu dießem allem helffen, umb gelt von ihm zu ziehen. Aber hiemitt genung von dießer verdrießlichen sach! Der junge könig gibt mir alle jahr ein par vissitten, woll gegen seinen willen und danck. Er kan mich nicht leyden; es ist, glaube ich, weillen ich ihm ein par mahl gesagt, daß es einem großen könig, wie er seye, übel ahnsteht, mutin [schalkhaft] undt opiniatre [unbelehrbar] zu sein. Paris kan mir nie gefahlen, aber wen eine sache sein muß, muß man sich woll drinen ergeben, dancke Eüch, liebe Louise, vor Ewern gutten wunsch dazu. Ich kleydte mich alle windter gar warm, den ich kan daß feüer nicht leyden; werme mich nie. Ich kan die frantzösche weiber nicht begreiffen, so allezeit die naß ins fewer stecken; mir solte übel werden, wen ich so im feüer stecken solte. Es ist bey weittem nicht so warm hir im landt, alß zu Manheim. Die letzte brief auß Englandt haben mich in sorgen wegen unßer printzeß von Wallis gesetzt, sie hatt so große kopffschmertzen. In dießem augenblick bekomme ich ein schreiben von der gräffin von der Bückenburg, die macht mir entschuldigung, daß die printzes mir nicht schreibt; sie ist zwar von leib gesundt, doch noch sehr matt. Ihr schreiben, ich will sagen der graffin schreiben, ist vom 2/12 dießes monts dadirt. Dießen abendt solte die tauff von Ewer[e]r kleinen niepcen [Nichte] fort gehen [beginnen] undt man wirdt se Wilhelmine Helene heyßen. Die printzes ist erschrecklich betrübt. Es scheindt, alß wen unruhe zwischen dem könig von Engellandt undt ihnen sein solte; daß wer eine rechte sach vor die Englander, vatter undt sohn zu plagen. Gott wolle ihnen alle[n] beystehen! Mich wundert, daß der duc de Schonburg seine dochter nicht im kindtbett besucht. Ich weiß nicht, wie die welt nun wirdt, man folgt seine schuldigkeiten nicht mehr in den famillen. Es wundert mich nicht, daß der graff Degenfelt sein dochtergen so lieb hatt; alle vätter lieben allezeit ihre dochter mehr, alß ihre sohn, undt die mütter haben die sohn ahm liebsten. Sie seindt beyde jung genung, die zwey eheleütte, umb buben undt medger in die menge [in großer Zahl] zu haben. Aber es ist nun zeit, daß ich eine pausse machen; weillen ich zum könig muß, muß ich mich eher ahnziehen, alß ordinarie. Gleich nach dem eßen, biß ich ins closer fahre, werde ich Eüch dießen nachmittag entreteniren, hoffe, nach ein bogelgen zu schreiben können. Ihr nemb[t] eie gutte resolution, liebe Louise! Gott gebe, daß Ihr drauff bleiben mögt undt Euch nicht vor der zeit plagen!

S. Clou den 3 May 1721

Hertzallerliebe Louise, gestern abendts bin ich mitt Ewerem lieben schreiben vom 19 April, no 32, erfrewet worden. Die von der post haben weißen [wissen] wollen, daß es nur ihre boßheit schuldt ist, wen die posten übel geh[e]n, weillen sie in 6 tagen . . . Mir kommen Ewere liebe brieff [lieber] spätter zu handen, alß nie. Den wie Ihr segt, liebe Louise, so ist dießer brief, so auch in 6 tagen hette kommen können, 13 tag unterwegen geweßen, wie Ihr leicht zelen könt. Mitt der post ist nichts ahnzufangen, sie despendirt [hängt ab] von zu vielen kopffen, so sich alle eine freüde machen, mir alles zuwieder zu thun, waß sie können, undt es all ihr leben gethan haben; also ist nichts hir zu hoffen. Es ist gewiß, daß frische brieff einen viel einen größern gefallen thun, alß alte schreiben; den man weiß nicht, waß seyderdem [seither] wider geschehen ist. Ihr werdet durch mein schreiben von vor 8 tagen ersehen haben, wie daß man mir vergangenen sontag wider den grünen safft hatt schlucken machen, so mich wider starck purgirt [Abführmittel gegeben] undt abgematt hatt. Seyder gestern fange ich wider ahn, mitt beßerm apetit zu [eßen] undt nicht mehr so großen widerwillen zu der speiße hab. Ich eße mein leben keine frantzösche ragoust, finde es ein unsauber undt widerlich geschmir, habe mich mein leben nicht dran gewohnen können. Monsieur le Dauphin pere [Vater] undt sein sohn, der duc de Berry, haben die ragoust noch mehr verdorben; den sie aßen es nicht, es muste dan handtvoll saltz drin sein, daß einen der halß davon brante. Ich glaube, daß daß abscheüliche versaltzen undt verpfeffert gefreß, so sie alle tag in menge geßen [gegessen haben], ursach ahn ihrem kurtzen leben geweßen. Seyder 8 tagen haben wir daß heßlichste wetter von der welt, immer kalter windt undt regen, auch so, daß wider feüer in allen caminen hatt müßen gemacht werden. Ich habe in den 10 tagen, so ich hir bin, noch nicht ein eintzig [mal] konnen in den gartten fahren, den es regnet continuirlich; ich bin diß wetter woll hertzlich müde. Wolte gott, ich könte Eüch noch ein mahl in meinem leben hir zu St Clou ambrassiren [umarmen]! Daß würde mir eine rechte freüde sein. Ich bin in allem, auch in eßen undt drincken, noch gantz teütsch, wie ich all mein leben geweßen. Man kan hir keine gutte pfanen–kuchen machen, milch undt butter seindt nicht so gutt, alß bey unß, haben keinen süßen geschmack, seindt wie waßer; die kreütter seindt auch nicht so gutt hir, alß bey unß, die erde ist nicht fett, sondern zu leicht undt sandig, daß macht die kreütter, auch daß graß, ohne starcke undt daß vieh, so es ist, kan also keine gutte milch geben, noch die butter gutt werden, noch die pfanen–kurchen. Auch haben die frantzosche koche den rechten griff nicht dazu. Wie gern wolte ich den pfanen–kuchen von Ewer cammer–magten eßen! Daß solte mir beßer schmecken, alß alles, waß meine köche machen. Von ihnen eße ich schir nur schlegtweg eßen, alß gebrattene, niehren–bratten, hammel–fleisch, lammer–flei[s]ch, gebrattene hüner, welsche hüner, ganße undt enten; den hamelschlegel eße ich ordinari mitt salat. Es muß eine osterei[chi]sche mode sein, daß man einem glück zur gevatterschafft [Patenschaft] wünscht; den zu meiner zeit habe ich nie nichts davon gehört. Alle osterreichische maniren, so woll alß die sprach, seindt mir gantz unleydtlich, alles ist affectirt dran; ich bin zu naturlich, liebe Louise, umb affekterie in nichts zu leyden konnen. hir ist es gar gemachlich, kinder auß der tauff zu halten; man gibt nichts, auch keine neüjahr. Ich weiß noch alle psalmen undt geistliche lieder, so ich mein leben gewust, undt singe sie in meiner cammer, auch offt in der kutsch; ich habe noch meine Bibel, psalm–bücher und lutterische lieder–bücher, kan also singen, so viel ich will. Ich habe hoch von nöhten, daß mir gott daß gedachtnuß sterckt; den ich fühle, daß mein gedäch[t]nuß abscheülich abnimbt; ich kan keinen nahmen behalten, glaube, daß ich baldt meinen eygenen vergeßen werde. Ich bitte taglich den almachtigen, meinen sin undt gedancken zu regier[e]n, nichts zu thun noch zu gedencken, alß waß mir zu meiner seeligkeit dienlich ist, undt mich in meinem alter nicht zu verlaßen; auch ist daß ende von meinem gebett nach dem unßer–vatter: "Ach, herr, verlaße mich nicht, auff daß ich dich nicht verlaße!" Ich kan kein beßer Teütsch, alß Ihr, liebe Louise! Aber ich sehe doch woll, wen eine sach nicht recht geschriebenist. Daß geschicht Eüch gar selten, fehler in Eweren schreiben zu tun; in dießem brieff habe ich noch keinen gefunden. Ich hoffe, Eüch baldt undt ehe daß jahr zum endt geht, wo mir gott daß leben verleyet, ein contrefait [Abbild] in kupffer–stück zu schicken; den man hatt ihn abgemahlt, solle perfect gleichen; daß wirdt woll in kupfer gestochen werden. Man hatt es ihm gewießen, so soll er gesagt [haben]: "Cela est fort bien", fengt also ahn, Frantzösch zu reden; der man hatt eine große politesse [Höflichkeit]. Die Turcken seindt nicht so exact in ihren gesetzten, daß sie keine volle [betrunkene] leutte sehen solten; sie sauffen nachts wie bürstenbinder undt geht ihnen mitt dem wein, wie den Christen mitt andern lastern, so ihnen verbotten sein. Die Türcken halten ihr desbeauchen [Ausschweifungen] heimblicher, alß die Christen, so sich in jetzigen zeitten eine ehre drauß [machen]. Apropo hirvon so hatt man mir gestern ein poßirlich [lustigen] dialogue verzehlt, so monsieur le duc zu Chantilli mitt seinem dockter gehalten. Ich glaube, ich habe Eüch schon verzehlt [erzählt], wie kranck er zu Chantilli worden, wo er seine desbeauchirte metres gar woll hatt regalliren [wollen] undt hatt cantaritten [Medizin] undt andere starcke sachen eingenohmen, muß aber vergeßen haben, daß sein herr vatter undt schwiger her[r] vatter, der printz de Conti, ahn eben dießelbe sachen gestorben sein; er selber ist gar kranck zu Chantilli worden, undt ist ihm noch ein so starcker schwindel geblieben, daß er les estats de Bourgogne [die Staatsangelegenheiten von Bougonge] in seinem gouvernement [Regierung] diß jahr nicht halten kan; den der schwindel erlaubt ihm nicht zu reitten noch in kutschen zu fahren. Der holandische dockter, so ihn courirt undt monsieur Helvetius heist, sagte vor etlichen tagen zu ihm: "Si V. A. S. continue la mesme vie que vous aves menée jusques a pressent, je vous guaranti mort avant six mois" [Wenn Sie mit Ihrem Leben so fortfahren wie bisher, garantiere ich Ihren Tod in sechs Monaten]. Er andtworte: "Ma vie et ma santé sont a moy, j'en veux ce qui me plait" [Mein leben und meine Gesundheit gehören mir]. Darauff judicirt [urteilt] man, daß sein leben nicht gar lang mehr dawern wridt. Die geheürahte [mit ihm verheiratete] fraw, so er so sehr liebt undt welche ihn absolute regiert, ist ihm nicht getrewe, hatt zwey andere amants [Liebhaber]; daß merckt dießer eben so wenig alß ihr man, monsieur de Prie, so allezeit über hannerey lachen sollen undt gantz verwundert ist, warumb monsieur le duc sein[e]r frawen so gar gnädig ist, welches alle menschen lachen macht; den ihre lieb ist offendtlich undt kein secret. Vor dießem war madame de Prie gar artlich, aber ihr dolles leben hatt sie so geendert, daß sie nicht kenbar mehr ist. Die moscowittische nation ist so barbarisch undt wilt, daß es kein wunder ist, daß der czaar, so drinen gebohr[e]n undt erzogen ist, auch waß davon behelt; aber verstandt hatt der her[r], daß ist gewiß. Mich deücht, wen ich der hertzog Allexander von Württenberg were undt so sichere hoffnung er hatt, hertzog von Württenberg zu werden, wolte ich nicht die mühe nehmen, eine wilde printzessin zu heürathen, daß hertzogthum Curlandt zu bekommen. Aber, wie unßere liebe s. churfürstin alß pflegt zu sagen, einem jeden seine weiß gefelt undt seinen dreck für weirauch helt. Aber es wirdt spät, ich muß eine pausse machen, umb mich ahnzuziehen, betten gehen in der capel, hernach ahn taffel. nach dem eßen will ich Eüch noch entreteniren biß umb 3; alßden werde ich in kutsch undt nach Madrit fahren zu Chausseray[e]. Erlaubt mir daß wetter, werde ich dort zu fuß ein wenig spatziren; ich sag ein wenig, den viel ist mir ohnmöglich, meine arme schenckel undt knie können nicht mehr fort; daß thut daß liebe alter, wie Bickelharing sagt, wen er mutter Angen agirt.

Brief wird am Nachmittag fortgesetzt. . .

St Clou, 14 Juni 1721. Sambstag umb 2 uhr nachmittags

Es ist eine gute stundt, daß wir von taffel sein undt umb 3 werde ich nach Madrit, muß mich also eyllen, den ich bin gebetten, nach dem closter von Longcamps zu fähren, den ich alle jahr eine vissitte dort gebe. Daß erste mahl, alß ich zu ihnen ging, wolten sie mir chocolatte, thé undt caffé geben. Ich nehme mein leben keins von dießen dreyen gedrencken, schocolatte thut mir wehe im magen, thé findt ich, alß wen man mist undt heü eße, undt caffé findt ich ahn [am] allerärgsten, ist bitter undt wie ein stinckender ahtem, mögte gleich speyen, findt nichts eckelhafftiger. Die armen nonen wahren gantz decontenancirt [unglücklich], meinten, ich verschmahe sie, ich rieffe aber meine leütte zu zeügen, daß ich mein leben nichs von denen 3 stücken nehme; aber umb sie zu contentiren, fraß ich viel von ihrem martzeban [Marzipan], welches sie überauß gutt machen. Scandal zu geben, deücht nie nichts, liebe Louise! Weillen er ja in der capelle hatte sein wollen, konte er im ahnfang knien konnen; in kirchen zu betten hatt nichts übels ahn sich. Aber ich muß schlaffen. Da werde ich wider wacker, habe ein kurtz schläffgen gethan, mögte noch woll lenger schlaffen. Aber da komen meine kutschen, ich muß fort.

Sambstag, den 15 November 1721, umb 3 uhr nachmittags.

Es ist nun schon woll 2 gutte stundt, daß wir von taffel, habe nicht eher, alß nun, zu schreiben gelangen können. Gott gebe, daß mir keine weittere verhindernuß zustoßen möge! Den ich wolte gerne heütte auff etliche von Ewern schreiben andtwortten, komme ahn dem, wo ich vorgestern geblieben wahr, von 1 dieß[e]s mondts, no 8. Ich kan nicht glauben, daß man ohne gedechtnuß ein gar gutt judicium haben kan; den umb woll zu judiciren können, ist es gutt, sich umbständen zu erinern, sonsten kan man ja nicht woll judiciren; glaube also, daß die, so ahm besten sich alles erinern konnen, daß beste judicium haben. Lateinisch verstehe[ ] ich nicht, aber auf Teütsch spricht man so offt auß die art, daß dieß Lattein mir gar nicht frembt, kompt auch leicht auff jugement auß, so ja gutt Frantzösch ist, welches ich gar woll weiß. Dieß alles verhindert daß kindisch–werden nicht. Gott bewahre unß davor! I.L. die printzes von Wallis hatt mir kürtzlich geschrieben, daß wie ma tante, unßere liebe churfürstin s., ihren letzten jahren sie offtmahl undter den armen genohmen, damit sie ihr heimblich die nahmen sagen moge, so sie nicht gleich finden könte. Es ist doch woll ein zeichen, daß unßere liebe s. churfürstin nie kindisch geworden ist. Vor den friedens–tractat von Reüsen undt Schweden habe ich Eüch letztmahl gedanckt; habe es noch nicht leßen konen, ich hoffe es aber morgen in der kutschen zu thun. Ich werde morgen geradt ins Palais–Royal, dort eßen zu gutter zeit, umb dar werden wir alle mitt einander au[x] Thuilleries zum könig, wo mademoiselle de Monpensié ihr heüraths–contract unterschreiben wirdt, hernach werden wir alle wider au Palais–Royal, wo der könig hin kommen wirdt, umb daß opera von Phaeton zu sehen. Es wirdt daß erstemahl sein, daß der könig ein opera sicht. Da werde ich I. M. auffwarten [höfischen Empfang geben], aber hernach gleich wieder in kutsch hieher, zu nacht eßen undt den nach bett. Der könig aber wirdt au[x] Thillerie zu nacht eßen, hernach wider kommen undt zum bal, wo alle damen erst[l]ich en robe de chambre [Hofkleid] oder manteau [Mantel] sein werden, hernach in masquen. Es ist mir woll gar nicht leydt, den bal nicht zu sein, mein aversion [Abneigung] ist ein bal undt frantzosch dantzen; hore ich ein menuet, fange ich gleich ahn, zu gäpen [gähnen], kan es vor meinem todt nicht leyden. Ich vexire [quäle] lenor heütte den gantzen [tag] undt sage, daß es ihr hertzlich leydt ist, daß ich morgen nicht bey dem bal bleiben werde. Ich beklage die fürstin von Itzstein, wofern sie ihren herrn lieb gehabt hatt. Kinderblattern ist eine böße, gefährliche kranckheit, ich weiß, wie es tut. Daß Ihr sagt, liebe Louise, daß deß fürsten von Itzstein gütter zwischen den graffen von nassau Otteweiller undt der von Saarbrucken getheilt wirdt werden, daß macht mich gedencken, wie ungleich ich die zwey brüder von Saarbrücken gesehen. Der gestorben, war ein rechter feiner, ahngenehmer herr, voller politessen undt tugendt; der itzige aber ist ein tolpel in folio [in Großformat], wie ein beer kan weder gehen, noch reden und ist, wie Lenor alß von den einfeltigen leütten sagt: "Er weiß nicht, wer der ist." Es were kein unglück, wen die zwey printzessinen, so kranck sein, sterben solten; nach aller aparantz [Anschein] werden sie doch nicht glücklich sein. Ewer compliment ist schon, daß Ihr auffhört, umb mich nicht zu lang halten. Lernt man solche schönne maniren zu reden in der Franckforter meß? Ich hett lieber ein bogen mehr gehabt, alß diß compliment. Hiemitt ist Ewer liebes schreiben vollig beantwortet, liebe! Ich komme jetzt auff daß von 28 October, no. 79. Ihr soltet nun woll gewohnt sein, liebe Louise, alß eine post zu sein ohne meine brieffe undt die ander post 2 zu bekommen, werde also weytter nichts hirauff sagen, liebe Louise! Ich fange ahn, zu sein, wie alle alte weiber, einen tag bin ich gesundt, den andern quakele [eide]ich. Ich glaube, daß Ewere niepce noch woll bey Eüch in Ewerem hauß ins kindtbett komen wirdt, also lenger bey Eüch bleiben, alß Ihr meint. Lert ewer kleine niepce [Nichte], mein patgen [Patenkind], noch kein Teütsch? Ambrassirt sie von meinetwegen undt sagt ihr, daß, wen sie zu mir kommen wirdt, will ich ihr eine schonne pupe geben! Da meritirt Ihr woll einen filtz [Strafe], mich umb verzeyung zu bitten, mir zu schreiben, waß Ewere niepce sagt. Daß ist alber [albern], liebe Louise, daß Ihr mich umb verzeyung bitt, zu sagen, was daß liebe undt artig kindt sagt. Wen Ihr mir solche poßen sagt, werdt Ihr allezeit einen filtz bekommen wie heütte. Da habe ich auff zwey Ewere liebe schreiben vollig beantwortet. Nun muß ich ein par wordt ahn mein dochter schreiben, den morgen frühe werde ich wenig zeit haben. Adieu, liebe Louise! Ich ambrassire [umarme] Eüch von hertzen undt behalte eüch allezeit recht lieb.

Elisabeth Charlotte

FRAGEN ZU DEN TEXTEN

— *Was für einen Eindruck vom französischen Hof vermittelt Elisabeth?*

— *Macht sich ein nationaler Kontrast zwischen Elisabeth und ihrer französischen Umwelt bemerkbar?*

— *Welche Funktion besitzt diese Korrespondenz für die Autorin?*

— *Welche Probleme ergeben sich für sie durch die Sprachmischung?*

— *Inwieweit darf man diese Briefe mit zur deutschen Barockliteratur rechnen?*

— *Worin bestehen die Unterschiede zwischen Elisabeths Briefen und denjenigen der Maria von Wolkenstein bzw. der Hildegard von Bingen in thematischer, stilistischer und ideologischer Hinsicht?*

Anmerkungen

1. Hrotsvitha von Gandersheim, *Werke in deutscher Übertragung*. Mit einem Beitrag zur frühmittelalterlichen Dichtung von H. Homeyer (München–Paderborn–Wien: Schöningh, 1973), Einleitung; vgl. dazu: Hrotsvit von Gandersheim, *Sämtliche Dichtungen*. Vollständige Ausgabe. Aus dem Mittellateinischen übertragen von Otto Baumhauer, Jacob Bendixen und Theodor Gottfried Pfund. Mit einer Einführung von Bert Nagel (München: Winkler–Verlag, 1966).

2. Hrotsvit von Gandersheim, *Sämtliche Dichtungen*, 1966, 14f.; siehe auch Judith Tarr, "Hrotsvit of Gandersheim," *An Encyclopedia of Continental Women Writers*, ed. by Katharina M. Wilson. Vol. 1 (New York–London: Garland, 1991), 445–447.

3. Homeyer 177; siehe auch Wiebke Freytag, "Geistliches Leben und christliche Bildung. Hrotsvit und andere Autorinnen des frühen Mittelalters," *Deutsche Literatur von Frauen*. Erster Band. *Vom Mittelalter bis zum Ende des 18. Jahrhunderts*. Hg. von Gisela Brinker–Gabler (München: Beck, 1988), 654–76, hier 672.

4. Dazu Max Wehrli, *Literatur im deutschen Mittelalter. Eine poetologische Einführung*. Universal–Bibliothek, 8038 (Stuttgart: Reclam, 1984), 163–181.

5. Homeyer, 40.

6. Helga Kraft, *Ein Haus aus Sprache. Dramatikerinnen und das andere Theater* (Stuttgart–Weimar: Metzler, 1996), 11.

7. *Hrothsvit of Gandersheim. Rara Avis in Saxonia?* A Collection of Essays compiled and edited by Katharina M. Wilson. Medieval and Renaissance Monograph Series, VII (Ann Arbor, MI: MARC Publishing, 1987).

8. Die Übersetzung stützt sich auf die Ausgabe von H. Homeyer, 1973, wobei ich ihre deutsche Fassung ebenso konsultierte wie die guten

Übersetzungen von O. Baumhauer, Jacob Bendixen und Theodor Gottfried Pfund, 1966.

9. Gemeint ist hier Eva, deren Übertretung von Gottes Gebot die Menschheit auf den Pfad der Sünde geführt haben soll. Erst Maria befreite dann durch ihre göttliche Begnadigung die Welt vor der Verderbnis; vgl. dazu Ernst Guldan, *Eva und Maria. Eine Antithese als Bildmotiv* (Graz–Köln: Böhlaus Nachf., 1966).

10. Man beachte den unterschiedlichen Sprachgebrauch. Während Irene von "Götzen" redet, sagt Diokletian "Götter."

11. In der Forschung hat man u.a. die Meinung vertreten, daß die Küche symbolisch die Hölle vertrete, wo Dulcitius seine Sündigkeit zum Ausdruck bringe. Auch wenn Hrotsvitha sehr stark theologisch gedacht hat, würde uns diese Auslegung doch zu weit führen, denn der getäuschte Römer macht sich ja nur lächerlich, steigert hingegen nicht seine Sünde. Siehe aber Sandro Sticca, "Hrotswitha's *Dulcitius* and Christian Symbolism," *Mediaeval Studies* 32 (1970): 108–127, hier 112ff. Im Mittelalter herrschten noch starke Rassenvorurteile; die Farbe schwarz verband man stets mit dem Teufel.

12. Friedrich Maurer, *Die Dichtungen der Frau Ava*. Altdeutsche Textbibliothek, 66 (Tübingen: Niemeyer, 1966).

13. *Welt und Mensch: Das Buch 'De operatione Dei'*. Aus dem Genter Kodex übersetzt und erläutert von Heinrich Schipperges (Salzburg: O. Müller, 1965); Prudentiana Barth, M. Immaculata Ritscher und Joseph Schmidt–Gorg, Hgg., *Lieder. Nach den Handschriften herausgegeben* (Salzburg: O. Müller, 1969). Adelgundis Führkötter und Angela Carlevaris, Hgg., *Scivias*. Corpus Christianorum, Continuatio Medievalis 43–43a. 2 Bde. (Turnhout: Brepols, 1978); Barbara Newman, *Sister of Wisdom: St. Hildegard's Theology of the Feminine* (Berkeley: University of California Press, 1987); Paul Kaiser, Hg., *Hildegardis Causae et curae* (Leipzig: Teubner, 1903); Barbara Newman, Hg., *Symphonia armonie celestium revelationum*. A Critical Edition with English Translations and Commentary (Ithaca: Cornell, 1988); Sabina Flanagan, *Hildegard von Bingen. A Visionary Life* (New York: Routledge, 1989); Hildegard of Bingen, *Scivias*. Trans. by Columba Hart and Jane Bishop; Introduced by Barbara J.

Newman, Preface by Caroline Walker Bynum (New York: Paulist Press, 1990). Continatio Mediaevalis, XCII (Turnholt: Brepols, 1996); zuletzt: *Hildegard von Bingen 1098–1179.* Hg. von Hans–Jürgen Kotzur (Mainz: Philipp von Zabern, 1998).

14. Siehe dazu auch die Übersetzung von Columba Hart und Jane Bishop, *Hildegard of Bingen,* Scivias, 1990, 525ff.

15. Dazu siehe *The Letters of Hildegard of Bingen.* Trans. J. L. Baird, R. K. Ehrman, 1994, Nr. 1, S. 27f.; vgl. Peter Dinzelbacher, *Bernhard von Clairvaux. Leben und Werk des berühmten Zisterziensers* (Darmstadt: Primus, 1998), 312f.

16. Ingrid Kasten, *Frauenlieder des Mittelalters. Zweisprachig.* Übersetzt und herausgegeben von I. Kasten Universal–Bibliothek 8630 (Stuttgart: Reclam, 1990), 13; vgl. dazu Werner Hoffmann, "Frauenstrophe und Frauenlied in der mittelhochdeutschen Liebeslyrik," *Mannheimer Berichte* 29 (1986): 27–37.

17. Henning Brinkmann, *Entstehungsgeschichte des Minnesangs* (Halle: Niemeyer, 1925; ND Darmstadt: Wissenschaftliche Buchgesellschaft, 1971); 98f.

18. J. Kühnel, *Dû bist mîn, ih bin dîn. Die lateinischen Liebes- (und Freundschafts-) Briefe des clm 19411. Abbildungen, Text und Übersetzung.* Litterae, 52 (Göppingen: Kümmerle, 1977).

19. Vgl. dazu die literarisch gestalteten Briefe aus dem 8. Jahrhunderts von englischen Nonnen an ihren Freund und Lehrer Bonifatius, der sich zu dieser Zeit als Missionar in Deutschland aufhielt; Albrecht Classen, "Frauenbriefe an Bonifatius. Frühmittelalterliche Literaturdenkmäler aus literarhistorischer Sicht," *Archiv für Kulturgeschichte* 72, 2 (1990): 251–273; im 12. Jahrhundert meldete sich eine ganze Reihe von lateinisch gebildeten Frauen in Frankreich und Deutschland zu Wort, am berühmtesten unter ihnen Heloise, die Geliebte und spätere Ehefrau Abaelards; vgl. dazu Constant J. Mews, *The Lost Love Letters of Heloise and Abelard. Perceptions of Dialogue in Twelfth-Century France.* With translations by Neville Chiavaroli and Constant J. Mews (New York: St. Martin's Press, 1999).

20. Die Übersetzungen stützen sich weitgehend auf die Vorlagen von J. Kühnel, Hg., greifen aber vorsichtig in die Übersetzung ein, teils um der Verständlichkeit willen, teils wegen anderer Interpretationen des lateinischen Originals.

21. Text zitiert und übersetzt nach: *Windsbeckische Gedichte nebst Tirol und Fridebrant.* Hg. von Albert Leitzmann. Dritte, neubearbeitete Aufl. von Ingo Reiffenstein. Altdeutsche Textbibliothek, 9 (Tübingen: Niemeyer, 1962); Helmut de Boor, *Die höfische Literatur. Vorbereitung, Blüte, Ausklang 1170–1250.* Geschichte der deutschen Literatur von den Anfängen bis zur Gegenwart, 2 (München: Beck, 1966), 408–410; Hans–Joachim Behr, "'der werden lop' und 'gotes hulde'. Überlegungen zur konzeptionellen Einheit des Winsbecke," *Leuvense Bijdragen* 74 (1985): 377–394; Trude Ehlert, "Die Frau als Arznei. Zum Bild der Frau in hochmittelalterlicher deutscher Lehrdichtung," *Zeitschrift für deutsche Philologie* 105 (1986): 42–62; Ann Marie Rasmussen, *Mothers and Daughters in Medieval German Literature* (Syracuse: Syracuse University Press, 1997).

22. Lunete war die Zofe von Laudine, der Frau Iweins im gleichnamigen Roman Hartmanns von Aue (ca. 1200). Durch ihre Vermittlung kam es zur Heirat, nachdem Iwein Laudines ersten Mann Ascalon im Kampf erschlagen hatte. Später teilte Lunete Iwein mit, daß Laudine ihn wegen seines gebrochenen Versprechens, nach einem Jahr Ritterkampf zu ihr zurückzukehren, verstoße. Letztlich gelingt es Lunete, weil Iwein und auch Laudine eine innere Läuterung erfahren haben, das Ehepaar wieder zusammenzubringen.

23. Gemeint ist, daß ein ganzer Wald für Lanzen aufgebraucht wird, die die Turnierritter in ihrem Namen brechen werden.

24. Die ganze Strophe bezieht sich darauf, daß Männer entweder im Stall (Stroh) oder auf der Wiese (Gras) mit ihr schlafen wollen, was das Mädchen strikt ablehnt.

25. Mit der 'Tarnkappe' ist eine deutliche Anspielung auf das *Nibelungenlied* gegeben, wo Siegfried mit Hilfe dieses zauberischen Gegenstands sich unsichtbar machen kann. Er nimmt die Tarnkappe, um König Gunther im Wettkampf gegen Brünhild zum Sieg zu verhelfen, und

später unterwirft er diese noch einmal im Schlafzimmer von Gunthers Hof in Worms, um sie ihrem Ehemann gefügig zu machen. Die Tarnkappe besitzt damit stark erotisch–symbolische Funktionen. *Das Nibelungenlied.* Nach der Ausgabe von Karl Bartsch hg. von Helmut de Boor. 21. Aufl. von Roswitha Wisniewski (Wiesbaden: Brockhaus, 1979); vgl. dazu Otfrid Ehrismann, *Nibelungenlied. Epoche — Werk — Wirkung* (München: Beck, 1987), 134f.

26. In der Bedeutung, daß ein Haufen Hunde insgesamt solch eine Jagdgier erzeugt, daß jeder einzelne automatisch davon erfaßt wird.

27. Bedeutung: wenn du zum Stelldichein mit dem Geliebten in den Wald gehen willst.

28. Die Tochter differenziert zwischen "liebe" zur Mutter und erotisch aufgefaßter "Minne." Über die letztere will sie belehrt werden, die erstere verspürt sie selbst.

29. Peter Dinzelbacher, Hg., *Wörterbuch der Mystik.* Kröners Taschenausgabe, 456 (Stuttgart: Kröner, 1989); ders., *Mittelalterliche Frauenmystik* (Paderborn–München–Wien–Zürich: Schöningh, 1992).

30. Zitiert und übersetzt nach: Mechthild von Magdeburg, *'Das fließende Licht der Gottheit'.* Nach der Einsiedler Handschrift in kritischem Vergleich mit der gesamten Überlieferung hg. von Hans Neumann. Band I: *Texte,* besorgt von Gisela Vollmann–Profe (München–Zürich: Artemis, 1990); zur Forschung siehe: Frank Tobin, *Mechthild von Magdeburg. A Medieval Mystic in Modern Eyes* (Columbia, S.C.: Camden House, 1995); *Medieval Women's Visionary Literature.* Ed. Elizabeth Alvilda Petroff (New York–Oxford: Oxford University Press, 1986); Kurt Ruh, *Geschichte der abendländischen Mystik.* Zweiter Band: *Frauenmystik und Franziskanische Mystik der Frühzeit* (München: Beck, 1993); *The Writings of Medieval Women. An Anthology,* Translations and Introductions by Marcelle Thiébaux. The Garland Library of Medieval Literature (New York und London: Garland, 1994), 385–412; Albrecht Classen, "Flowing Light of the Godhead. Binary Oppositions of Self and God in Mechthild von Magdeburg," *Studies in Spirituality* 7 (1997): 79–98; Katharina Bochsler, *"Ich han da inne ungehörtú ding gesehen". Die Jenseitsvisionen Mechthilds von Magdeburg in der Tradition der mittelalterlichen*

Visionsliteratur. Deutsche Literatur von den Anfängen bis 1700, 23 (Bern–Berlin–et al.: Lang, 1997). Eine Forschungsbibliographie wurde von Gertrud Jaron Lewis erstellt, *Bibliographie zur deutschen Frauenmystik des Mittelalters.* Mit einem Anhang zu Beatrijs van Nazareth und Hadewijch von Frank Willaert und Marie–José Govers. Bibliographien zur deutschen Literatur des Mittelalters, 10 (Berlin: Schmidt, 1989), 164–183.

31. *Die Denkwürdigkeiten der Helene Kottannerin (1439–1440).* Hg. Karl Mollay. Wiener Neudrucke. Neuausgaben und Erstdrucke deutscher literarischer Texte, 2 (Wien: Österreichischer Bundesverlag für Unterricht, Wissenschaft und Kunst, 1971).

32. K. Mollay, Hg., 7.

33. Weitere Literatur zu Helene Kottannerin bei Maya Bijvoet, "Helene Kottanner," *An Encyclopedia of Continental Women Writers,* ed. Katharina M. Wilson. Vol. One (New York–London: Garland, 1991), 657f.; dazu jetzt Sabine Schmolinsky, "Zwischen politischer Funktion und Rolle der 'virgo docta': Weibliche Selbstzeugnisse im 15. Jahrhundert," *Fifteenth–Century Studies* 24 (1998): 63–73.

34. Helene Kottannerin spricht immer voller Respekt von "Ihre Gnaden" in bezug auf den König und die Königin.

35. Hier wird im historischen Bericht kurz vorausgegriffen. Die Einzelheiten werden später erwähnt werden.

36. Hans Pörnbacher, *Margareta von Schwangau. Herrn Oswalds von Wolkenstein Gemahlin* (Weißenhorn: Anton H. Konrad, 1983); zur Ehebeziehung und Oswalds Eheliedern siehe Albrecht Classen, "Liebeslieder und Ehelieder in den Gedichten Oswalds von Wolkenstein," *Jahrbuch der Oswald von Wolkenstein Gesellschaft* 5 (1988/1989): 443–477.

37. Hermann Hallauer, "Nikolaus von Kues und das Brixener Klarissenkloster," *Mitteilungen und Forschungsbeiträge der Cusanus–Gesellschaft* 6 (1967): 75–123. Die folgenden Texte sind dort im Original abgebildet.

38. Zitiert und übersetzt nach H. Pörnbacher, *Margareta von Schwangau*, 71–73, Nr. VI.

39. Herbert Walz, *Deutsche Literatur der Reformationszeit. Eine Einführung*. Germanistische Einführungen (Darmstadt: Wissenschaftliche Buchgesellschaft, 1988); Albrecht Classen, *The German Volksbuch. A Critical History of a Late–Medieval Genre*. Studies in German Language and Literature, 15 (Lewiston–Queenston–Lampeter: The Edwin Mellen Press, 1995).

40. Wolfgang Liepe, *Elisabeth von Nassau–Saarbrücken. Entstehung und Anfänge des Prosaromans in Deutschland* (Halle a.d. S.: Niemeyer, 1920); Bernhard Burchert, *Die Anfänge des Prosaromans in Deutschland. Die Prosaerzählungen der Elisabeth von Nassau–Saarbrücken* (Frankfurt a.M.–Bern–New York: Lang, 1987); Xenja von Ertzdorff, *Romane und Novellen des 15. und 16. Jahrhunderts in Deutschland* (Darmstadt: Wissenschaftliche Buchgesellschaft, 1989); Albrecht Classen, "Elisabeth von Nassau–Saarbrücken," *German Writers of the Renaissance and Reformation 1280–1580*. Ed. James Hardin and Max Reinhart (Detroit–Washington, D.C.–London: Gale Research, 1997), 42–47.

41. *Der Roman von der Königin Sibille in drei Prosafassungen des 14. und 15. Jahrhunderts*. Mit Benutzung der nachgelassenen Materialien von Fritz Burg, hg. von Hermann Tiemann. Veröffentlichungen aus der Staats- und Universitätsbibliothek Hamburg, 10 (Hamburg: Hauswedell, 1977), 117–173.

42. Innerer Widerspruch, denn erst heißt es, daß Gerhart losgezogen sei, während die Prinzessin vorbereitet wurde, bald darauf aber erfahren wir, daß Gerhart sie mit sich nach Frankreich führte.

43. Hinweis auf den früher von Elisabeth von Nassau–Saarbrücken übersetzten Roman *Herpin*.

44. Gemeint sind ihre Erbsünden, d.h. die Schuld des Menschen schlechthin.

45. Es handelt sich um eine Verwechslung, denn Richard erweist sich später als ihr Onkel, während der Kaiser immer namenlos bleibt.

46. Im Kapitel XXVI hieß die Stadt noch Langers.

47. "malder" oder 'malter' ist ein Getreidemaß und besagt: eine große Menge.

48. Vgl. dazu die deutsch–englische Textausgabe: *Convents Confront the Refromation: Catholic and Protestant Nuns in Germany*. Introduced and edited by Merry Wiesner–Hanks. Trans. by Joan Skocir and Merry Wiesner–Hanks. Reformation Texts with Translation (1350–1650), 1 (Milwaukee: Marquette University Press, 1996)

49. Silke Halbach, *Argula von Grumbach als Verfasserin reformatorischer Flugschriften*. Europäische Hochschulschriften. Serie XXIII, Theologie, 468 (Fankfurt a.M.: Peter Lang, 1992); *Argula von Grumbach. A Woman's Voice in the Reformation*. Ed. by Peter Matheson (Edinburgh: T & T Clark, 1995).

50. Zu Argula von Grumbach siehe Barbara Becker–Cantarino, *Der lange Weg zur Mündigkeit. Frau und Literatur [1500–1800]* (Stuttgart: Metzler, 1987); Irmgard Bezzel, "Argula von Grumbach und Johannes aus Landshut. Zu einer Kontroverse des Jahres 1524," *Gutenberg–Jahrbuch* 61 (1986): 201–207; Gisela Brinker–Gabler, Hg., *Deutsche Literatur von Frauen*. Band 1 (München: Beck, 1988); Albrecht Classen, "Footnotes to the German Canon: Maria von Wolkenstein and Argula von Grumbach," *The Politics of Gender in Early Modern Europe*. Jean R. Brink, Allison P. Coudert and Maryanne C. Horowitz, Editors. Sixteenth Century Essays & Studies, XII (Kirksville, Missouri: Sixteenth Century Journal Publishers, 1989), 131–147; ibid., "Woman Poet and Reformer: The 16th–Century Feminist Argula von Grumbach," *Daphnis* 20, 1 (1991): 167–197; Ludwig Geiger, "Argula von Grumbach," *Allgemeine Deutsche Biographie* 10 (1879; ND Berlin: Duncker & Humboldt, 1968), 7f.; Maria Heinsius, *Das unüberwindliche Wort. Frauen der Reformationszeit* (München: Kaiser, 1951); Robert Stupperich, *Reformatorenlexikon* (Gütersloh: Mohn, 1984), 91.

51. Hier zitiert nach der Flugschrift in der Herzog August Bibliothek Wolfenbüttel 151. 35 Th. [10].

52. Ich danke Frau Beate Karcher von der Handschriftenabteilung, Badische Landesbibliothek, für ihre freundliche Auskunft.

53. *Repertorium der Sangsprüche und Meisterlieder des 12. bis 18. Jahrhunderts.* Band *Einleitung, Überlieferung,* hg. von Horst Brunner und Burghart Wachinger unter Mitarbeit von Eva Klesatschke et al. Leitung der Datenverarbeitung: Paul Sappler (Tübingen: Niemeyer, 1994), 112; siehe auch K. A. Barack, *Die Handschriften der Fürstlich–Fürstenbergischen Hofbibliothek zu Donaueschingen,* geordnet und beschrieben von K. A. B. 2. Abteilung (Tübingen: Laupp & Siebeck, 1865), 124f.

54. Text ediert von Anton Birlinger, "Strassburgisches Liederbuch," *Alemannia* 1 (1873): 1–59.

55. Arthur Kopp, "Die Straßburgische Liederhandschrift," *Alemannia* 44 (1917): 65–93, hier 66.

56. Albrecht Classen, *"Ach Gott, wem soll ichs klagen.* Women's Erotic Poetry in Sixteenth–Century German Songbooks," *Neuphilologische Mitteilungen* 98, 3 (1997): 293–313; siehe jetzt auch meine Edition mitsamt ausführlichem Kommentar, *Deutsche Frauenlieder des fünfzehnten und sechzehnten Jahrhunderts. Authentische Stimmen in der deutschen Frauenliteratur der Frühneuzeit oder Vertreter einer poetischen Gattung (das "Frauenlied")?* Amsterdamer Publikationen zur Sprache und Literatur, 136 (Amsterdam–Atlanta: Editions Rodopi, 1999).

57. Birlinger vermutet, daß anstatt "spalten" das Wort "reyssen" aus Reimgründen hätte stehen sollen.

58. Eric M. Moormann, Wilfried Uitterhoeve, *Lexikon der antiken Gestalten. Mit ihrem Fortleben in Kunst, Dichtung und Musik.* Übersetzt von Marinus Pütz (Stuttgart: Kröner, 1995), 597–599.

59. Annae Ovenae Hoyers *Geistliche und Weltliche Poemata* (Amsterdam: Ludwig Elzevier, 1650), ND Hg. von Barbara Becker–Cantarino. Deutsche Neudrucke. Reihe Barock, 36 (Tübingen: Niemeyer, 1986); vgl. dazu *Das Zeitalter des Barock. Texte und Zeugnisse.* Hg. Albrecht Schöne. Die deutsche Literatur vom Mittelalter bis zum 20. Jahrhundert, III (München: Beck, 1968/88), 237–240; B. Becker–Cantarino, *Der lange Weg* (wie Anm.

50), 222–231; Cornelia Niekus Moore, "Anna Ovena Hoyers," *An Encyclopedia of Continental Women Writers*, ed. Katharina M. Wilson. Vol. One (New York–London: Garland, 1991), 571–573. Die Texte werden hier wie auch sonst vorsichtig modernisiert, um Verständnisschwierigkeiten beim Leser zu überwinden.

60. Hiermit sind lokale Pfarrer gemeint.

61. Der spöttische Name "Kuckuck Meyer" bezieht sich auf den Pastor Habacuc Meyer in Flensburg, der sich nur wenige Wochen nach seiner Beförderung vom Diakonus zum Pastor in Tönning [1604] zum Pastor von Flensburg erwählen ließ, was ihm die Bevölkerung übelnahm.

62. Nr. 14, S. 181–213.

63. Die Verse 247–252 sind von Jes. 11: 7, entlehnt.

64. Der Titel lautet ursprünglich "Christi Gülden Cron / Treuer Kämpfer Lohn," hier Nr. 9, S. 131ff.; siehe auch *Barocklyrik*. Hg. von Herbert Cysarz. 2. verbesserte Aufl. III. *Schwund- und Kirchenbarock* [Stuttgart: Reclam, o.J.; ND Hildesheim: Olms, 1964), 209–211.

65. Siehe die Ausgabe ihrer Lieder im Faksimiledruck: Sibylle Schwarz, *Deutsche Poëtische Gedichte*. Faksimiledruck nach der Ausgabe von 1650. Hg. und mit einem Nachwort von Helmut W. Ziefle. Mittlere Deutsche Literatur in Neu- und Nachdrucken, 25 (Bern–Frankfurt a.M.–Las Vegas: Lang, 1980); Biographie und bibliographische Angaben finden sich dort; siehe jetzt Horst Langer, "Literarisches Leben in Greifswald während der zweiten Hälfte des 18. Jahrhunderts. Erscheinungsbilder – Fragen – Forschungsaufgaben," *Stadt und Literatur im deutschen Sprachraum der Frühen Neuzeit*. Bd. II. Hg. von Klaus Garber (Tübingen: Niemeyer, 1998), 737–751, hier 738 mit weiteren Hinweisen auf die jüngste Literatur.

66. Aufgenommen auf Seite O iii unter "Sonneten O der Klinggedichte."

67. Seite E, i, r.

68. Abgedruckt in Teil 1, S. LIV; siehe auch *Barocklyrik*. Hg. von Herbert Cysarz, 1964, 211f.

69. Diese Eingangsverse finde eine enge Parallele in Paul Gerhards (1607–1676) berühmtem Kirchenlied "Oh Haupt voll Blut und Wunden."

70. Bd. II, H 3 r.

71. Bd. II, P 1 v.

72. Siehe Jean M. Woods / Maria Fürstenwald, *Schriftstellerinnen, Künstlerinnen und gelehrte Frauen des deutschen Barock. Ein Lexikon.* Repertorien zur Deutschen Literaturgeschichte, 10 (Stuttgart: Metzler, 1984), 115f.

73. Woods / Fürstenwald, *Schriftstellerinnen*, 113–115. Ich danke Prof. Judith Aiken, University of Iowa, für die Bereitstellung einer Textvorlage.

74. *Die Stimme der Freundin / Das ist: Geistliche Lieder / Welche aus brünstiger und biß ans Ende beharreter JesusLiebe / verfertiget und gebraucht Weiland Die HochGebohrne Gräfin und Fräulein / Frl. Ludämilia Elisabeth / Gräfin und Fräulein zu Schwartzburg und Hohnstein usw.* (Rudolphstadt: Drucks Benedicti Schultzens, 1687); siehe auch *Das Zeitalter des Barock*, 1968/88, 224; zur Biographie der Dichterin siehe Brigitte Edith Zapp Archibald, "Ludamilia Elisabeth, Countess of Schwarzburg–Hohnstein," *An Encyclopedia of Continental Women Writers*, Bd. 2, 1134.

75. Erneut danke ich Prof. Judith P. Aikin, The University of Iowa, dafür, daß sie mir einen Abdruck von der Textausgabe, die ihr selbst nur in Mikrofiche zur Verfügung stand, bereitwillig überließ.

76. Dieses Lied erschien bereits 1676 im *Nürnberger Gesangbuch*.

77. Die meisten ihrer Lieder und Gebete sind enthalten in: *Geistliches Weiber–Aqua–Vit/Das ist/Christliche Lieder und Gebete/Vor/bey und nach Erlangung Göttlichen Ehe–Segens* (Rudolstadt: Fleischer, 1683).

78. Albrecht Classen, "Catharina Regina von Greiffenberg," *German Baroque Writers, 1661–1730.* Ed. James Hardin. Dictionary of Literary Biography, 168 (Detroit–Washington, D.C.,–London: Gale Research, 1996), 114–120; Kathleen Foley–Beining, *The Body and Eucharistic Devotion in*

Catharina Regina von Greiffenberg's "Meditations" (Columbia, S.C.: Camden House, 1997).

79. Aus: *Das Zeitalter des Barock.*, III, 1968/88, 246f. Vgl. dazu *Sämtliche Werke.* Hg. von Martin Bircher und Friedhelm Kemp. 10 Bde. (Millwood: Kraus Reprint, 1983); Greiffenberg, Catharina Regina von, *Geistliche Sonette, Lieder und Gedichte.* Mit einem Nachwort zum Neudruck von Heinz Otto Burger (Darmstadt, Wissenschaftliche Buchgesellschaft, 1967).

80. Elisabeth Charlotte Herzogin von Orléans, *Briefe aus den Jahren 1676–1722.* Hg. von W. L. Holland. Bibliothek des Literarischen Vereins in Stuttgart, LXXXVIII, CVII, CXXII, CXXXII, CXLIV, CLVII (Stuttgart: Literarischer Verein, 1867–1881; ND Hildesheim–Zürich–New York: Olms, 1988) siehe dazu Albrecht Classen, "Elisabeth Charlotte von der Pfalz, Herzogin von Orléans. Epistolare Selbstbekenntnisse und literarisches Riesenunternehmen," *Archiv für Kulturgeschichte* 77, 1 (1995): 33–54.

Quellennachweis

Weil sich in dieser Anthologie ausschließlich Texte befinden, die von mir einerseits aus dem Lateinischen oder Mittelhochdeutschen ins Neuhochdeutsche übersetzt worden sind, andererseits stark glossiert wurden, um sie dem modernen Leser verständlich zu machen (Texte der Reformations- und Barockzeit), handelt es sich im engen Sinne des Wortes nicht um "Quellen," die hier zusammengestellt werden. Das Verzeichnis führt aber diejenigen Quellen auf, aus denen ich übersetzt bzw. geschöpft habe. Weitere Hinweise zur Forschungsliteratur finden sich in der Auswahlbibliographie und in den Anmerkungen.

Aemilia Juliana von Schwarzburg-Rudolstadt, *Geistliches Weiber-Aqua-Vit/Das ist/Christliche Lieder und Gebete/Vor/by und nach Erlangung Göttlichen Ehe-Segens* (Rudolstadt: Fleischer, 1683).

Argula von Grumbach. Flugschrift in der Herzog-August Bibliothek Wolfenbüttel 151. 35 Th. [10].

Argula von Grumbach. Flugschrift in der Herzog-August-Bibliothek Wolfenbüttel Yv 2208. Helmst. 80.

Ava. Friedrich Maurer, *Die Dichtungen der Frau Ava*. Altdeutsche Textbibliothek, 66 (Tübingen: Niemeyer, 1966).

Elisabeth von Nassau-Saarbrücken. *Der Roman von der Königin Sibille in drei Prosafassungen des 14. und 15. Jahrhunderts*. Mit Benutzung der nachgelassenen Materialien von Fritz Burg, hg. von Hermann Tiemann. Veröffentlichungen aus der Staats- und Universitätsbibliothek Hamburg, 10 (Hamburg: Hauswedell, 1977), 117-173.

Elisabeth Charlotte Herzogin von Orléans, *Briefe aus den Jahren 1676-1722*. Hg. von W. L. Holland. Bibliothek des Literarischen Vereins in Stuttgart, LXXXVIII, CVII, CXXII, CXXXII, CXLIV, CLVII (Stuttgart: Literarischer Verein, 1867-1881; ND Hildesheim-Zürich-New York: Olms, 1988).

Fenchlerin, Ottilia. Anton Birlinger, "Strassburgisches Liederbuch," *Alemannia* 1 (1873): 1–59.

Graserin. Flugschrift in der Herzog-August Bibliothek Wolfenbüttel 151. 35 Th. [10].

Greiffenberg, Catharina Regina von. *Geistliche Sonette, Lieder und Gedichte*. Mit einem Nachwort zum Neudruck von Heinz Otto Burger (Darmstadt, Wissenschaftliche Buchgesellschaft, 1967).

Greiffenberg, Catharina Regina von. *Sämtliche Werke*. Hg. von Martin Bircher und Friedhelm Kemp. 10 Bde. (Millwood: Kraus Reprint, 1983).

Greiffenberg, Catharina Regina von. *Das Zeitalter des Barock. Texte und Zeugnisse*. Hg. Albrecht Schöne. Die deutsche Literatur vom Mittelalter bis zum 20. Jahrhundert, III (München: Beck, 1968/88).

Hildegard von Bingen. Barbara Newman, Hg., *Symphonia armonie celestium revelationum*. A Critical Edition with English Translations and Commentary (Ithaca: Cornell, 1988).

Hildegard von Bingen. Paul Kaiser, Hg., *Hildegardis Causae et curae* (Leipzig: Teubner, 1903).

Hildegard von Bingen. Adelgundis Führkötter und Angela Carlevaris, Hgg., *Scivias*. Corpus Christianorum, Continuatio Medievalis 43-43a. 2 Bde. (Turnhout: Brepols, 1978).

Hildegard von Bingen. *Welt und Mensch: Das Buch 'De operatione Dei'*. Aus dem Genter Kodex übersetzt und erläutert von Heinrich Schipperges (Salzburg: O. Müller, 1965).

Hildegard von Bingen. Prudentiana Barth, M. Immaculata Ritscher und Joseph Schmidt-Gorg, Hgg., *Lieder. Nach den Handschriften herausgegeben* (Salzburg: O. Müller, 1969).

Hildegardis Bingensis, *Liber Divinorum Operum*. Cura et studio A. Derolez et P[eter] Dronke. Corpus Christianorum. Continatio Mediaevalis, XCII (Turnholt: Brepols, 1996).

Hoyers, Annae Ovena. *Geistliche und Weltliche Poemata* (Amsterdam: Ludwig Elzevier, 1650), ND Hg. von Barbara Becker-Cantarino. Deutsche Neudrucke. Reihe Barock, 36 (Tübingen: Niemeyer, 1986).

Hrotsvitha von Gandersheim, *Werke in deutscher Übertragung*. Mit einem Beitrag zur frühmittelalterlichen Dichtung von H. Homeyer

(München-Paderborn-Wien: Schöningh, 1973).

Kottannerin. *Die Denkwürdigkeiten der Helene Kottannerin (1439-1440)*. Hg. Karl Mollay. Wiener Neudrucke. Neuausgaben und Erstdrucke deutscher literarischer Texte, 2 (Wien: Österreichischer Bundesverlag für Unterricht, Wissenschaft und Kunst, 1971).

Ludaemilia Elisabeth von Schwarzburg-Rudolstadt. *Die Stimme der Freundin / Das ist: Geistliche Lieder / Welche aus brünstiger und biß ans Ende beharreter JesusLiebe / verfertiget und gebraucht Weiland Die HochGebohrne Gräfin und Fräulein / Frl. Ludämilia Elisabeth / gräfin und Fräulein zu Schwartzburg und Hohnstein usw.* (Rudolphstadt: Drucks Benedicti Schultzens, 1687).

Margareta von Schwangau. Hans Pörnbacher, *Margareta von Schwangau. Herrn Oswalds von Wolkenstein Gemahlin* (Weißenhorn: Anton H. Konrad, 1983).

Maria von Wolkenstein. Hermann Hallauer, "Nikolaus von Kues und das Brixener Klarissenkloster," *Mitteilungen und Forschungsbeiträge der Cusanus-Gesellschaft* 6 (1967): 75-123.

Mechthild von Magdeburg, *'Das fließende Licht der Gottheit'*. Nach der Einsiedler Handschrift in kritischem Vergleich mit der gesamten Überlieferung hg. von Hans Neumann. Band I: *Texte*, besorgt von Gisela Vollmann-Profe (München-Zürich: Artemis, 1990).

Minnesang. Jürgen Kühnel, Hg., *Dû bist mîn, ih bin dîn. Die lateinischen Liebes- (und Freundschafts-) Briefe des clm 19411. Abbildungen, Text und Übersetzung*. Litterae, 52 (Göppingen: Kümmerle, 1977).

Schwarz, Sibylle, *Deutsche Poëtische Gedichte*. Faksimiledruck nach der Ausgabe von 1650. Hg. und mit einem Nachwort von Helmut W. Ziefle. Mittlere Deutsche Literatur in Neu- und Nachdrucken, 25 (Bern-Frankfurt a.M.-Las Vegas: Lang, 1980).

Windsbeckin. *Windsbeckische Gedichte nebst Tirol und Fridebrant*. Hg. von Albert Leitzmann. Dritte, neubearbeitete Aufl. von Ingo Reiffenstein. Altdeutsche Textbibliothek, 9 (Tübingen: Niemeyer, 1962).

Bildnachweis

Argula von Grumbach. Herzog August Bibliothek Wolfenbüttel 96.25 Theol. © Herzog August Bibliothek Wolfenbüttel.

Frau Ava. Kloster Melk im Jahre 1638. Stich aus C. Stengel, *Monasteriologia.* Bd. 2. © Privatbesitz von Prof. Dr. Peter Dinzelbacher, Salzburg.

Elisabeth Charlotte von Orleans. Kuperstich nach dem Originalgemälde von Hyacinthe Rigaud (1659-1743). Herzog August Bibliothek Wolfenbüttel Db 3403. © Herzog August Bibliothek Wolfenbüttel.

Elisabeth von Nassau-Saarbrücken. Grabtumba der Elisabeth von Lothringen, Stiftskirche S. Arnual in Saarbrücken, um 1456. © Foto ChristoTrepesch, Saarbrücken.

Fenchlerin, Ottilia. Blick auf die Stadt Straßburg. Kupferstich aus Johann Daniel Schoepflinus' *Alsatia illustrata.* Colmar 1751. © Bibliothèque municipale, Strasbourg.

Catharina Regina von Greiffenberg. Herzog August Bibliothek Wolfenbüttel A 8142. © Herzog August Bibliothek Wolfenbüttel.

Hildegard von Bingen. Ansicht vom Rhein mit Blick auf Rüdesheim und ehemaliges Kloster zu Eibingen. © Privatsammlung Dr. Werner Lauter, Rüdesheim am Rhein.

Hildegard von Bingen. Autorenbild in Hildegards *Scivias.* © Privatsammlung Dr. Werner Lauter, Rüdesheim am Rhein.

Hildegard von Bingen. Kloster Rupertusberg an der Nahemündung. Sepiazeichnung, Ende des 19. Jahrhunderts, nach inzwischen verschollener

Vorlage. © Privatsammlung Dr. Werner Lauter, Rüdesheim am Rhein.

Hildegard von Bingen. Ruinen von Dissibodenberg (korrekte Schreibung: Disibodenberg). Stahlstich um 1840 von Winkles nach einer Zeichnung von C. Schlikum. © Privatsammlung Dr. Werner Lauter, Rüdesheim am Rhein.

Hoyers, Anna Ovena. Um 1650. Stockholmer Liederhandschrift GE 44/0140. © Herzog August Bibliothek Wolfenbüttel.

Hoyers, Anna Ovena. 1650. *Geistliche und Weltliche Poemata*. Herzog August Bibliothek Wolfenbüttel 200.5.1Poet. © Herzog August Bibliothek Wolfenbüttel.

Hroswitha von Gandersheim. Bildnis der Hroswitha von Gandersheim. Kuperstich aus: Johann Georg Leuchtfeld, *Antiquitates Gandersheimenses*, Wolfenbüttel 1709. © Photo-Studio Puhlmann, Gandersheim.

Hroswitha von Gandersheim. Hroswitha überreicht Kaiser Otto I. ihre Werke. Holzschnitt aus der ersten gedruckten Werkausgabe von 1501, hg. von Conrad Celtis. © Photo-Studio Puhlmann, Gandersheim.

Hroswitha von Gandersheim. Innenansicht der Gandersheimer Stiftskirche Richtung Osten, 1998. © Photo-Studio Puhlmann, Gandersheim.

Mechthild von Magdeburg. Bronzeplakette an der Klosterruine in Helfta/Eisleben zu Ehren Mechthilds von Hackeborn, Gertruds der Großen und Mechthilds von Magdeburg. © Albrecht Classen, Tucson/Arizona

Margareta von Schwangau. Blick von Neuschwanstein auf Hohenschwangau, Geburtsort von Margareta von Schwangau. © Albrecht Classen, Tucson/Arizona

Schwarz, Sibylla. Autorenporträt. Herzog August Bibliothek Wolfenbüttel 229.2 Quod. © Herzog August Bibliothek Wolfenbüttel.

Diu Winsbekin. Codex Manesse. Cod. pal. Germ.848, fol.217r. © Universitätsbibliothek Heidelberg.

Women in German Literature

Women in German Literature is a new series of monographs and textbooks focusing on female authors and on women's issues in German literature from the Middle Ages to the present. These studies present edited texts and research in women's literary history, as well as feminist analysis, theory and criticism.

For additional information about this series or for the submission of manuscripts, please contact:

Peter Lang Publishing, Inc.
Acquisitions Department
275 Seventh Avenue, 28th floor
New York, New York 10001

To order other books in this series, please contact our Customer Service Department:

(800) 770-LANG (within the U.S.)
(212) 647-7706 (outside the U.S.)
(212) 647-7707 FAX

Or browse online by series:

www.peterlang.com